놀이중심 유아교육과정에 기반한

영유아교수학습

놀이에서 **배움**을
지원하는 **다양한 방법**

놀이중심 유아교육과정에 기반한

영유아교수학습

임부연 · 김성숙 · 성영실
손연주 · 양혜련 · 이정금
공저

dm 동문사

머리말

놀이중심 누리과정이 실행된 지 벌써 5년여가 되어 가고 있는데도 아직 제대로 된 교수학습 교재를 집필하지 못한 부담감이 많았는데, 이제 새로운 교육과정을 반영하고 '배움'이 초점이 된 영유아교수학습방법을 출판하게 되어 오랜 숙제를 마무리한 것 같은 설렘이 앞선다. 새로운 놀이중심 영유아교수학습법이 시급히 필요하였지만, 적절한 교수법을 교재로 기술하기 위해서는 현장에서 실행되는 실제를 반영하여야 했기 때문에 새 교재 출판이 쉽지 않았음을 먼저 고백한다. 놀이중심 유아교육과정 교수학습에서 유아교사의 역할을 '유아의 놀이를 지원하는 자'로 규정하면서 교사역할에 대한 혼란도 많았고, 늘 잘해 오던 놀이를 다시 강조하니 교사들 입장에서 새롭게 무엇을 해야 하나 하는 걱정도 많았다. 벌써 햇수로 5년째가 되어 가니 이제 놀이를 중심으로 교육과정을 운영하는 방법은 많이 익숙해졌다 해도 유아교사들은 여전히 놀이중심 교육과정이 어렵다고 한다. 본 교재는 이 문제에 많이 응답하는 방향으로 집필 방향을 설정하고 현장에 충실한 도움이 되는 다양하고 구체적인 사례를 중심으로 써 내려가고자 하였다.

오랜 기간 교수학습은 '방법이 내용의 밖에 존재하지 않아야 한다.'는 내용 중심이 강했지만, 이제 교수학습은 내용과 방법의 융합으로 이동하고 있는 현실도 반영하고자 하였다. 이러한 부분을 염두에 두고 본 교재는 총 3부로 구성하여 큰 구분을 세 개로 나누었다는 점이 특성이다. 먼저 제1부는 영유아교수학습을 이해하기 위해 필요한 교수학습 이론의 기초를 다루고 있다. 제2부는 본 교재에서 특별하게 강조한 내용으로 영유아교수학습이 가지는 고유한 특성과 현재 국가 수준 유아교육과정에서 교수학습이 무엇인지를 이해하도록 유아교육과정과 교수학습을 충실히 연계하여 기술하였다. 이후 제3부는 영유아교수학습의 실제를 다루었으며, 새로운 유아교육과정에 관한 현장의 사례를 충분히 담을 수 있도록 하였다.

구체적으로, 제1부의 1장은 교수학습의 기초 이해에 관한 내용으로 교수학습의 용어와 개념, 의미를 소개하고 있다. 또한 새로운 학교 교육과정의 변화와 동향에 따라 교수학습이 어떻게 변화하고 있는지를 개괄적으로 설명하고, 새롭게 변화하는 영유아교수학습의 동향을 미리 준비할 수 있도록 하였다. 2장은 교수학습의 역사와 이론을 다루고 있다. 서양과 동양의 교수학습의 역사를 이론과 실제의 간략한 예시를 찾아 소개하고자 하였다. 이후 영유아교수학습이 가장 많은 영향을 받고 있는 발달이론과 교수학습의 관계를 소개하고, 최근에 가장 큰 교수학습의 동향에 영향을 주는 후기 구조주의 교수학습 동향을 별도로 설명하고자 하였다. 이는 그동안 고착된 발달이론에 따라 교수학습을 이해하는 동향에서 발달이론을 철학적으로 재개념화하는 노력의 일환이기도 하다. 3장에서는 다양한 교수학습의 유형을 소개하였다. 교사중심 교수학습에서부터 아동중심 교수학습의 동향을 '유아교육'에 부합하는 접근을 중심으로 설명하였다. 놀이중심 교수법은 이 중 기존의 교재에서 새롭게 추가된 부분이다. 특히 새로운 교수학습의 실제 예시를 중심으로 소개하고자 하였는데, 최근 많은 대학의 교수학습센터에서 강조하는 블렌디드 러닝 등을 포함하여 예비 유아교사가 유아교육만이 아닌 전체 학교교육에서 교수학습의 중요성과 새로운 교수법을 개발하기 위한 노력을 이해할 수 있도록 하였다.

이어서 제2부, 4장에서는 현재 유아교육에서 실제 실행되고 있는 교수학습의 현황과 특성, 영유아교수학습의 원리 등을 체계적으로 정리하여 소개하였다. 특히 놀이중심 통합적 유아교수법의 다양한 방식을 주요한 교육과정 용어와 관련하여 이해할 수 있도록 정리하였다. 이어서 5장에서는 현재 누리과정에서 교육과정 운영에 대한 기준을 편성·운영과 교수·학습에 초점을 두어 새롭게 소개하고자 하였다. 지금까지 유아교수법이 주제중심 교육과정에서 활동 계획안을 수립하는 것에 초점을 두었다면, 본 교재에서는 유아교수법을 국가 수준 유아교육과정 총론과 연계하여 충실히 이해할 수 있도록 안내하고자 하였다.

제3부에서는 앞선 2부의 내용이 현장에서 실행되는 실제에 초점을 두어 소개하고 있다. 6장에서는 영유아 교실에서 가장 중요한 교수방법 중 하나인 영유아와 교사의 상호작용 방식을 '귀 기울이기'의 제목으로 소개하였다. 귀 기울이기는 놀이중심 유아교수법에서 가장 주요하게 떠오르는 교사역할 중의 하나이다. 먼저 좋은 상호작용이란 무엇인지, 다양한 상호작용의 방식을 소개하고 영유아교사가 익혀야 할 좋은 발문과 대화 방법을 구체적 사례로 소개하였다. 7장에서는 영유아교육과정이 실행되는 가장 기본적인 방식으로 '일상생활 운영하기와 교수학습'에 대해 설명하였다. 하루일과와 일상생활은 영유아교육과정에서 독특한 교수학습이 요구되는 영역이므로 무엇보다 우선적으로 유아교사가 익혀야 할 부분이다. 이어서 8장에서는 유아가 놀이를 통해 배우도록 지원해야 하는 교사역할에 초점을 두어 설명하였다. 놀이는 유아교육과정이 실행되는 가장 중요한 방식이고 유아가 배우고 성장할 수 있는 가장 중요한 맥락이다. 놀이 지원이 무엇인지, 놀이를 지원하기 위한 다양한 방식, 놀이를 관찰·기록하는 방식 등에 중점을 두고 구체적 사례로 소개하였다. 9장에서는 유아교사의 역할이 놀이를 지원하면서 동시에 놀이에서 배움을 확장하고 교사가 의도적인 교수행위로 할 수 있는 다양한 활동에 초점을 두고 설명하였다. 놀이중심 유아교육과정에서 활동은 유아의 놀이와 연계하여 교사

가 활동을 계획하여 실행할 수 있음도 익히는 것이 중요하다. 기존의 유아교수법 교재에서 소개하던 다양한 활동을 놀이와 연계시킬 수 있는 방식으로 재구성하여 소개하였다. 10장에서는 교육계획안 작성하는 방식을 주요한 유아교사의 역할로 초점을 두어 소개하였다. 놀이중심 교육과정에서 교육계획안은 놀이와 연계되어 다양한 방식으로 계획하고 작성할 수 있으며, 특히 미리 계획하기보다 놀이를 중심으로 일어난 유아의 배움을 기록하고 평가하는 방식과 함께 실천해 가야 하므로 이를 구체적 사례로 들어 설명하고자 하였다. 마지막으로 11장에서는 놀이중심 교육과정을 실행해 가기 위해 필요한 환경구성에 중점을 두어 설명하였다. 놀이중심 영유아교수학습에 환경은 매우 역동적이고 가변적이며, 유아는 놀이환경에 의해 많은 영향을 받고 배우며 성장한다. 기존에 교사가 미리 계획하여 구성하는 교실 환경에서 변화하여, 유아가 놀이를 하면서 늘 변화하고 새롭게 구현해 가야 하는 놀이공간과 놀이자료 등에 대해 영유아교사의 새로운 교수 역할이 요구된다는 점을 강조하였다.

본 교재의 내용에 대한 집필을 마치고 보니, 막상 부족한 부분이 많이 보이고 걱정이 앞선다. 그러나 놀이중심 영유아교수학습 교재가 시급히 필요하다는 점을 고려하여 출판을 하기로 하였고 추후 필요한 사항을 수정·보완해 가기로 하였다. 집필을 하는 동안 많은 배려를 해야 했던 집필진의 가족과 동료들에게 가장 고마운 마음을 전한다. 본 교재에 실제 사례를 제공해 주기 위해 노력한 현장의 교사들을 포함하여 본 교재의 기획과 편집, 교정 등을 세심히 배려해 준 출판사에게도 감사함을 전한다. 무엇보다 현장에서 영유아교수학습을 새롭게 이해하고, 보다 좋은 교수방법을 고민하는 모든 영유아교사들과 교사교육자에게 미리 깊은 감사를 드리며 본 교재의 부족한 부분에 대한 많은 피드백 주시기를 요청드린다.

2023년 3월

입춘이 시작되는 즈음에 저자 일동

차례

머리말 ▸ 5

제1부 교수학습 기초

제1장 교수학습 기초 이해

1 교수학습의 이해 17
1) 교수학습의 개념 17
2) 교수학습의 의미 19

2 교수학습의 새로운 동향 21
1) 역량중심 교육 21
2) 학습자 중심 교육 21
3) 놀이중심 교육 22
4) 에듀테크 활용 교육 23

제2장 교수학습 역사와 이론

1 교수학습의 역사 27
1) 서양의 교수학습 역사 27
2) 동양의 교수학습 역사 37

2 발달이론과 교수학습 39
1) 성숙주의 39
2) 행동주의 40
3) 구성주의 41
4) 후기구조주의 42

제3장 교수학습의 유형

1 교사중심 교수학습방법 45
1) 직접 교수법(설명법) 45
2) 개념학습법 46

2 아동중심 교수학습방법 48
1) 놀이중심 교수방법 49
2) 탐구학습법 50
3) 문제해결학습법 52
4) 협동학습법 54
5) 프로젝트접근법 55

3 새로운 교수학습방법 58
1) 플립러닝(Flipped learning) 58
2) 블렌디드 러닝(Blended learning) 58
3) 하브루타(Havruta) 59

제2부 영유아교수학습의 이해

제4장 영유아교수학습 특성 이해

1 영유아교수학습 특성 이해 63
1) 유아가 중심이 되는 교수학습 63
2) 일상생활을 반영하는 교수학습 64
3) 놀이를 중심으로 한 교수학습 64
4) 통합적으로 실행하는 교수학습 65

2 유아교육과정과 교수학습 관계 이해 66
1) 교육과정 구성요소로서 교수학습 66
2) 유아교육과정에서 교수학습 변천 68

3 영유아교수학습 원리 70
1) 일반적 교수학습 원리 70
2) 놀이중심 교수학습 원리 73

차례

4 놀이중심 통합적 유아교수법 75

1) 5개 영역과 통합적 영유아교수학습 75
2) 교육계획안과 통합적 영유아교수학습 77
3) 경험과 통합적 영유아교수학습 78
4) 놀이와 통합적 영유아교수학습 81
5) 다양한 방식의 통합적 실행 84

5 영유아교수학습에서 유의할 사항 85

제5장 누리과정과 교수학습 이해

1 누리과정의 '편성 · 운영'과 교수학습 87

1) 시간과 일과의 편성 · 운영에 따른 교수학습 88
2) 적합한 계획의 수립과 운영에 따른 교수학습 89
3) 충분한 놀이시간의 편성 · 운영에 따른 교수학습 90
4) 차별이 없는 누리과정 편성 · 운영에서의 교수학습 91
5) 발달과 장애 정도에 따른 운영과 교수학습 92
6) 가정 및 지역사회와 함께하는 운영과 교수학습 93
7) 교사 연수를 통한 누리과정 운영 개선과 교수학습 94

2 누리과정의 '교수학습' 읽기 이해 95

1) 영유아가 자유롭게 참여하고 즐기는 놀이의 지원 96
2) 놀이를 통한 배움 지원 97
3) 실내외 환경 구성을 통한 지원 99
4) 능동적 상호작용을 통한 지원 101
5) 교육내용과 영유아 경험의 연계를 통한 지원 102
6) 휴식과 일상생활의 지원 102
7) 개별 특성에 적합한 방식을 통한 지원 103
8) 의사표현의 존중과 민감한 반응의 지원 105

제3부 영유아교수학습의 실제

제6장 상호작용과 귀 기울이기

1 상호작용의 이해 109
- 1) 상호작용 의미 이해 109
- 2) 누리과정에서 상호작용 109

2 좋은 상호작용을 위한 영유아발달특성 이해하기 110
- 1) 자기중심적 사고와 조망능력 110
- 2) 물활론적 사고와 인상론적 사고 110
- 3) 물질과 내부작용하는 사고 111

3 누리과정에서 상호작용 111
- 1) 영유아 간의 상호작용과 교수학습 111
- 2) 교사와 영유아 간 상호작용 111
- 3) 환경과 영유아 간 상호작용 118

4 좋은 발문과 대화 121
- 1) 발문의 이해와 중요성 121
- 2) 발문의 유형 121
- 3) 좋은 대화와 상호작용 125

제7장 일상생활과 교수학습

1 하루일과 131
- 1) 영아반 하루일과 131
- 2) 유아반 하루일과 132

2 일상생활 132
- 1) 등·하원하기 132
- 2) 식사하기 134
- 3) 배변과 화장실 사용하기 138
- 4) 휴식 및 낮잠 자기 141

차례

5) 옷 입기와 신발 신기 143
6) 질서 지키기 144

제8장 놀이 지원

1 놀이를 지원하는 교사 147
1) 교사의 태도 147
2) 교사의 역할 149

2 놀이 지원을 위한 교수방법 150
1) 귀 기울이기 및 존중·경청하기 150
2) 함께하기 152
3) 개입하기 153
4) 확장하기 155

3 놀이 관찰 및 기록하기 157
1) 관찰 및 기록의 이해 157
2) 관찰 및 기록의 방법 158
3) 관찰 및 기록의 활용 163

제9장 활동 및 실행

1 활동에 대한 이해 167

2 놀이를 확장해 가는 활동 168
1) 흙 속에 숨은 색깔: 이야기 나누기, 동화, 미술 168
2) 꿀벌처럼: 동화, 동요, 미술, 동작, 이야기 나누기 174

3 교사가 계획한 활동 179
1) 이야기 나누기 180
2) 동화 184
3) 게임 187
4) 노래 부르기 191
5) 미술 194
6) 요리 201

제10장 교육계획안 및 평가

1 영유아·놀이중심 교수학습 계획 이해하기 207
1) 계획하기의 의미 207
2) 계획하기의 유형 208

2 영유아·놀이중심 교수학습에서 계획하기 211
1) 자율적·통합적 형식으로 계획하기 211
2) 놀이 주제를 중심으로 계획하기 213
3) 계획~놀이~관찰~지원의 흐름 계획하기 214

3 영유아·놀이중심 교수학습에서 평가하기 217
1) 영유아 평가 217
2) 누리과정 운영 평가 220

제11장 환경구성 및 지원

1 놀이환경 223
1) 놀이환경의 중요성 223
2) 놀이환경의 구성원리 224

2 놀이공간 226
1) 실내 놀이공간 226
2) 실외 놀이공간 231

3 놀이자료 235
1) 놀이자료의 중요성 235
2) 놀이자료의 종류 236
3) 놀이자료의 활용 241

참고문헌 ▸ 246
찾아보기 ▸ 252

제1부

교수학습 기초

제1장 교수학습 기초 이해
제2장 교수학습 역사와 이론
제3장 교수학습의 유형

제 1 장 교수학습 기초 이해

1 교수학습의 이해

1) 교수학습의 개념

교수학습(敎授學習)[1]이란 '가르치고 배우는 것'이다. 구체적으로 교육과정의 실행 안에서 교사가 '무엇을 가르칠 것인가(교육내용)'를 생각하고, 구체적으로 '어떻게 가르칠 것인가(교육방법)'를 교실현장에서 구현해 내는 것이다. 교수학습에 관한 일반적인 용어의 정의를 살펴보면 다음과 같다.

- 교수학습이란 일반적으로 가르치고 배우는 방법에 대한 것으로, '현장을 해석한 이론적 체계'를 통해 실제를 배워야 하는 교과이다(임부연, 오정희, 2010).
- 교수학습이란 '학습자의 바람직한 행동 변화를 목표로, 교사와 학습자가 가르치고 배우는 과정에서 일어나는 역동적인 상호작용'을 의미한다(박찬옥 외, 2020).
- 교수학습은 주로 '무엇을, 어떻게, 왜 가르치는가'에 있어, '어떻게'에 해당하는 부분인 방법론에 주된 초점을 두고 있다(김정원 외, 2020).

일반적으로 교수행위가 발생하면 학습이 함께 발생한다고 보기 때문에 교수와 학습을 따로 분리해서 이해할 수 없다. 이러한 관점에서 '교수학습'이라는 용어는 '교수방법' 혹은 '교수법'이라는 용어와 함께 사용되기도 하고, 때에 따라 '방법론'이라고 압축하여 불리기도 한다. 지금까지 교육학에서 교수법은 특정 교과를 지도하는 방법을 의미한다는 점에서 '교과교육' 혹은 '교과지도'라고 이해되기도 하였다(임부연, 오정희, 2010). 이와 같

1) 본 교재에서 '교수학습'이라는 용어는 가독성을 높이기 위하여 문맥에 따라 '교수법', '교수방법', '영유아교수법' 등으로 혼용되어 사용하였음을 밝힌다.

이 다양한 흐름 안에서 '교수학습' 용어의 이해를 돕기 위해 교수학습과 함께 활용되는 용어를 함께 살펴보면 다음과 같다.

- **교수법**(teaching method): 교수학습방법, 교육법, 교육방법이라고도 하며, 교사가 학습자의 배움을 가능하게 하는 방법을 뜻한다. 즉, 교수법은 교사가 국가수준 교육과정을 토대로 자신이 속한 교육기관과 학급 맥락에서 학습자에게 교육내용을 가르치고 지원하는 구체적인 방법을 의미한다.
- **교수행위**(teaching behavior): 교수행위는 교사의 교육적 실천으로 교사가 자신의 가르침에 대해 갖는 신념과 밀접한 관계를 갖는다. 이는 곧 교사가 가르치는 행위를 함에 있어 능동적으로 교수법을 고민하고 선택하여 실행함을 뜻한다.
- **교수기술**(teaching skill): 교수기술이란 '수업수행능력'이라고도 하며, 교수목표를 달성하기 위해 최적의 의사결정을 하는 교수자의 능력을 의미한다. 최근 역동적이고 상호작용적 맥락에서의 '교수기술'은 구체적인 기술을 포함하여 가르치는 능력을 뜻하는 '교수역량'으로 폭넓게 이해될 수 있다.

'교수학습'의 용어와 함께 활용되는 '교수법', '교수행위', '교수기술' 등의 용어를 통해 살펴볼 때, '교수학습'이란 학습을 지원하는 가르침의 방법이자 교사의 전문적 신념과 교육과정에 대한 이해를 토대로 한 행위라고 볼 수 있다. 이는 교사 측면에서 바라보는 좁은 의미의 교수학습으로, '교사가 학습자의 흥미에 귀를 기울이고, 학습자의 배움[2)]을 지원하는 방법 및 실천과정'을 뜻하기도 한다. 한편, 교사 측면에서 나아가 넓은 의미에서 교수학습은 교사의 가르침, 학습자의 배움, 놀이환경 등이 모두 역동적으로 관계 맺으며 발생하는 배움의 전 과정이라고 볼 수 있다. 이는 교수학습에 관해 최근 논의되고 있는 역동적 측면에서의 이야기들로 교수학습의 의미에 관한 깊은 이해이다.

---

2) 최근에는 교수학습에서의 '학습'이라는 용어를 '배움'이라는 용어로 주로 사용하고, '학습'이라는 전통적인 기술을 따르더라도 그 안에 담긴 의미는 '배움'을 담고 있는 경우들이 많다. 이 책에서 이야기되는 '학습' 또한 '배움'의 의미를 담고 있다. 이는 현재의 '배움'을 이해할 때, 과거 가르쳐야 할 교육 내용이 외부에 있고, 그것을 학습자가 전달받아 암기하고 수용하는 방식에서 이야기되어 온 '학습'과 구분하여 살펴보기 위함이다. 학습자는 교수자가 계획하여 가르치는 대로 그것을 수용하고 흡수하는 고정된 존재가 아니다. 학습자는 스스로 생각하고 실험하며 적극적으로 탐구하는 능동적인 존재이다(김재춘, 배지현, 2016; Davies, 2017). 따라서 이 책에서는 학습자가 스스로 경험하며 앎을 구성해 가는 전 과정으로써 '배움'에 주목하여 학습을 이해한다.

2) 교수학습의 의미

최근 교수학습에 대한 이해는 단순히 교사가 가르치는 행위를 넘어서, 가르침과 배움의 복잡한 관계에 주목한다. 이와 같은 교수학습의 의미를 알아보기 위하여 본 장에서는 교수와 학습, 교수학습의 역동적 관계에 관해 살펴보고자 한다. 교수와 학습은 뗄 수 없는 관계, 즉 분리가 어려운 관계이지만 우선 이해의 편의를 위하여 교수와 학습의 의미를 알아보면 다음과 같다.

■ 교수(敎授, Teaching)의 의미

전통적 의미에서 교수란 교사가 이미 주어진 교육내용을 학습자에게 가르치는 것을 의미하였으며, 교사는 가르쳐야 할 내용을 전달, 전수하는 전달자의 역할을 담당하였다(송재홍 외, 2019). 그러나 '학습'은 마치 물건을 전달받는 것처럼 학습자에게 주입식으로 가르쳐질 수 없다. 따라서 최근 논의되고 있는 교수, 가르침의 의미는 실제 교육현장에서 학습자를 마주하며 능동적이고 즉흥적으로 만들어 가는 전문적 행위로 이해되고 있다. 최근 논의되고 있는 '교수'에 대한 특징을 살펴보면 다음과 같다.

- **교수란 공동 탐구의 과정이다.** 가르친다는 것은 관계적인 만남 속에서만 이루어질 수 있다. 가르친다는 것은 교사가 학습자와 함께 관계 맺고 탐구하는 과정에서 발생한다.
- **교수란 학습자의 배움을 지원하는 것이다.** 최근 학습자가 중심이 되고, 배움이 중심이 되는 교육과정의 맥락에서 교수는 지원의 성격이 강조되고 있다(Davis et al., 2017). 즉, 학습자의 구체적 경험 안에서 배움을 해석하고, 학습자가 능동적으로 배워 나갈 수 있도록 물질적, 환경적, 언어적, 정서적으로 지원하는 것이 교수이다.

위와 같이 교수의 의미를 이해할 때, 교사는 '교수란 무엇인가'에 대해 끝없이 질문하고, 상황을 다채롭게 이해할 필요가 있다. 교수란 교사의 능동적이고 윤리적인 행위이다. 교사는 교수행위를 함에 있어, 교육과정에 대한 전문적 이해를 바탕으로 학습자의 배움에 관한 지속적인 고민을 할 필요가 있다.

■ 학습(學習, Learning)의 의미

전통적 의미에서 학습은 사회적·문화적으로 형식화된 지식을 배우고 익히는 것을 의미하였다. 그러나 최근에는 학습자의 직접적인 삶과 경험 안에서 학습자가 스스로 배우고, 지식을 구성하는 능동적인 측면을 강조하고 있다. 따라서 학습은 주로 '배움'이라는 용어로 풀어지며, 그 특징은 다음과 같다.

- **배움은 경험하는 과정에서 발생한다.** 진정한 배움은 한 번도 직접 경험하거나 보지 못하였지만 책을 통해 알게 되는 것이 아니다. 진정한 배움은 학습자의 삶과 경험의 과정에서 발생한다. 학습자는 경험을 통해 세계를 온몸으로 만나고, 그 과정에서 배움이 발생한다(Lenz Taguchi, 2018).
- **배움은 능동적이다.** 배움이 다양한 환경, 교사, 친구 등을 온몸으로 만나고, 직접적으로 경험하는 과정에서 이루어진다는 것은 학습자가 능동적으로 행동하면서 배워감을 의미한다. 예를 들어, 사과에 대해 안다는 것은 사진이나 책으로 그것의 색이 빨갛거나 초록색이고 달거나 신맛이 난다고 교사에게 전달받는 것이 아니라 직접 사과를 만져보고 냄새 맡고 맛보는 것이다. 그 과정에서 학습자는 자신이 온몸으로 경험한 그 '사과'가 갖는 다양한 빛깔, 크기, 때로는 벌레 먹은 사과 등을 실제적으로 만나고 능동적으로 사과를 탐색하며 배워 간다.

위와 같이 학습(배움)의 의미를 이해할 때 교사는 학습자의 능동적이고 직접적인 배움이 중요하다는 것을 이해하고 학습자가 경험 속에서 다양하게 배울 수 있도록 지원해야 한다.

요약하면, '교수학습'은 가르침에서 학습하는 것으로 이어지는 일련의 선형적인 관계로 설명될 수 없다. 이는 교수와 학습이 분리되지 않고 연결되어 있음을 뜻한다. 즉, 교수학습은 가르침과 배움이 서로 얽혀 있는 복잡한 관계 속에 있다. 교수학습은 넓은 의미에서 '교사의 가르침, 학습자의 배움, 놀이환경 등이 모두 역동적으로 관계 맺으며 발생하는 배움의 전 과정'으로 이해된다. 그 안에서 교사는 교수학습을 단순한 기술이나 방법론을 적용하듯 도구적으로 실천하는 것을 넘어서서 자신이 마주하고 있는 학습자의 흥미와 배움에 귀를 기울이고 학습자의 배움을 바라보며, 이를 지원할 수 있다.

2 교수학습의 새로운 동향

1) 역량중심 교육

최근 유아교육 분야의 교과지식과 교수방법에 대한 재개념화는 지금까지 교육과정에서 유아의 흥미와 경험을 교육내용 선정의 근거로 삼고, 발달에 기초한 교수방법에 초점을 둔 것에 대한 반성적 고찰의 결과라고 볼 수 있다(이기숙 외, 2020). 이에 교수내용지식(PCK: Pedagogical Content Knowledge)이라는 개념적 틀을 통해 무엇을, 어떻게, 누구에게 가르칠지에 대한 융합이 시도되었고(Shulman, 2004), 학습자의 역량을 위해 생애초기 교육과정을 역량중심으로 개선해야 한다는 논의가 증가하였다(이기숙, 2016). 역량은 직무나 상황에서 뛰어난 수행과 관련된 개인내적 특성이다(Spencer & Spencer, 1993). 핵심역량은 교육과정을 통해 기르고자 하는 학습자의 능력이며, 삶을 영위하는 데 필요한 지식, 기능, 태도를 총칭하는 것이다(OECD, 2005). 역량중심 교육과정에 대한 논의는 유아교육의 궁극적 가치와 인간상 규명이 선행된 가운데 핵심역량을 내용요소로 직접 가르치는 것이 아니라 교육과정을 통해 유아가 핵심역량을 갖추도록 교육하는 데 초점을 둘 필요가 있다.

2) 학습자 중심 교육

21세기 교육 패러다임의 변화에 의해 교육환경이 달라지고 있으며, 교수자의 교수활동 전환이 요구되고 있다(조희정, 2015). 최근 학령인구 감소 속에서 인적자원의 효과적 계발을 위한 창의적 교육방법에 대한 요구는 급격한 정보통신기술의 발전과 맞물려 교육의 혁신적인 변화를 요구하고 있다(여은정, 김진백, 한승희, 2015). 이에 일방적으로 지식을 가르치는 교수자의 관점보다 배우는 학생의 시각에서 수업을 바라봐야 한다는 관점이 대두되었다(서근원, 2007). 학습자 중심 교육에서 교수자 역할은 촉진자이며 학습자가 학습의 주체자로서 의미 있는 학습을 할 수 있도록 맥락적 상황을 조성하는 것이 중요하다(주현재, 최성경, 정은실, 2022). 그러므로 교수자는 교과내용, 학습자 특성, 집단크기 등에 따라 어떤 방법이 교육목표 달성에 효과적인 방법이 될 수 있는지 고려하여 교수방법을 정하는 것이 필요하다(박숙희, 염명숙, 2013).

3) 놀이중심 교육

놀이는 유아의 일상에서 자연스럽게 나타나며, 유아가 세상을 경험하고 배워 가는 방식이다(교육부, 보건복지부, 2020). 2019 개정 누리과정(이하, 누리과정)은 유아가 자신에게 가장 적합한 방식으로 스스로 놀이하며 배운다는 점에 주목하여 유아 주도의 놀이를 강조하고, 유아 중심의 놀이가 살아나는 교육과정을 만들어 가는 것을 추구한다. 또한 놀이를 유아교육과정의 기초로 중요시하며(Arce, 2000), 모든 연령의 유아에게 유익한 교육과정 요소로서 놀이를 교육과정 안에 통합하여(Saracho, 2012) 놀이중심 교육이 이루어지도록 한다.

교수학습방법으로서의 놀이중심 교육은 유아교육 전문가들이 학습 및 교수법에 대한 놀이 접근방법, 놀이에 기반한 학습환경을 설계하는 방법, 놀이를 통한 학습 및 교육을 지원하거나 향상시키는 기술과 전략, 모든 교육적 결정을 마련하는 것으로 정의된다(Wood, 2004). 놀이중심 교육을 운영한다는 것은 유아가 놀이를 통해 교육내용을 경험하고 학습해 나갈 수 있도록 놀이와 교육과정 요소들을 연계하여 조직한 놀이경험을 제공하는 것이라고 할 수 있다.

사진 1-1 놀이중심 교육의 실제

출처: 교육부, 보건복지부(2019c: 95).

4) 에듀테크 활용 교육

미래 교육현장은 온라인과 오프라인 연계를 통한 자유로운 교수학습 환경에서 디지털을 활용한 다양한 교육방식이 적용될 것이다(이철승, 백혜진, 2022). 이러한 교수학습 패러다임 변화를 반영하여 디지털 기반 에듀테크 교육이 교육현장에서 시도되고 있다. 에듀테크(Edu-tech)는 교육(Education)과 기술(Technology)의 합성어로, 교육에 정보통신기술을 접목하여 교육서비스를 개선하거나 새로운 교육서비스를 제공하는 것이다(한국교육학술정보원, 2020). 에듀테크 활용교육은 학습자와 원활한 의사소통, 학습자 중심 교육, 교육환경 개선을 통한 학습 향상에 초점을 두고 있다(김성희, 2021). 디지털 공간의 학습자는 능동적 정보수집과 조직, 창의적 아이디어 창출역량이 필요하며, 협력학습을 통한 효과를 창출할 수 있는 교수학습방법 모색이 필요하다(임정훈 외, 2015).

(1) 원격교육

원격교육은 교사와 학습자가 다른 시·공간에서 교수학습이 이루어지는 수업형태를 의미한다(교육부, 2020). 유아대상 원격교육은 코로나 19 장기화로 인한 교육공백과 유아의 학습권 보장을 위해 온라인 콘텐츠로 시행되었으며 이로 인해 본격적인 디지털 교육환경이 조성되기 시작하였다(양수영, 2021).

교육부와 시·도 교육청에서 유아대상 온라인 콘텐츠를 제작하여 원격교육에 활용하도록 하였으며(연합뉴스, 2021.01.15.), OECD(2020)에서도 포스트 코로나 시대 교육전략으로 원격교육 실행과 질 관리 중요성을 강조하고 있다. 아직 유아교사들이 발달적 적합성, 교육 효과성 측면에서 원격교육에 대해 소극적 태도를 취하고 있으나(배경호, 2020; Inan, 2021), 많은 교사들이 디지털 교육을 위해 원격교육 체제, 양질의 콘텐츠 개발, 교수자 역량강화, 부모 원격교육 조력강화 등에 대한 지원을 요구하고 있다(김민정 외, 2020).

(2) 메타버스

메타버스(Metaverse)는 메타(Meta)와 유니버스(Universe)의 합성어이며, 가상의 물리적 현실과 현실처럼 지속되는 가상공간의 융합으로 정의된다(김영진 외, 2022). 가상현실이 기술이 주체가 되어 구현된 폐쇄적 협의의 공간이라면, 가상세계는 기술을 매개로 구현된 개방적 광의의 사회·문화적 공간이다(한혜원, 2008). 메타버스 플랫폼은 연결된 네트워크 속에서 개방과 협력의 끊임없는 상호작용을 통해 새로운 것을 창출해 내는데(양미경, 2020), 메타버스에서 '가상'은 실존하지 않는 허구라기보다 직접적으로 보이지는 않지만 존재하는 새로운 개념으로 다루어져야 한다(여명숙, 1998). 현재 대학을 비롯한 다양한 교육 분야에서 메타버스를 활용한 혁신적인 가르침과 배움이 일어나고 있다.

사진 1-2 메타버스 가상 강의실 교수학습 장면

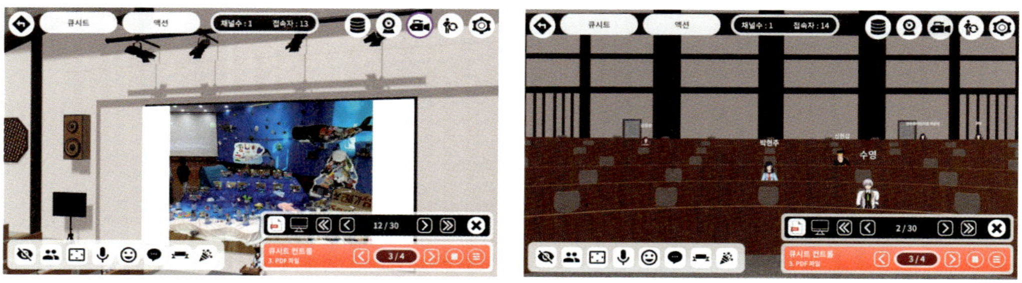

출처: 메타버스 플랫폼에서 교수자가 개설한 가상강의실(metaversity.camp).

(3) 가상현실(Virtual Reality)과 증강현실(Augmented Reality)

가상현실(VR)은 가상세계에서 실제 같은 체험을 할 수 있도록 하는 최첨단 기술이며, 메타버스도 포함된다. 이와 달리 증강현실(AR)은 현실세계에 가상정보를 더해 보여주는 기술이다(Azuma, 1997). 현실세계에 실시간으로 가상세계를 합쳐 하나의 영상으로 보여주므로 혼합현실(MR: Mixed Reality)이라고도 하는데 이는 현실세계를 가상세계로 보완해 준다(김무성 외, 2011). 가상현실은 가상공간이 바탕이 되어 현실처럼 느낄 수 있지만, 사용자가 실제 환경을 볼 수는 없다. 이와 달리 증강현실은 현실을 바탕으로 실제 환경과 가상 이미지가 혼합되어 사용자가 실제 환경 속에서 가상공간을 체험할 수 있다는 점에서 유아교육 분야에서도 교육적인 활용가능성이 높다. 아래의 사진 1-3을 통해 메타버스로 가상현실을 체험하고 스마트폰 앱과 그림책을 활용하여 증강현실을 체험하는 모습을 살펴볼 수 있다.

사진 1-3 가상현실과 증강현실 교수학습 장면

생각해 보기

1. 교수학습의 개념을 여러분의 언어로 표현해 보세요.
2. 새로운 교수학습에서 여러분이 관심 있는 내용에 대해 논의해 보세요.

제2장 교수학습 역사와 이론

1 교수학습의 역사

1) 서양의 교수학습 역사

(1) 고대

■ 소크라테스(Socrates, BC 469-399)

소크라테스는 교사가 참된 지식을 직접 가르치기보다는 대화와 문답을 통해 학습자가 무지와 편견을 자각하고 진리를 발견하게 하는 귀납적 진리탐구를 주장하였다. 교사가 학습자에게 계속 질문함으로써 학습자가 스스로 모순과 논리를 터득한다는 점에서 자기반성적 교수법의 원리를 강조하며, 오늘날 토론법이나 대화법을 활용하는 민주적 교수학습방법의 시초가 되었다고 볼 수 있다. 고대 철학사상가이자 교사였던 소피스트(Sophist)들이 즐겼던 강의, 웅변, 토론식 수사법은 체계적 교수학습의 최초모형이라고 할 수 있다.

교수원리

- **문답법**: 끊임없이 질문함으로써 학습자가 질문에 대한 대답 속에서 스스로 학습하도록 안내한다.
- **토론법**: 교수자가 일방적으로 가르치기보다는 적절한 질문을 통해 답을 유도하고, 질문과 대답이 유의미하게 지속되도록 토론한다.

문답법 예

학습자에게 '정의'라는 관념을 가르칠 때 교사는 "정의란 무엇인가?"라고 묻는다. 학습자가 대답하면, 그는 학습자의 대답이 맞지 않는 몇 가지 사례를 제시하면서 다시 정의가 무엇인지 묻는다. 이렇게 몇 번을 되풀이하면 학습자는 자신이 가지고 있던 '정의'라는 관념이 진리가 아님을 깨닫게 된다. 이를 '무지의 자각'이라고 한다. 여기까지 소크라테스의 질문은 학습자가 가지고 있는 고정관념을 깨트리기 위한 것으로 '반문법'이라 한다. 일단 자신의 무지를 자각하는 순간 학습자는 "참된 정의란 무엇인가?" 라는 강한 의문을 가지게 된다. 이처럼 교사는 다시 적절한 질문을 통해 학습자가 스스로 진리에 도달하도록 유도한다. 이를 '산파술'이라고 한다. 이처럼 '문답법'은 '반문법'과 '산파술'의 두 단계로 구성된다.

출처: 신차균, 안경식, 유재봉(2006).

■ 플라톤(Plato, BC 427-347)

플라톤은 우리가 보고 느끼는 모든 사물과 현상은 이데아 세계 모방에 불과하다고 보았다. 이데아는 초감각적인 영원한 세계이며, 모든 사물에는 이데아라는 본체가 있다고 보았다. 교육목적은 인간을 계몽하여 이데아를 발견하고 이상 국가의 유능한 시민을 육성하는 것이며, 이를 위해 잠재력과 소질을 파악하고 교육해야 한다고 주장하였다. 플라톤은 학습자의 연령을 구분하고 연령에 따른 교수학습방법을 제시한 최초의 철학자이다. 정교한 발달이론은 아니지만 연령과 개인차에 따른 교육은 심리학과 유아교육에 이론적 기초를 제시했다고 볼 수 있다.

교수원리

- **발달에 따른 원리**

  1단계 도야기(출생~15세)는 체육, 음악을 주로 배우고 신화를 들으며 올바른 습관을 형성하도록 하였다. 2단계 군인훈련시기(15~20세)는 신체단련과 군사훈련을 하도록 하였다. 3단계 과학적 도야기는 군인이 될 사람은 2단계 20세에 교육을 마치고, 지도자가 될 사람은 20세부터 30세까지 산수, 음악, 기하, 천문학을 공부하여 사물의 본질과 원리를 이해하도록 하였다. 4단계 철학적 도야기(30~35세)는 본격적인 철학교육을 받도록 하였다. 5단계 철인왕실습기(35~50세)는 이데아 원리를 삶에 적용하며 실습하도록 하였다. 이렇게 최종 실습과정까지 마친 사람에게만 철인의 자격을 부여하였다.

- **개인차의 원리**

  플라톤은 인간은 서로 다른 능력을 갖고 태어나므로 모든 사람이 동일한 교육을 받는 것에 반대하며, 능력과 적성에 따라 교육을 받고 직업에 종사해야 한다고 보았다. 학습자의 발달적 연령 단계를 구분하고 개인차를 인정하였다.

(2) 근세

■ 코메니우스(Johann Amos Comenius, 1592-1670)

코메니우스(1592-1670)

코메니우스는 전통적 교수방법에 반대하며 감각적 직관을 중시하는 새로운 교수법을 주장함으로써 교육 근대화에 선구적 역할을 하였다. 모든 인간은 학식과 덕성을 갖고 태어나며 교육을 통해 발현된다고 보았다. 코메니우스는 『대교수학』(大敎授學, 1657)을 집필하여 추상적 언어와 일반적 내용보다 사실과 구체적 사례를 먼저 제시하는 교수원리를 강조하였다. 이는 아동이 과학적 확실성을 가진 지식을 이해할 수 있도록 구체물을 통해 감각적으로 제시하는 혁신적 교수방법을 말한다. 또한 교사의 설명식 교육에서 벗어나 아동용 라틴어 교재에 그림을 삽입한 『세계도회』(世界圖會, 1658)를 출판하였는데, 이는 최초로 아동용 교과서에 삽화를 넣어 그림을 활용한 혁신적 교수방법이 되었으며, 오늘날 시청각 교수법의 효시이자 그림책의 기원이 되었다.

교수원리

- **직관교수**: 학습자가 스스로 깨닫고 이해하도록 가르친다.
- **실물교수**: 지식을 글자나 추상이 아닌 실물을 활용하여 가르친다.
- **감각교수**: 시각, 청각, 촉각 등 감각을 직접 사용하여 배우도록 가르친다.
- **시청각교수**: 지식을 추상적인 글자가 아닌 시각적 그림으로 가르친다.

그림 2-1 세계도회

XVI.

Potherbs. Olera.

Pot-herbs grow in Gardens,	*Olera* nascuntur in hortis,
as *Lettice*, 1.	ut *Lactuca*, 1.
Colewort, 2.	*Brassica*, 2.
Onions, 3. *Garlick*, 4.	*Cepa*, 3. *Allium*, 4.
Gourd, 5.	*Cucurbita*, 5.
The *Parsnep*, 6.	*Siser*, 6.
The *Turnep*, 7.	*Rapa*, 7.
The *Radish*, 8.	*Raphanus minor*, 8.
Horse-radish, 9.	*Raphanus major*, 9.
Parsly, 10.	*Petroselinum*, 10.
Cucumbers, 11.	*Cucumeres*, 11.
and *Pompions*, 12.	*Pepones*, 12.

〈정원에서 자라는 식물〉

1. 양상추 2. 양배추 3. 양파 4. 마늘 5. 조롱박 6. 당근
7. 순무 8. 무 9. 고추냉이 10. 파슬리 11. 오이 12. 호박

출처: https://www.gutenberg.org/files/28299/28299-h/28299-h.htm

(3) 계몽주의 시대(17-18세기)

■ 루소(Jean-Jacques Rousseau, 1712-1778)

루소(1712-1778)

루소는 자연주의와 아동인권을 주장하고 근대적 아동관을 수립하여 현대교육에 큰 영향을 끼친 프랑스 교육사상가이다. 루소는 사회관습과 제도에 숨겨진 편견과 모순을 비판하면서 인간의 선한 본성이 사회의 편견과 모순에 의해 왜곡되어 아동발달을 저해한다고 보았다. 『에밀』에서 인간 본성교육은 자연의 시간에 의해 고유한 성장을 이루는 것이며, 인간은 자연으로 돌아가야 한다고 주장하였다. 이에 유아기부터 자연에서 경험을 통해 신체와 감각기관을 훈련시킴으로써 인간 본성이 자연스럽게 펼쳐지는 자연주의 교육을 강조하였다.

교수원리

- **자연주의**: 교육이 자연의 본성과 질서에 따라 아동의 흥미와 요구, 능력, 발달속도를 인정하고 그에 따라 교육하는 것을 강조한다.
- **성숙주의**: 인간의 선한 본성이 자발적으로 성장하도록 최대한 배려한다.
- **소극적 교육**: 선한 본성을 보존하기 위해 성인의 간섭을 최소화한다.

(4) 신인문주의 시대(19세기)

■ 페스탈로치(Johann Heinrich Pestalozzi, 1746–1827)

페스탈로치(1746–1827)

페스탈로치는 스위스의 교육학자이며, 아동교육을 위해 헌신한 교육의 아버지로 알려져 있다. 루소의 자연주의 교육사상을 이어받아 평등, 박애, 공동체 교육을 실천한 학자이다. 페스탈로치는 아동의 학습은 자연발달적인 특성에 따라 구체적 실물을 통한 실제적 경험이 중요하며, 유아가 직접 세어보고 만져보는 교육을 강조하였다.

교수원리

- **합자연의 원리**: 자연의 질서에 따라 인간성, 자연성, 사회성이 합일로 나아감을 강조한다.
- **자발성의 원리**: 외부에서 주입되는 것이 아니라 아동 내부에서 스스로 발전되어 가는 것이라고 본다.
- **직관의 원리**: 모든 인식은 지각과 깨달음을 통한 직관을 말하며, 판단이나 추리 능력보다 선행함을 강조한다.
- **노작의 원리**: 농경과 방직 등 노동의 가치를 강조한다.
- **균형의 원리**: 지성과 덕성, 신체의 조화를 강조한다.
- **감각적 직관학습**: 감각적·조작적 경험을 실물교수를 통해 가르친다.

■ 프뢰벨(Friedrich Wilhelm August Froebel, 1782-1852)

프뢰벨은 1840년 세계 최초 유치원(Kindergarten)을 창설하여 오늘날 유치원의 시작이 되었다. 루소와 페스탈로치의 자연주의와 직관교육 교수원리를 수용하고, 놀이와 작업 교육방법을 고안하여 유아교육의 아버지로 불린다. 인간은 신에 의해 창조되어 신성이 내재되어 있으며, 교육은 인간의 본질인 신성을 깨닫고 창조적 자기활동을 하도록 돕는 것이라고 보았다. 프뢰벨은 유아가 놀이충동을 외부로 표출하는 데 놀잇감이 필요하다고 보고, 유아가 손으로 느끼며 형태를 구성하고 놀 수 있는 10개 은물(恩物)과 다양한 놀이유형인 11개 작업(作業)을 고안하여 교수학습의 기본체계를 확립하고 『어머니의 노래와 사랑의 노래』를 통해 노래와 손유희를 보급하였다.

프뢰벨(1872-1852)

교수원리

- **통일의 원리**: 인간의 신성과 우주, 자연의 조화와 합일을 지향한다.
- **노작의 원리**: 일하고 생산하는 활동에 직접 참여함으로써 배운다.
- **놀이의 원리**: 인간 본성인 놀이를 통해 조화롭고 통일된 인간을 형성한다.
- **은물 교수**: 가장 이상적인 형태의 놀이 교구인 은물을 고안하여 유아가 은물을 통해 우주와 자연의 질서를 알아가도록 한다.

그림 2-2 은물

출처: https://en.wikipedia.org/wiki/Froebel_gifts

(5) 현대(20세기)

■ 듀이(John Dewey, 1859-1952)

듀이(1859-1952)

듀이는 20세기 미국을 대표하는 진보주의 사상가이자 실용주의 교육자이다. 교육은 경험의 재구성이자 성장이며, 인간과 환경 사이에서 일어나는 통합적 진보과정이라고 보았다. 특히 인간 삶의 경험을 강조하여 '행함으로써 배운다(learning by doing)'는 활동중심 교육원리를 주장하였다. 듀이는 교사가 전통적인 암기 위주의 기계적 교육을 하고 있으며, 학습이 아동의 경험과 분리된 지식 전달에 치중해 왔다고 비판하였다. 아동의 흥미와 관심에 기초하여 교육이 이루어져야 함을 강조하면서 일상생활과 분리된 교육내용을 거부하고 실생활에 도움 되는 지식을 아동이 직접 경험함으로써 학습이 일어난다는 점을 강조하였다. 듀이의 교육철학은 전통적 학교 교육에 진보적 사상을 도입한 실용주의(pragmatism) 철학을 의미하며, 경험중심 교육의 토대가 되었다.

교수원리

- **아동중심**: 교육이 아동의 흥미와 자발성을 기초로 수행됨을 강조한다.
- **경험주의**: 아동이 스스로 행하고 경험함으로써 배우도록 한다.
- **실용주의**: 가정과 사회에서 필요하고 유용한 지식을 습득하도록 한다.
- **진보주의**: 교육은 사회흐름에 따라 변화해야 하며, 지식의 가치는 사회의 필요와 가치에 의해 유동적이라는 것을 강조한다.

■ 몬테소리(Maria Montessori, 1870-1952)

몬테소리(1870-1952)

몬테소리는 1896년 이탈리아 최초 여성 의학자로서, 프랑스 장애아 교육에 공헌한 이타르(Itard)와 세강(Seguin)에게 사사하고 독특한 교육방법을 연구하였다. 몬테소리는 지적 장애아 교육을 시작으로 빈민아들을 위한 어린이의 집(Casa dei Bambini)을 통해 고안한 체계적 교구와 교수법을 발전시켜 오늘날 몬테소리 교육으로 널리 알려졌다. 몬테소리는 유아의 자발성과 능동성을 강조하며, 시각과 촉각발달이 인지발달과 추상적 개념 발달의 근원이 된다는 믿음으로 교구를 고안하여 오늘날 과학적 교수법에 공헌했다는 평가를 받는다.

교수원리

- **자유와 자기활동**: 외부의 간섭과 방해를 최소화하고 학습자의 자유를 최대한 존중하는 것을 강조한다.
- **자동교육**: 유아가 스스로 실수나 오류를 발견하고 수정이 가능한 자기수정적 교구를 통해 배우는 것이다.
- **감각교수** : 촉각과 시각을 촉진하는 교구를 통해 지적 성장을 지원한다.
- **준비된 환경**: 최적의 정신적 성장이 일어날 수 있도록 유아의 삶을 반영한 준비된 학습환경을 마련하여 교육이 이루어지도록 한다.
- **개별학습**: 오늘날 개별학습의 시초가 되며, 학습자가 교구와의 1:1 상호작용을 통해 개별적인 학습이 일어나도록 안내한다.

그림 2-3 몬테소리 교구

출처: https://www.pinkmontessori.com

■ 슈타이너(Rudolf Steiner, 1861-1925)

슈타이너(1861-1925)

슈타이너는 다양한 학문에 대한 관심과 연구를 통해 인간과 우주에 대한 인지학(人知學)을 창시하였다. 특히 독일 문학가 괴테에게 큰 영향을 받아 발도르프 학교(Waldorf School)를 설립·운영하였다. 발도르프 학교는 전통적 학교교육과 차별화되는 교육내용으로 교과서 없이 교사가 예술적으로 형상화해 주는 시·청각적 이미지에 근거하여 학습자가 그림과 글자가 통합된 교재를 만들어 가는 교수학습방법을 사용한다. 자연, 우주와 깊이 교감하며 작물을 직접 키우고, 목공, 산책, 문학, 음악, 미술 활동을 통해 창의적이고 상상력이 풍부한 인간성을 회복하고 전인적 인간을 지향하는 실천적 교육내용을 강조한다.

교수원리

- **놀이 중심** : 놀이를 통해 스스로 조절하면서 놀이와 휴식의 균형을 이루도록 한다. 자유놀이는 유아가 충분히 몰입하도록 긴 시간 동안 이루어진다.
- **상상력과 창조성** : 교육의 가치를 상상력과 창조성으로 보고, 정해진 사진, 그림, 글자를 제한하여 상상력이 풍부해지도록 돕는다. 특히 판타지가 풍부한 이야기를 많이 들려주고 아름다운 시 구절을 통해 상상력을 키워나간다.
- **영성 발달** : 유아가 자연, 우주, 신과 교감하는 것을 강조한다. 주변 세계의 생명에 민감하고, 이해와 돌봄, 사랑과 소통을 발달시키도록 도와주며, 습식수채화, 구연동화, 오이리트미를 통해 영성이 자연스럽게 드러나도록 한다.

■ 피아제(Jean Piaget, 1896-1980)

피아제(1896-1980)

피아제는 스위스에서 태어나 유아의 독특한 인지 구성 능력에 대한 인지발달이론을 구축하였다. 이후 인지발달이론은 많은 학자에 의해 유아교육현장에서 모형화되어 다양한 교수학습방법으로 개발되고 실천되었다. 카미·드브리스(Kamii & DeVries), 하이스코프(High-Scope), 라바텔리(Lavatelli) 프로그램이 대표적이며 구성주의 교수학습모형으로 불리기도 한다.

교수원리

- **능동적 학습**: 유아가 능동으로 스스로 지식을 구성할 수 있도록 돕는다.
- **구성적 학습**: 유아가 세계와의 상호작용 과정에서 자신이 알고 있는 지식을 동화와 조절을 통해 확장하고 구성하도록 한다.
- **준비된 놀이환경**: 유아가 능동적인 탐색과 지식을 구성할 수 있도록 유아의 흥미를 자극하는 놀이환경과 활동을 제공한다.
- **인지적 교재교구**: 유아가 시간과 서열, 일대일 대응, 비교, 분류 등의 논리적·수학적·과학적 지식을 흥미 있게 학습하도록 안내한다.

■ 비고츠키(Lev Vygotsky, 1896-1934)

비고츠키는 피아제의 인지 구성주의에서 발전하여 사회문화 구성주의를 강조한 구 소련의 인지심리학자이다. 학습자가 지식을 구성하는 과정에서 가정, 지역사회의 관습과 지식체계가 직접적 영향을 미친다고 주장하였다. 특히 학습자의 근접발달영역(ZPD: Zone of Proximal Development)을 최적화하여 교수할 필요가 있다고 강조하며, 학습자 스스로 학습할 수 있는 능력을 최적화하도록 도와주는 교수원리인 비계설정(Scaffolding)을 제안하였다.

비고츠키(1896-1934)

교수원리

- **개인 간 상호작용**: 유아가 스스로 지식을 구성하고 인지를 발달시켜 나갈 때 상호작용하는 유능한 또래나 성인과의 사회적 상호작용을 강조한다.
- **비계설정**: 유능한 협력자가 비계를 설정하여 유아가 문제를 해결하고 성장할 수 있도록 도움을 제공한다.
- **효율적 언어 자극**: 언어를 통한 사회적 상호작용을 통해 유아가 상상하고 조직하며 새로운 생각을 만들어 내고 다른 사람들과 생각을 나누도록 한다.

2) 동양의 교수학습 역사

(1) 도제식 교수법

인간은 원시시대부터 가족, 마을, 사회로부터 삶에 필요한 지식, 기술, 태도를 배우고 익히며, 문명, 문화, 지식을 전수해 왔다. 이러한 점에서 동양의 가장 오래된 교수학습방법은 실생활을 통해 자연스럽게 전수되어 온 도제식 교수방법이라고 볼 수 있다(임부연, 오정희, 2019). 도제식 교수법은 오랜 시간 동안 직접 체험을 통해 전수되는 기술을 말하며, 오늘날 유아교육 분야에서 실시하고 있는 교육실습은 도제식 교수방법을 통해 교사역할을 익히는 예로 볼 수 있다. 도제식 교수방법은 동양과 서양을 막론하고 인류의 가장 보편적 교수방법이며, 과거부터 현재까지 교육현장에 지속적으로 적용되어 왔다.

(2) 불교 교수법

불교는 삼국시대에 우리나라에 도입되어 고려시대까지 국가종교로서 커다란 영향을 미쳤으며, '모든 존재는 항상 변화하므로 실체가 없다'는 것이 핵심 사상이다(문미옥, 이혜상, 2003). 유아는 우주 만물을 인식하고 편견이 없는 순수한 존재이며, 세속에 물들지 않은 이상적인 인간으로 본다. 교육은 깨달음의 과정이며 깨달음을 실천하는 것이 교육이라고 보았다. 진리를 깨닫고 행하는 것은 선이며, 진리에 어긋나는 행동은 악이라고 보고, 교육받은 자는 깨달음을 통해 마음과 삶을 선한 방향으로 이끌어 가야 한다고 보았다(지옥정 외, 2019). 주요 교수원리는 정진, 수행, 깨달음, 생명존중이며, 구체적인 교수방법으로 불교 경전 읽기, 스승의 교훈 듣기, 문답법, 감화교육, 실천교육 등이 있다.

(3) 유교 교수법

유교는 기원전 4-5세기경 공자와 맹자 사상을 기초로 발전하였다. 유교는 인간을 불완전한 존재로 보며, 인간의 부족함을 천지자연이 보충해 주고, 천지의 부족은 인간이 대행할 수 있다고 보았다(임재택, 2005). 인간은 교육을 통해 하늘로부터 받은 성품을 잘 보존하고 길러 성인군자가 될 수 있다고 보았다(이기숙 외, 2003). 유교에서 유아교육 내용은 자신의 몸과 주변을 청결하게 하는 생활습관, 부모와 형제자매 관계에서 예의와 신의를 주로 다루었다(지옥정 외, 2019). 주요 교수원리는 남녀 구별, 절제와 수신, 습관과 예절교육이며, 성인의 모범, 앎과 행함의 일치를 통해 깊이 생각하고 문답법을 활용하는 교수법을 강조하였다. 유교는 이후 민중생활 속에서 실천되고 계승되었으며, 현대사회에서도 가족과 지역사회 풍습을 통해 관습으로 유지되고 있다.

(4) 천도교와 소파 방정환의 교수법

천도교는 조선 말 1860년 최제우가 창시한 동학사상에서 태동하여 1905년 천도교로 개칭하였으며, 방정환의 아동중심사상의 모태가 되었다. 천도교는 조선시대의 불합리한 신분 세습과 가족제도 속에서 모든 사람은 존엄하고 평등하므로 교육받을 권리가 있다고 주장하며 인간해방의 각성이 일어나는 계기가 되었다(임부연, 오정희, 2019). 동학혁명과 3·1운동의 사상적 기초가 되었으며, 방정환에 의해 어린이 문화운동 전개, 색동회 설립, 어린이날 제정, 동화와 동요보급 등 우리나라 유아교육에 큰 획을 그었다.

동학에서 교육의 의미는 인간존중과 실천이며, 유아가 끊임없이 변화하고 성장하는 과정에서 본성을 자각하고 발휘하도록 돕는 것이 교육의 목적이라고 보았다(지옥정 외, 2019). 주요 교수원리는 인내천과 성선설이다. 인내천은 사람이 곧 하늘이라는 인간존중 사상이며, 성선설은 어린이는 태어날 때부터 선한 하나의 인격체로서 성인의 축소판이 아님을 강조한다.

그림 2-4 소파 방정환의 아동관과 교수원리

방정환은 아동문학가이자 어린이 교육의 선구자이다. 어려운 시기에 아동교육을 통해 민족적 자주와 독립을 실천했다는 점에서 교육학적 복원 노력이 필요하다. 방정환의 아동관과 교수원리는 우리 민족의 전통적 정신세계를 이루었던 유불선에 뿌리를 두면서도 당시 사회적으로 불합리한 모순과 폐습을 극복하고 인간의 평등과 존엄성을 강조하는 새로운 민족교육관을 발전시켰다는 점에서 큰 의의가 있다.

출처: https://children365.or.kr/bangjeonghwans-life

2 발달이론과 교수학습

1) 성숙주의

성숙주의 관점에서 발달은 인간이 태어날 때부터 내부에 존재하는 것에 의해 이루어진다. 성숙주의는 루소의 철학, 게젤의 심리학에 기반하여 발전하였으며 닐의 서머힐 학교에서 실제로 적용되었다. 루소는 인간은 성장하고 발달하는 내적 계획을 가지고 있으며 훈육은 아동 성장에 부정적 영향을 미치므로 발달단계에 적절한 허용적 양육을 해야 한다고 하였다. 게젤은 유기체의 행동패턴의 결정 방향을 예정론적 관점에 따라 표준행동목록을 제시하였다(팽영일, 2017). 닐은 아동을 선한 존재로 보는 신념에 따라 서머힐 학교를 설립하였다. 루소, 게젤, 닐이 제시하는 중요한 교육적 암시는 연령별로 표준이 되는 발달 특성과 능력이 있다는 것을 전제로 성인이 유아의 발달을 지나치게 기대하거나 성숙수준 이상의 성취를 강조하지 않는다는 것이다(Neil, 2014).

■ 주요개념

- **성숙(maturation)**
  형태학적 발달이 이루어짐에 따라 유아가 새로운 기능을 할 수 있게 되고 이로 인해 자연스럽게 행동 변화가 나타나는 것을 의미한다. 유아의 발달은 성숙에 의해 통제되고 조절되므로 발달의 원동력은 유아의 유전적 요인이라고 볼 수 있다.
- **학습준비도(learning readiness)**
  유아에게 무엇을 가르치기 위해서는 유아가 성숙될 때까지 기다려야 한다는 학습의 시기에 관한 것을 말한다.

■ 교수학습 시사점

- 영유아의 자유로운 활동을 허용하고 흥미와 요구를 수용한다.
- 사회적으로 인정되는 범위 내에서 영유아의 흥미와 요구에 적합하게 허용적인 환경을 제공한다.
- 집단을 구성할 때 학습준비도가 유사한 영유아들로 구성한다.
- 영유아의 내적동기에 의해 활동이 이루어지도록 지지하고 격려한다.

2) 행동주의

행동주의 관점에서는 외적 환경이 인간발달에 미치는 영향을 강조하며, 인간에게 적합한 외부환경을 제시함으로써 바람직한 방향으로 발달을 변화시킬 수 있다고 본다(이기숙, 2016). 로크(Locke)의 철학, 손다이크(Thorndike), 파블로프(Pavlov), 스키너(Skinner)의 심리학에 토대를 두고 있다. 로크는 아동을 백지상태로 여기고, 인간은 태어날 때 아무 것도 가지고 있지 않으며, 성장 과정의 모든 경험에 의해 특성이 구성된다고 보았다. 손다이크, 파블로프, 스키너의 행동주의 심리학에서는 인간을 수동적인 존재로 본다. 행동주의 심리학은 학습을 자극에 대한 반응으로 보는 고전적 조건화, 반응에 대해 자극하는 조작적 조건화에 의한 것이라고 본다. 스키너는 인간의 행동에 가장 강력한 영향을 미치는 외부요인을 강화로 보았으며, 인간의 모든 행동은 일련의 계열적인 연속성을 띠는 것으로 보았다.

■ 주요개념

- **강화**: 어떤 반응에 대해 긍정적 보상이 있으면 그 반응이 더 자주 나타나게 되는 것을 말한다. 영유아의 모든 발달은 환경의 영향과 훈련에 의해 증가하며, 이때 강화가 있으면 발달이 더 촉진된다.
- **모델링**: 다른 사람의 행동을 관찰함으로써 새로운 행동을 학습하고 억제하기도 하는 것을 말한다. 간접적으로 이루어진다고 하여 대리학습, 또는 모방을 통해 이루어진다고 하여 모방학습이라고도 한다.

■ 교수학습 시사점

- 영유아가 습득해야 할 구체적인 학습목표를 설정한다.
- 학습내용을 위계화·순서화하여 영유아가 경험할 수 있도록 제공한다.
- 영유아가 습득해야 하는 행동을 구체적·적극적으로 지시한다.
- 영유아가 적절한 보상과 강화를 통해 바람직한 행동을 학습하도록 한다.

3) 구성주의

구성주의 관점은 아동의 자발성을 강조하면서 인간과 환경의 상호작용을 발달의 필수조건으로 본다. 구성주의적 관점은 행동주의와 정신분석이론에 가려져 관심 받지 못하다가 1960년대 이후 피아제의 인지발달이론, 비고츠키의 사회문화이론, 브론펜브레너의 생태학적 체계이론으로 이어졌다. 피아제는 영유아가 주변 세계를 탐색함으로써 적극적으로 지식을 구성하는 존재이며, 발달은 논리적 사고능력 획득 정도에 따라 단계적으로 이루어진다고 보았다(조복희, 2014). 비고츠키는 인간을 사회·문화적 세계의 산물로 보고, 아동을 이해하기 위해서는 사회·문화적 맥락을 함께 이해해야 한다고 하였다. 브론펜브레너는 생태학적 체계이론에서 아동이 주변 환경의 복잡한 관계 내에서 발달한다고 보고(Berk, 2015), 아동을 둘러싼 환경을 미시체계, 중간체계, 외체계, 거시체계, 시간체계의 5수준으로 제시하였다(정옥분, 2014).

■ 주요개념

- **동화와 조절**
  동화는 이미 가지고 있는 인지도식에 새로운 사물을 통합하는 과정을 의미하며, 조절은 기존의 인지도식을 새로운 사물에 맞게 변형시키는 것을 의미한다.
- **평형화**
  동화와 조절 중 어느 하나가 우세하지 않은 인지적 균형 상태를 의미한다.
- **근접발달영역**
  유아가 독립적으로 수행할 수 있는 실제적 발달수준과 성인이나 또래의 도움을 받아 성취할 수 있는 잠재적 발달수준 사이의 중간영역을 말한다.
- **비계설정**
  유아가 독립적으로 수행할 수 있게 성인이나 또래가 도움을 제공하는 것을 의미한다.

■ 교수학습 시사점

- 교사는 관찰자, 참여자, 촉진자로서 영유아의 학습과정에 개입한다.
- 영유아의 요구를 수용하며 조심스럽게 토의하고 질문하고 안내한다.
- 영유아가 흥미에 따라 자유롭게 놀이를 선택할 수 있도록 허용한다.

4) 후기구조주의

후기구조주의는 경직된 구조주의 패러다임으로부터 인간을 자유롭게 하고 구조주의의 한계를 극복하고자 한다. 교육의 역동성과 다면성을 강조하며, 교수학습방법에 대한 새로운 담론과 실천을 제안한다(유혜령, 2017). 영유아의 배움이 있는 수업은 교육이론과 교육과정이 살아나는 역동적 과정이자 교실의 시·공간을 다차원적으로 점유한다는 뜻이다(오정희, 임부연, 송진영, 2013). 후기구조주의 교수법에는 내러티브 교수법, 이미지 교수법, 신체활용 교수법이 있는데, 이러한 내러티브, 이미지, 신체활용은 특별한 요구를 가진 학습자를 인정하고, 보편성보다 특정성에 더 주목하며 비규칙적 평가에 대한 인식을 향상시키는 데 기여한다(김정권, 2002). 지금까지 유아교육 분야에서는 상급학교에 비해 내러티브를 충분히 활용해 왔으며, 교수자료로 이미지를 자주 사용하고, 놀이중심 교육을 통해 유아의 신체를 활용한 교육을 실행해 왔다(임부연, 이정금, 송진영, 2014).

■ 주요개념

- **내러티브(narrative)**
  내러티브는 인간이 세상에 대한 경험과 지식을 시간과 인과적 관계에 따라 의미 있는 에피소드로 조직하는 인지적 과정이자 의사소통 행위이다. 또한 긴 인간의 삶에서 발생한 경험과 사건이 연속으로 배열된 의미 관계이다.

- **내부작용(intra-action)**
  내부작용은 서로 얽힌 관계이자 동시에 물질적·담론적인 것이다. 유아는 물질세계와 함께 내부작용하면서 앎을 형성하게 되는데, 앎(knowing)이란 물질과 담론의 힘이 역동적인 내부작용 안에서 상호 함축되는 과정의 결과이다.

- **행위주체성(agency)**
  행위주체성은 주체성을 행위와 실천의 관점에서 바라보는 것이다. 유아는 유능하고 스스로 선택하고 실행하며 세상과 내부작용하면서 자신의 문화를 재생산하는 행위주체성을 가지고 있다.

■ 교수학습 시사점

- 놀이나 활동 주제가 담고 있는 개념적·도구적·실용적 지식을 이야기적 지식으로 전환한다.
- 주제의 가치를 전달할 수 있는 아름답고 풍부한 영상과 사진을 활용한다.
- 탈감각적이고 비신체화된 이성 중심의 지식을 체화된 지식으로 전환하기 위해 수업과정 중 유아의 신체활동을 계획하여 적극적인 참여를 이끌어낸다.

생각해 보기

1. 동·서양 교수학습 역사에서 오늘날 영유아교수학습에 가장 큰 영향을 미쳤다고 생각하는 학자는 누구인가요? 그 이유와 함께 논의해 보세요.
2. 발달이론의 주요개념 중 영유아교수학습에 중요하다고 생각하는 개념은 무엇인가요? 그 이유와 함께 논의해 보세요.

제3장 교수학습의 유형

1 교사중심 교수학습방법

교사중심 교수학습법은 우리나라 학교체제에서 가장 많이 활용하는 교수방법이지만 유아교육에서는 아동중심 교수학습을 더 강조하는 경향이 많다. 그럼에도 불구하고 안전교육과 같이 유아가 알아야 할 내용을 교사가 의도적으로 계획하여 가르치는 교사중심 교수법도 활용할 수 있어야 한다. 본 장에서는 교사중심 교수학습법으로 가장 대표적인 설명법과 개념학습을 중심으로 알아보고자 한다.

1) 직접 교수법(설명법)

(1) 개념과 특징

직접 교수법은 교사중심 접근법의 대표적인 방법이며, 영유아에게 학습내용이나 정보를 전달하는 방법이다. 아동중심 교육을 강조하는 영유아 교육에서는 직접 교수법이 교사중심이라 비효과적이라고 여겨져 왔으나 모든 교수방법은 특성을 가지고 있으므로 교육내용과 활동에 따라 적절하게 직접 교수법을 활용하는 것이 효과적이다(양옥승, 이은정, 양유진, 2022). 직접 교수법은 영유아가 새로운 용어, 전략, 규칙 등을 배울 때 효과적이다. 예를 들면, '교통기관' 주제로 영유아들이 실외에서 자전거 타기를 시도할 경우 교사는 교통규칙과 신호에 대해 직접 설명하거나 정보를 제공할 수 있다.

(2) 교육적 가치

직접 교수법은 교수학습 과정이 체계적이며 교사 한 명이 여러 영유아에게 짧은 시간에 효과적으로 정보를 전달할 수 있다. 또한 전체 영유아에게 같은 정보를 제공하여 동시에 가르칠 수 있으며 한 번에 평가가 가능하다. 그러나 학습자인 영유아의 능동적인 역할을 기대하기 어렵고, 교수학습 과정이 구조적이고 융통성이 부족하다는 점, 목표 달성에 초점을 두어 영유아가 성공과 실패의 개념을 형성할 가능성이 있다는 단점이 있다.

(3) 교수학습의 실제와 교사 역할

직접 교수법에서 교사는 무엇을, 어떻게, 언제 활용할지 활동을 계획한다. 그러나 일방적인 전달보다 영유아의 참여 유도와 다양한 상호작용을 시도하는 것이 필요하다. 예를 들면, 전화 예절을 가르치기 위해 역할영역에 있는 전화로 상호작용하면서 실제적인 방법으로 실행할 수 있다. 직접 교수법은 학습단계 중 습득과정에서 활용하면 효과적이다. 학습은 탐색, 습득, 실행 및 연습, 일반화의 과정을 거쳐 일어난다(Kostelnik, Soderman, & Whiren, 2011). 교사는 영유아에게 먼저 사물이나 현상에 대해 충분히 탐색할 시간을 제공한 후 습득단계에서 정보와 지식을 제공하고, 이해한 것을 다시 실행해 보도록 한다. 습득한 지식은 새로운 상황에 적용하고 일반화할 수 있도록 한다.

2) 개념학습법

(1) 개념과 특징

개념은 대상이나 사건이 가진 공통점을 정리하고 그 공통점에 근거하여 같은 집단으로 분류하고 범주화한 것이다(고정곤 외, 2020). 개념은 학습내용 계획과 구성에 필요한 요소이며, 지식과 정보를 이끌어내는 아이디어의 핵심요소이다. 영유아기에는 개념발달이 급속히 이루어지고, 이 시기의 개념은 대상, 사건에 대해 사고를 형성하는 가장 기본적인 생각이다(위영희 외, 2021). 개념학습법은 영유아의 개념이해를 돕고 가설검증 기회를 통해 유아가 분석적인 사고기술을 형성하도록 돕는 학습방법 중 하나이다. 예를 들어, '변화'

개념을 학습할 경우, 변화란 사물 모양이나 성질이 달라지는 것을 말한다. 따라서 유아 자신, 계절, 주변사물과 환경, 가족의 변화, 감정 등 모든 영역에서 방법을 추출함으로써 변화의 개념에 접근할 수 있다(이은화, 김영옥, 2000).

(2) 교육적 가치

개념학습은 다양한 지식과 상식을 습득하게 하며, 영유아의 의사소통을 통해 원활한 사회적 관계를 유지하고 사고과정을 확장시켜 모든 영역에서 폭넓은 학습을 할 수 있도록 돕는다. 그러나 영유아기는 추상적 지식이나 개념으로 학습하기보다 감각과 경험에 기반하여 배우는 특성을 가지므로 지나치게 개념학습을 강조하는 것보다 스스로 지식을 구성해 가도록 지원하는 교수법을 더 강조하고 있음을 이해해야 한다.

(3) 교수학습의 실제와 교사 역할

교사는 영유아가 경험한 세계를 조직하고 분류하는 개념 습득을 돕기 위해 직접 보거나 만져볼 수 있는 실제적·구체적인 사례를 제공하고, 영유아가 자신의 생각과 추론과정을 설명할 수 있도록 격려해 주는 것이 필요하다. 또한 영유아가 변별하기 쉬운 사물에서 점점 어려운 개념으로 진행하고, 이미 조직된 형태로 개념을 제시하기보다는 먼저 예를 제시해 주고 영유아가 개념의 규칙을 스스로 찾아낼 수 있도록 격려한다(김진영, 백혜리, 최윤정, 2006).

| 표 3-1 | 개념학습법의 예

〈공룡이 사라졌어요〉 이야기 나누기
• **목표** 공룡이 사라진 이유에 대해 관심을 가진다. 공룡이 사라진 이유에 관한 다른 사람의 이야기를 듣고 이해한다.
• **개념** 공룡의 종류, 생김새, 먹이, 서식지, 공룡이 사라진 이유
• **활동방법** 1) 수수께끼를 이용해 공룡에 대해 소개한다. - 나는 동물이에요. - 내 친구들은 몸집이 아주 크기도 하고 작기도 해요. - 아주 먼 옛날에는 이 세상에 있었는데, 지금은 없어요. - 나는 누구일까요? 2) 공룡모형, 사진, 그림, 책을 보면서 공룡에 대해 자유롭게 이야기를 나눈다. - 알고 있는 공룡을 말해 줄 수 있겠니? - 공룡은 무엇을 먹고 살았을까? - 공룡은 어디에서 살았을까? 3) 공룡이 사라진 이유에 대해 함께 알아본다. - 공룡은 이 세상에서 왜 없어졌을까? - 옛날에 공룡이 살았다는 것을 사람들은 어떻게 알 수 있었을까? 출처: 교육과학기술부(2013a: 53).

2 아동중심 교수학습방법

유아교육에서 교수학습은 아동중심에서 다양한 방식으로 운영되고 있다. 본 장에서는 놀이중심 교수학습법, 탐구학습법, 문제해결학습법, 협동학습, 프로젝트접근법을 중심으로 알아보고자 한다. 그러나 유아교육과정은 이러한 아동중심 교수학습보다 놀이중심 교수학습을 더 강조하고 있다. 놀이중심 교수학습은 그 방법의 폭이 넓어 아동중심 교수학습의 다양한 유형을 활용하면서 유아중심으로 운영해 갈 수 있다.

1) 놀이중심 교수방법

(1) 개념과 특징

아동중심 교수학습에서 가장 중요한 교수방법이다. 놀이중심 교수학습은 최근에 국가교육과정이 학습자 중심 및 역량 중심을 추구하면서 더욱 주목받고 있는 교수학습방법이다. 특히 유아교육과정은 현행 누리과정이 놀이중심을 추구하면서 놀이중심 교수법에 대한 관심이 고조되고 있으며, 영유아 교사가 가장 주요하게 고려해야 할 교수학습방법이 되고 있다. 놀이중심 교수법은 교사가 주도하는 계획과 활동보다 유아가 주도하는 자발적인 놀이를 강조하며, 하루일과에서 충분한 놀이시간을 편성하여 운영하며 유아가 놀이를 통해 배울 수 있도록 지원하는 교수법을 말한다. 이는 학습자가 주도하는 배움을 강조하는 최근 교육과정의 방향과 함께 유아의 경험과 놀이에서 주도성과 창의성을 높이고, 만들어 가는 교육과정의 주체로서 존중한다는 특징을 가진다.

(2) 교육적 가치

놀이중심 교수학습은 학습자로서 유아가 놀이를 통해 배워 나갈 수 있다는 점에서 교육적 가치가 크다. 유아는 건강하고 안전해야 할 권리 외에도 충분하게 놀이할 권리를 가지며 이때 놀이는 단순한 유희나 즐거움을 주는 것만이 아닌 유아가 스스로 배움을 형성해 간다는 점에서 교육적으로 중요한 교수방법이 된다. 놀이중심 교수방법은 최근 초·중등학교 교육과정에서도 놀이시간을 많이 편성하여 교수학습방법으로 활용도가 높아지고 있으나 유아교육에서 놀이는 보다 교육적 가치가 높다는 점에서 차이가 있다. 유아교육에서 놀이중심 교수법은 별도로 교과수업을 하지 않는 관계로 놀이시간이 곧 유아가 배우는 시간이 된다는 점에서 차별성을 가진다. 즉, 유아교육에서 놀이는 단순한 여가나 휴식이 아니라 유아가 배우는 시간이라는 점에서 교육적 가치가 크다는 점을 이해하는 것이 가장 중요하다.

(3) 교수학습의 실제와 교사 역할

놀이중심 교수학습은 영유아교수학습 유형에서 가장 중요하고 전문성이 요구되는 영역이다. 영유아 교사는 놀이중심 교수학습을 구체적 사례를 중심으로 체계적이고 심층적으로 살펴볼 필요가 있다. 이를 위해 본 교재의 제3부 교수학습의 실제에서도 놀이중심 교수학습의 방법을 6장 상호작용, 8장 놀이지원, 9장 놀이와 활동, 10장 놀이중심 교육계획안, 11장 놀이환경 등에서 체계적인 구성으로 구체적인 사례를 소개하고 있으니 참고할 수 있다.

2) 탐구학습법

(1) 개념과 특징

탐구학습법은 문제해결에 기초한 교수학습 유형이며, 교사의 설명과 개념 전달보다 영유아가 질문의 답을 발견해 나가는 과정에 초점을 두는 방법이다. 탐구란 당면 문제나 질문을 깊이 알아가는 과정으로, 문제를 제기하고 활동이나 자료를 선택하며 실험과 질문을 통해 답을 발견해 가는 과정이다. 탐구학습법은 비판적 사고 기술을 발달시키는 데 효과적인 교수학습 유형이며, 교사가 탐구학습법을 활용할 때에는 자연적으로 발생하는 영유아의 질문이나 문제를 과정을 통해 해결하도록 안내한다(이영자, 이기숙, 이정욱, 2017). 문제에 대해 어떤 결론이나 증거가 나오더라도 비판하거나 당황하게 하는 일이 없도록 학급에서 자유롭게 실험하고 탐구하는 분위기를 조성해 주어야 한다. 탐구학습을 위해서는 자신의 사고를 되돌아보는 사려 깊은 반성적 사고가 필요하며 여러 가능성을 염두에 두고 문제를 해결해 나가는 것이 필요하다.

(2) 교육적 가치

탐구학습법의 교육적 가치는 다음과 같다. 첫째, 영유아가 흥미 있어 하는 주제와 내용에 따라 방향이 결정되고, 그 속에서 스스로 무엇인가를 구성하고 조직하는 지적능력을 증대시킨다. 둘째, 탐구활동은 미리 결정된 답이 없으므로 영유아가 자신의 속도에 따라 조사와 탐구를 수행하면서 언제, 무엇을, 어떻게 수행할 것인지 스스로 결정한다. 셋째, 탐구를 통한 발견, 그 자체가 하나의 보상이 되어 영유아에게 자신감과 유능함을 느끼게 하는 내적 보상을 제공한다. 넷째, 스스로 구성한 지식과 정보는 오랫동안 기억되고 보존된다.

(3) 교수학습의 실제와 교사 역할

탐구학습의 적용은 학습목표가 내용 이해보다 비판적 사고를 길러주는 것에 목표를 둘 때 사용한다. 탐구학습은 영유아가 흥미를 느끼는 질문을 탐구하거나 소집단으로 나누어 각각의 질문을 탐구하게 할 수도 있다. 탐구학습이 이상적으로 적용되기 위해서는 탐구문제, 가설, 검증자료 등이 영유아에게서 나와야 하므로 교사가 필요한 안내를 하되 영유아의 탐구를 방해하지 않아야 한다. 이를 위해 탐구학습은 교사의 개입과 중재 시점이 중요한데, 교사는 영유아의 자유로운 선택과 탐색을 허용하면서도 큰 틀에서 영유아의 활동이 효율적으로 전개되도록 관찰과 지원, 적절한 중재를 수행해야 한다. 탐구학습 과정은 질문이나 문제제기로 시작하여 예상결과를 제시한 후 예측한 내용을 증명하기 위해 필요한 자료를 수집한다. 이어 수집된 자료를 통해 결과가 검증되면 일반화시키고 마무리하는 과정으로 진행된다.

| 표 3-2 | 탐구학습법의 예

〈온도가 올라갔어요〉 과학
• **목표** 실험을 통해 빛의 기능을 안다. 온도계를 활용하여 온도 차이를 비교해 본다.
• **활동방법** 1) 그림 자료를 보며 온도 차이가 나는 이유에 대해 생각해 본다. - 그림에 있는 어린이들에게 무슨 일이 일어난 것 같니? - 햇빛(그늘)에 오래 서 있으면 어떨까? - 왜 그렇게 생각하니? 2) 온도계를 활용하여 열을 내는 햇빛의 특성에 대해서 알아본다. - 온도를 알 수 있는 도구는 무엇일까? 3) 같은 실외 공간 중 온도계 1개는 빛이 들지 않는 서늘한 곳에 두고, 다른 1개는 햇빛이 잘 드는 따뜻한 곳에 둔다. 4) 시간이 지난 후 빛이 드는 공간과 빛이 들지 않는 공간의 온도 차이를 알아본다. - 햇빛이 드는 곳에서 온도계는 어떻게 달라졌니? - 그늘에 있었던 온도계는 어떻게 달라졌니? - 온도계가 왜 달라졌을까? 출처: 교육과학기술부(2012: 169).

3) 문제해결학습법

(1) 개념과 특징

문제해결학습은 듀이의 반성적 사고에 기초하여 영유아가 실제생활에서 발생한 문제나 상황을 주도적으로 해결하는 과정을 통해 자연스럽게 학습이 이루어지도록 하는 방법이다(임부연, 오정희, 2019). 문제 상황은 영유아에게 도전이 될 수 있는 상황이며 영유아가 해결해야 하는 상황이다. 문제해결을 위해 영유아는 여러 필요한 정보와 기술을 다양한 방법으로 찾아보고, 도출된 여러 대안을 비판적으로 검토함으로써 문제해결력을 기르게 된다(조규락, 김선연, 2006; Hendrick, 1997). 이러한 과정을 통해 영유아는 비판적 사고 기술, 자기주도적 학습기술, 문제와의 관계에서 내용지식을 형성할 수 있다.

(2) 교육적 가치

문제해결학습법의 교육적 가치는 영유아 주변의 문제를 중심으로 학습이 이루어지므로 이해와 기억이 증가하며, 단순한 암기에 의한 문제해결보다 영유아의 추론을 유발하여 논리적 사고와 전략을 촉진하는 데 있다. 또한 영유아가 독립적으로 생각하고 배우는 과정을 통해 책임감을 기르고 자기주도적 학습에 필요한 기술이 향상되도록 하는 것에 가치가 있다.

(3) 교수학습의 실제와 교사 역할

문제해결학습법을 위해 교사는 다음과 같은 역할을 수행할 수 있다(양옥승, 이은정, 양유진, 2022). 첫째, 교사는 영유아의 활동을 세심하게 관찰하며 정보를 수집하고 계획에 반영한다. 둘째, 영유아의 흥미, 욕구, 경험을 고려하여 해결하기 좋은 문제를 찾도록 돕는다. 셋째, 교사는 영유아가 목적을 가지고 여러 자료를 사용하며 자신의 생각을 적용하도록 촉진한다. 필요 시 질문과 도움을 통해 영유아가 자신의 경험을 성찰하도록 지도한다. 넷째, 문제해결과정은 모든 교육과정 영역에 적용 가능하므로 놀이규칙 만들기, 또래 간 갈등 해결하기 등과 같은 방법으로 일정 단계를 거쳐 문제를 해결한다. 다섯째, 교사는 영유아가 문제해결을 포기하지 않도록 흥미, 욕구, 경험 등을 고려하여 문제를 조정하고, 문제해결방법의 다양한 가능성을 발견하도록 촉진하고 안내하는 역할을 수행할 수 있다.

| 표 3-3 | 문제해결학습법의 예

〈나영이의 신발 끈 매기〉

- **문제 발생** 바깥놀이시간에 나영이가 신발 끈을 매지 못해 교사에게 도움을 청한다.

- **문제 선정**
  그동안 나영이는 엄마가 신발 끈을 매어주셨기 때문에 그 방법을 익힐 기회가 없었다.
  교사는 어떻게 하면 나영이가 혼자 신발 끈을 맬 수 있을지 방법을 알아보자고 제안하였다.

- **문제의 명료화**
  '나영이가 혼자서 신발 끈을 맬 수 있도록 쉬운 방법을 알려주자'라고 문제를 명료화한다.

- **가설 수립** 신발 끈을 맬 수 있는 방법을 다양하게 생각해 본다.

- **자료 수집 및 분석**
  이 문제를 해결하는 데 관심 있는 친구들이 '신발끈팀'을 구성하였다. 신발을 자세히 관찰하고 끈 매는 방법을 보여주는 동영상도 보면서 다양한 자료를 수집하고 분석하였다.

- **추론**
  수집된 다양한 자료들을 토대로 나영이가 끈 매기를 연습하기 쉬운 줄을 선택하여 그 방법을 익히도록 하였다.

- **문제 해결**
  나영이는 신발 끈을 스스로 맬 수 있게 되었다.

4) 협동학습법

(1) 개념과 특징

협동학습은 설명식 학습이나 소집단 학습에서 야기되는 단점을 보완하고 협력적 상호작용을 촉진하기 위한 교수학습방법이다. 그러므로 영유아들이 대소집단으로 구성되어 주어진 활동목표나 과제를 공동으로 협력해 가면서 학습한다. 영유아의 협동학습은 일상생활에서 다른 사람과 협력관계를 통해 문제를 해결하고 사회생활에 필요한 지식, 의사소통, 대인관계 기술을 배우는 데 목적이 있다. 이는 협력적 학습이 갖는 긍정적 상호의존성으로서 궁극적으로 개별유아를 유능하게 만든다(Johnson & Johnson, 1991). 혼자서는 어렵지만 서로 도우며 생각을 나눌 때 공동체 일원으로 생활하고 기여할 수 있기 때문이다(조규락, 김선연, 2006; Jenkins, Antil, Wayne, & Vadasy, 2003).

(2) 교육적 가치

협동학습의 교육적 가치는 다음과 같다. 첫째, 집단의 구성원과 상호작용 기회를 제공함으로써 긍정적인 사회적 기술과 습관을 형성한다. 둘째, 다른 사람으로부터 배우고 가르치는 기회를 제공하며 이를 통해 리더십과 자아존중감을 향상시키고 배움을 증진시킨다. 셋째, 융통성, 협력, 문제해결의 경험을 제공한다. 넷째, 의사소통기술을 발달시키는 학습구조를 제공하여 서로의 생각과 정보를 공유하고 이야기하는 기회를 갖는다.

(3) 교수학습의 실제와 교사 역할

협동학습은 집단활동이나 자유놀이시간에 문제해결, 토의, 브레인스토밍 활동 시 친구와 짝을 이루거나 집단으로 실행할 수 있다. 교사가 대집단 영유아에게 교육내용을 안내하고 동기를 유발하며 충분한 소집단 활동이 이루어진 후, 활동 결과물을 전체 영유아와 공유하고 교사와 다른 소집단 영유아에게 피드백을 받는 반성적 사고의 기회를 제공한다. 이처럼 협동학습은 집단 상호작용, 사회적 기술, 긍정적 상호작용, 구성원 평가가 포함되어야 한다(Lang & Evans, 2006). 협동학습 시 교사는 직접적 교수보다 안내자 역할을 수행한다. 또한 영유아가 집단 내에서 자신의 생각과 의견을 공유하도록 촉진하며 함께 놀이할 수 있는 개방적 놀이자료와 활동을 제공하는 역할을 수행한다.

| 표 3-4 | 협동학습법의 예

〈우리 동네 지도 그리기〉 미술
• **목표** 우리 동네의 모습과 특징을 안다. 우리 동네의 모습과 특징을 살려 지도를 그린다.
• **활동방법** 1) 사전활동으로 '우리 동네 돌아보기'를 한다. 2) 유아들을 5명씩 모집단으로 구성한다. 3) 학습할 내용을 5개 준비한다. - 우리 동네에 있는 병원 종류와 역할(소아과, 내과, 치과, 이비인후과 등) - 우리 동네에 있는 학교 종류와 역할(어린이집, 유치원, 초·중·고등학교, 대학교 등) - 우리 동네에 있는 가게 종류와 역할(신발·과일·옷가게, 문구점, 마트 등) - 우리 동네에 있는 쉼터 종류와 역할(놀이터, 노인정, 공원 등) - 우리 동네에 있는 도로에서 볼 수 있는 것(차도, 인도, 횡단보도, 신호등 등) 4) 집단 구성원 각자에게 하나씩 학습내용을 맡긴다. 5) 같은 학습내용을 맡은 구성원끼리 전문가 집단을 이루어 함께 토의하고 맡은 부분의 지도를 그려 본다. 6) 원래 모집단으로 돌아가 다른 구성원에게 전문가 집단에서 그려온 지도를 설명한다. 7) 모집단별로 학습한 내용을 전지에 그려 우리 동네 지도를 완성한다. 8) 각 집단에서 그린 지도를 발표한다.

5) 프로젝트접근법

(1) 개념과 특징

프로젝트란 한 명 또는 그 이상의 유아가 행하는 특정 주제에 대한 깊이 있는 탐구이며, 주된 특성은 조사이다(Katz, Chard, & Kogan, 2014). 프로젝트 접근법의 목적은 어린이의 성장하고 있는 정신을 강화하고 지원하는 것이다. 정신이란 지식, 기능, 이해, 호기심, 학습자고자 하는 성향뿐만 아니라 사회적, 정서적, 도덕적, 심미적, 영적 민감성까지 포함하는 개념이다.

프로젝트 접근법은 일종의 교수학습방법으로, 학습내용은 시작단계에서 교사-유아 공동 주제망 형성, 질문작성 과정을 통해 정해지며, 진행과정에서 유아의 관심을 반영하여 내용이 수정되거나 추가될 수 있다. 학습의 전 영역으로 볼 수 있는 지식, 기능, 성향, 느낌의 상호보완적 관계를 통한 인격적 통합을 강조하며, 학습의 과정, 내용, 결과를 동일하게 강조한다. 또한 학습내용을 선정할 때 유아의 흥미와 요구를 교육에 적극적으로 반영하는 발달적 적합성과 사회·문화적 적합성을 중요시한다.

(2) 교육적 가치

프로젝트접근법은 유아의 학습에 다음과 같이 도움이 된다(Katz, Chard, & Kogan, 2014). 첫째, 유아는 프로젝트 과정을 통해 지식과 이해를 자연스럽게 습득한다. 둘째, 유아가 다른 사람과 함께 활동하거나 기록하는 기회는 기능의 습득과 숙달에 직접적인 도움을 준다. 셋째, 유아는 스스로 하고 싶은 활동을 선택하면서 프로젝트의 목표인 바람직한 성향을 계발한다. 넷째, 유아는 자신의 강점과 학습방식에 따라 공동체에 공헌할 수 있는 다양한 기회를 가질 수 있고, 그 과정에서 자아존중감이나 유능감을 발달시키게 된다.

(3) 교수학습의 실제와 교사 역할

프로젝트접근법에서 교사 역할은 조정자, 촉진자, 중재자, 공동 학습자 등이며, 유아와 함께 생각을 나누고 학습하는 협력적 관계를 형성하게 된다. 교사의 역할을 단계별로 살펴보면 다음과 같다(지옥정, 2022). 첫째, 준비 단계는 프로젝트 시작 전 계획 및 준비하는 단계로서 유아는 아직 참여하지 않는 단계이다. 교사는 먼저 주제선정 준거에 비추어 적합한 주제를 선정하고 주제망을 구성한 후 교육목표를 선정하고, 교육과정과 활동 예상안을 구상한다. 다음으로 필요한 자원목록을 작성하고 준비한 후 환경을 구성한다. 또한 부모에게 프로젝트를 알리고 자원협조, 전문가, 의견제안, 마무리 행사 참여 등 도움을 요청할 수 있다. 둘째, 시작 단계에서 교사는 유아의 주제에 대한 지식, 이전 경험 등을 파악한다. 교사와 유아의 지식과 경험을 파악하고 나면 교사는 공동 주제망을 작성하고 조사·탐구할 수 있는 질문목록을 정리하도록 돕는다. 셋째, 전개 단계에서 교사는 시작 단계 질문목록을 중심으로 유아가 조사·탐구활동과 관련된 활동을 수행하도록 돕는데, 이를 활성화하기 위해 교사계획 활동, 교사-유아 간 활동과정과 결과가 공유될 수 있도록 한다. 넷째, 마무리 단계에서 교사는 프로젝트 과정 중 나온 결과, 성취물을 전시회, 발표회 등 특별한 자리를 마련하여 가족과 다른 사람들에게 설명하고 의견을 교환할 수 있도록 돕는다. 교사는 그동안 진행한 프로젝트를 정리하고 평가하며 다른 관점으로 재창조해 보는 기회도 가질 수 있도록 한다.

사진 3-1 아나바다 프로젝트의 브레인스토밍, 유목화, 주제망 사례

3 새로운 교수학습방법

1) 플립러닝(Flipped learning)

플립러닝은 '뒤집다'라는 뜻의 'Flip'을 사용하여 기존의 수업방식을 거꾸로 하는 수업이라는 의미가 있다. 플립러닝은 동영상으로 사전에 개별학습을 한 후 교실에서는 과제수행 및 토론을 실시하는 수업방식이다(Bergmann & Sams, 2012). 플립러닝은 단순한 지식전달이 아닌 교수자-학생, 학생-학생 간 상호작용을 강조한다.

플립러닝의 목표는 실제 교실수업에서 교수자의 강의시간을 학습자 개인별 학습지원 시간으로 전환하여 학습자의 능동적이고 유의미한 학습이 이루어질 수 있도록 시간을 더 할애하는 것이다(Strayer, 2007). 그러므로 자기학습에 대한 책임이 크고 수업과정에서 다양한 상호작용 경험을 하게 된다(Bishop & Verleger, 2013). 전통적인 강의수업과 비교할 때, 플립러닝에서는 학습자가 교수자, 동료 학습자와 상호작용할 기회가 더 많으며, 교사는 학습자의 학습과정과 진도에 대해 개별 피드백을 제시할 뿐만 아니라 개인의 인지수준에 적절한 상호작용을 시도할 수 있다(임규연 외, 2016).

2) 블렌디드 러닝(Blended learning)

블렌디드 러닝(Blended learning)은 두 가지 이상의 다양한 학습 환경을 혼합하여 학습효과를 극대화하는 학습방법이다(정성희, 2020). 혼합형 학습(hybrid learning)이라고도 하며, 원격 또는 비대면 수업의 장점과 기존 대면수업의 장점을 결합하는 학습방법이다(유구종, 강병재, 박선희, 2020). 1990년대 중반 이후 정보통신기술의 발달로 이러닝이 교육현장에 빠르게 확산되었으나 의사소통의 한계로 비판받게 되면서(Al-Huneidi & Schreurs, 2013), 대안으로 이러닝의 장점과 오프라인 교육의 장점을 혼합한 블렌디드 러닝에 대한 관심이 집중되었다(Bonk & Graham, 2012).

온라인 교육은 시·공간적 제약에서 벗어날 수 있지만 장시간 학습 시 학습자의 집중유지가 어려울 때가 많다. 오프라인 교육은 교실에서 학습함으로써 실제적 상호작용을 할 수 있지만 시간적 제약, 학습자 성격에 따른 참여 제약, 학습자료 활용의 어려움이 있다.

블렌디드 러닝은 교실에서의 오프라인 수업과 이러닝이 가진 한계점을 극복하고 장점을 활용할 수 있으며(홍효정, 2016), 학습자의 학습 만족도와 성과를 높일 수 있다(Bernard et al., 2014).

3) 하브루타(Havruta)

하브루타는 유대인의 전통적 교육방식으로 상대와의 대화를 통해 문제를 이해하고 해결하는 방법이다(윤정훈, 2016). 하브루타는 학습자가 짝을 지어 서로 가르치고 배우는 논쟁 중심의 수업방식이다(전성수, 양동일, 2014). 또한 친구와 함께 이야기를 나누면서 질문과 대답 과정 속에서 학습에 몰입할 수 있는 효과적인 교수학습방법이다(이미란, 2018). 짝이 된 두 사람은 자신의 학습뿐만 아니라 상대방의 학습까지 책임지는 관계로 상호의존적 관계에 있다(Kent, 2006).

하브루타 교육은 4차 산업혁명 시대, 인공지능 시대, 포스트 휴먼 시대에 요구되는 미래인재의 역량을 개발하는 데 다양하게 적용되고 있다(탁지현, 2021). 현대사회는 타인과의 의사소통이 중요하며, 자신의 사고를 논리적으로 표현하고 협상하는 능력이 필요하다. 이러한 능력은 하브루타 교수학습 원리인 경청하기와 재확인하기, 반문하기와 집중하기, 지지하기와 도전하기를 통해 향상될 수 있다. 이 원리를 통해 영유아는 짝과 함께 대화를 나누고 서로의 문제를 이해하고 해결하며 교사의 개입 없이도 함께 학습할 수 있는 긍정적인 기회를 경험하게 된다.

생각해 보기

1. 교사중심 교수법과 아동중심 교수법이 적절한 교육내용에는 어떤 것들이 있을지 생각해 보세요.
2. 여러분이 교사가 되어 프로젝트 접근법으로 아동중심 교육을 실행해 나간다면 어떤 주제로 프로젝트를 실행하고 싶은지 이유와 함께 논의해 보세요.

제2부

영유아교수학습의 이해

제4장 영유아교수학습 특성 이해
제5장 누리과정과 교수학습 이해

제4장 영유아교수학습 특성 이해

1 영유아교수학습 특성 이해

유아교육은 다른 학교급과 달리 매우 고유한 교수학습방법을 활용하고 있다. 초등학교 교육과정은 '교육과정을 교과를 중심으로 편성하고 수업이 중심이 되는 교수법', 특히 설명법과 같은 '직접적 교수법'을 많이 활용한다. 반면에 유치원이나 어린이집은 유아들의 일상생활과 놀이를 중심으로 일과를 편성하여 운영하며 유아가 중심이 되는 교수법을 강조한다. 무엇보다 교사중심의 직접적 교수법은 지양하고 유아가 놀이를 통해 배우도록 지원하는 '아동중심 교수법'을 강조하고 있다. 즉, 교사가 수업을 통해 직접 가르치기보다는 유아가 놀이를 통해 경험하며 배울 수 있도록 지원하는 놀이중심 교수법을 활용한다는 점이 유아교육에서 가장 큰 특징이다. 따라서 영유아의 생활과 놀이는 영유아교수학습에서 가장 중요한 핵심 요소이자 운영의 단위라고 할 수 있다. 유아교육이 갖는 고유한 교수학습의 특성을 구체적으로 살펴보면 아래와 같다.

1) 유아가 중심이 되는 교수학습

유아교육은 오랫동안 유아중심 교수학습을 강조하고 있다. 특히 2019 개정 누리과정(국가 수준 유아교육과정)은 '유아·놀이중심 교육과정'을 지향하며, 유아가 주도하는 놀이를 중심으로 한 교육을 강조하고 있다. 이는 초등학교에서 수업시간이 미리 정해져 있고, 교사가 수업을 계획하고 직접적으로 가르치는 교사 주도 교수법과 매우 차이가 나는 방식이다.

- 유아의 건강과 안전, 생활과 놀이를 최우선으로 강조하는 교수법
- 유아의 특성을 존중하는 교수법 (예 집중 시간이 짧은 유아를 존중하여 대집단 활동을 지양함)
- 유아의 흥미와 관심에 기반하여 놀이와 활동을 진행

- 유아의 말과 행동, 생각을 존중하여 교육과정을 융통성 있게 운영
- 교사의 역할을 '유아의 놀이경험과 배움을 지원하는 자'로 유아중심 강조

2) 일상생활을 반영하는 교수학습

일반적으로 학교에서는 교과지식을 위주로 교수학습을 구상하지만, 유아교육기관에서는 영유아의 일상생활이 영유아교수학습의 근간이 된다. 유아는 가정에서의 경험을 유치원과 어린이집에 가져오고 이때 유아의 경험은 교수학습의 중요한 원천이 된다.

간식과 휴식, 화장실 지도를 포함한 일상생활에서 유아는 또래 친구, 교사, 또는 가족과 다른 타인을 만나고 함께 하는 방식을 배운다. 이와 같은 일상생활을 고려하여, 이 시기에는 유아가 사회적 존재로 커나가는 생활 경험을 주요한 교수학습 원리로 강조한다. 따라서 유아가 유치원이나 어린이집에 머무르는 시간 전체를 유아의 생활로 보며 유아가 학습하도록 지원하는 교수법을 활용한다.

- 하루 일과에서 간식 및 점심 등 시간 확보하여 지도하기
- 화장실 다녀오기, 배변 훈련 등을 계획하여 운영하기
- 휴식 및 정리정돈, 낮잠 시간도 교수방법으로 포함하기
- 인사 및 친구와 사이좋게 지내기 등 사회적 경험을 교수학습으로 이해
- 기타 유아의 편안한 일상생활을 의도하는 교수법

3) 놀이를 중심으로 한 교수학습

놀이는 영유아교수학습에서 가장 중요한 핵심원리이자 요소이다. 누리과정은 교수학습에서 유아의 놀이를 강조하며 유아가 놀이를 통해 배우도록 지원하는 교수학습을 제안하고 있다. 유아는 일상적으로 놀이를 즐기고 놀이를 통해 가장 잘 배운다(교육부, 보건복지부, 2019a). 영유아교수학습은 단순히 유아에게 기본생활습관을 지도하는 것이 아니라, 즐겁게 놀이를 통해 배우도록 강조한다. 유아교육의 목적은 유아가 유의미한 학습경험을 하고 유아가 잘 배우며 건강하고 창의적이고, 인성과 감성이 풍부한 유아로 성장할 수 있도록 유아의 배움을 지원하는 것이어야 한다. 이때 놀이는 교수학습의 가장 중요한

원리이자 방법, 배움을 생성하는 맥락이 된다.

- 유아가 자유롭게 자발적으로 놀이에 참여하는 학습 지원하기
- 충분한 놀이시간 (예 하루 일과에서 2시간 이상 놀이시간 확보하기)
- 다양하고 풍부한 놀이자료 찾아서 제공하기
- 놀이공간을 다양하게 하고 유아가 변화해 갈 수 있도록 허용하기
- 유아가 주도하는 놀이를 허용하고 지지하기
- 놀이에서 유아가 무엇을, 어떻게 배우는지 귀 기울이고, 지원하기

4) 통합적으로 실행하는 교수학습

유아교육은 통합적 교수학습 원리를 활용하는 특징을 가진다. 통합교육과정은 영유아교육의 핵심적이고 큰 장점을 가진 접근법이다. 통합적 교수학습은 교육과정의 내용을 초등학교처럼 교과로 편성하여 가르치지 않고 유아가 다양한 경험을 통해 통합적으로 배우도록 돕는 교수법을 말한다. 특히 누리과정의 5개 영역을 각 영역별로 나누어 가르치지 않고, 유아가 하루일과에서 자연스럽게 생활하고 놀이를 하면서 통합적으로 경험하도록 돕는 것이다. 예를 들면, 유아는 모래 놀이를 하며 신체를 움직이고, 친구와 사회적 관계를 형성하고, 교사 및 또래 친구와 상호작용하며 의사소통 능력도 배운다. 또한 모래 그림을 그리며 예술적 경험도 하고 자연의 변화에 관심을 가지면서 자연탐구 영역도 배우게 된다. 이러한 통합적 배움을 위하여 유아교육 현장에서는 공간과 시간, 교육환경 등도 통합적 교수학습 원리에 따라 운영하게 된다.

2 유아교육과정과 교수학습 관계 이해

교수학습은 교육과정의 한 요소이므로 영유아교수학습도 유아교육과정과 연계하여 이해하는 것이 중요하다.

1) 교육과정 구성요소로서 교수학습

영유아교수학습은 영유아교육과정의 구성요소 중의 하나이다. 일반적으로 교육과정은 교육의 목표와 교육내용, 그리고 교수방법과 평가 등으로 구성되며, 이때 교수학습은 유아교육과정의 목표와 교육내용을 교육현장에서 잘 구현해 가기 위한 구체적 방법을 의미한다. 일반적으로 교육과정은 학습자가 무엇을 배울지 교육내용을 선정하지만, 이는 학습자가 먼저 어떠한 인간으로 성장하기를 원하는지, 교육내용을 배우는 궁극적인 목적이 무엇인지에 기반하여 정하게 된다. 따라서 교육과정의 구성요소로서 목적과 목표, 교육내용이 중요하며, 이때 교육내용을 학습자가 잘 배우는 방법을 돕기 위하여 교사의 교수학습 지원이 필요하다. 따라서 교수학습이란 교육과정의 목표와 교육내용, 그리고 배운 내용을 평가하는 과정과 함께 교육과정의 중요한 구성요소임을 먼저 알아야 한다.

유아교육과정으로서 누리과정을 살펴보면 목적과 목표가 있고, 교육내용으로서 5개 영역을 선정하였으며, 유아가 이를 잘 경험하며 배울 수 있도록 놀이를 통해 교수학습을 하도록 제안하고 있다. 그리고 유아의 배움을 잘 이해하는 평가를 하도록 구성하고 있다. 이를 아래 표 4-1에 정리되어 있는 누리과정 고시문의 구성체계를 통해 구체적으로 살펴볼 수 있다.

| 표 4-1 | '개정 누리과정' 구성에서 목표와 내용, 교수학습 체계

누리과정 고시문 구성 체계
• 누리과정의 목적과 목표 누리과정의 목적은 유아가 놀이를 통해 심신의 건강과 조화로운 발달을 이루고 바른 인성과 민주 시민의 기초를 형성하는 데 있다. 이를 실현하기 위한 목표는 다음과 같다. 가. 자신의 소중함을 알고, 건강하고 안전한 생활 습관을 기른다. 나. 자신의 일을 스스로 해결하는 기초능력을 기른다. 다. 호기심과 탐구심을 가지고 상상력과 창의력을 기른다. 라. 일상에서 아름다움을 느끼고 문화적 감수성을 기른다. 마. 사람과 자연을 존중하고 배려하며 소통하는 태도를 기른다.
• 누리과정 교육내용 5개 영역: 신체운동·건강, 의사소통, 사회관계, 예술경험, 자연탐구.
• 누리과정 교수학습(주요내용) 가. 유아가 흥미와 관심에 따라 놀이에 자유롭게 참여하고 즐기도록 한다. 나. 유아가 놀이를 통해 배우도록 한다. 다. 유아가 다양한 놀이와 활동을 경험할 수 있도록 실내외 환경을 구성한다. 라. 유아와 유아, 유아와 교사, 유아와 환경 간에 능동적인 상호작용이 이루어지도록 한다. 마. 5개 영역의 내용이 통합적으로 유아의 경험과 연계되도록 한다. 바. 개별 유아의 요구에 따라 휴식과 일상생활이 원활히 이루어지도록 한다. 사. 유아의 연령, 발달, 장애, 배경 등을 고려하여 개별 특성에 적합한 방식으로 배우도록 한다.
• 누리과정 평가 평가는 다음 사항에 중점을 두고 실시한다. 가. 누리과정 운영의 질을 진단하고 개선하기 위해 평가를 계획하고 실시한다. 나. 유아의 특성 및 변화 정도와 누리과정의 운영을 평가한다. 다. 평가의 목적에 따라 적합한 방법을 사용하여 평가한다. 라. 평가의 결과는 유아에 대한 이해와 누리과정 운영 개선을 위한 자료로 활용할 수 있다.

국가 수준 유아교육과정으로서 누리과정의 고시문은 초·중등학교 교육과정 고시문의 구조처럼 총론과 각론으로 구성되어 있다. 누리과정은 총론에서는 목적과 목표 그리고 편성운영과 교수학습, 평가를 제시하고, 각론에서는 교육내용으로서 5개 영역을 59개의 내용으로 제시하고 있다. 따라서 영유아교수학습은 누리과정의 전체 구성체계에서 59개 교육내용을 유아가 놀이를 통해 잘 배울 수 있도록 지원하는 교수방법으로 이해하여야 한다. 물론 유아는 59개의 내용만을 제한적으로 배우지 않으며, 놀이와 활동, 생활 속에서 통합적으로 더 풍부하게 배울 수 있음을 이해하여 교수학습을 실행하는 것이 필요하다. 일반적으로 국가 수준 교육과정 총론에서는 교수학습의 기준을 제시하고 각론에서는 교육내용을 제시한다. 누리과정 고시문에서도 총론은 5개 영역의 내용을 어떻게 교수학습을 할 것인가에 대한 일반적이고 공통적인 기준을 제시한 것이고, 5개 영역에서는 유아가 경험하며 배울 내용을 59개로 간략화하여 제시하고 있음을 이해하여야 한다.

2) 유아교육과정에서 교수학습 변천

누리과정은 고시문의 총론에서 유아교육과정을 실행하기 위한 중요한 요소로써 교수학습에 대한 기준을 제시하고 있다. 누리과정 총론의 기준은 누리과정의 변천에 따라 그 내용이 변화하며, 그에 따라서 교수학습도 함께 변화한다. 즉, 국가 수준 유아교육과정은 각 교육과정이 가지는 철학과 방향에 따라 교수학습 기준이 조금씩 차이를 가지고 변화하게 된다. 유아교육과정은 그동안 9번에 걸쳐 바뀌어 왔고, 그동안 교육부가 제시한 영유아교수학습 원리 중 최근 누리과정의 주요변화를 '2015 연령별 누리과정'과 비교하여 살펴보면 다음의 표 4-2와 같다.

| 표 4-2 | 교수학습 주요 변화

2015 연령별 누리과정	2019 개정 누리과정
3. 교수 · 학습 방법	**2. 교수 · 학습**
가. 놀이를 중심으로 교수 · 학습활동이 이루어지도록 한다. 나. 유아의 흥미를 중심으로 활동을 선택하고 지속할 수 있도록 한다. 다. 유아의 생활 속 경험을 소재로 하여 지식, 기능, 태도 및 가치를 습득하도록 한다. 라. 유아와 교사, 유아와 유아, 유아와 환경 간에 능동적인 상호작용이 이루어지도록 한다. 마. 주제를 중심으로 여러 활동이 통합적으로 이루어지도록 한다. 바. 실내 · 실외활동, 정적 · 동적활동, 대 · 소집단활동 및 개별활동, 휴식 등이 균형 있게 이루어지도록 한다. 사. 유아의 관심과 흥미, 발달이나 환경 특성 등을 고려하여 개별 유아에게 적합한 방식으로 학습하도록 한다. 출처: 교육부, 보건복지부(2015).	교사는 다음 사항에 따라 유아를 지원한다. 가. 유아가 흥미와 관심에 따라 놀이에 자유롭게 참여하고 즐기도록 한다. 나. 유아가 놀이를 통해 배우도록 한다. 다. 유아가 다양한 놀이와 활동을 경험할 수 있도록 실내외 환경을 구성한다. 라. 유아와 유아, 유아와 교사, 유아와 환경 간에 능동적인 상호작용이 이루어지도록 한다. 마. 5개 영역의 내용이 통합적으로 유아의 경험과 연계되도록 한다. 바. 개별 유아의 요구에 따라 휴식과 일상생활이 원활히 이루어지도록 한다. 사. 유아의 연령, 발달, 장애, 배경 등을 고려하여 개별 특성에 적합한 방식으로 배우도록 한다. 출처: 교육부, 보건복지부(2019).

주요 변화
• 놀이지원자로서 교사역할을 더 명료화함 • 교사가 계획하는 교수학습 활동을 놀이로 이해하기보다 유아가 주도하는 놀이를 더 강조함 • 유아가 놀이를 통해 배우도록 자유놀이를 강조함 • 주제중심 통합교육과정에서 놀이를 중심으로 한 '5개 영역의 내용 통합'을 강조함 • 놀이와 무관한 주제중심 활동보다는 유아의 놀이 주제와 연관된 활동을 할 수 있도록 교사의 자율권을 강조함

누리과정은 그동안 유아교육과정에서 강조한 일반적인 교수학습 원리를 포함하면서도 특히 놀이중심 원리를 강조하고 있다. 과거의 유아교육과정은 교수학습에서 활동이라는 용어가 놀이보다 더 빈번히 출현하고 있어 교사가 주도하는 교육과정을 강조하고 있음을 알 수 있다. 반면에 '개정 누리과정'은 유아와 놀이중심 교수학습을 강조하고 있는데, 이는 국내 · 외 학교 교육과정에서 학습자 중심 및 경험중심 교육과정을 강조하는

동향을 반영한 것이기도 하다. 현행 누리과정 또한 학습자로서 유아중심 교수법을 강조하며 특히 유아가 가장 잘 배우도록 지원하기 위하여 놀이를 강조하고 있다. 특히 유아가 주도하는 자유 놀이를 강조하고, 교사의 역할을 수업이나 활동을 계획하는 역할보다 유아의 놀이를 이해하고 지원하는 놀이지원자의 역할을 더 강조하고 있음도 알 수 있다. 이러한 점에서 개정 누리과정은 오랫동안 강조해 온 교사가 계획하는 생활주제 중심 통합교육과정보다는 놀이를 중심으로 한 통합교육과정을 강조하며, 주제가 아닌 5개 영역의 교육내용을 유아가 놀이하며 배우도록 하는 교수학습을 제안하며 교사의 자율성을 더 강조한다는 점이 주요한 변화이며 특징이다.

3 영유아교수학습 원리

영유아교수학습은 교육내용을 잘 가르치고 배우기 위한 최선의 방법을 활용하는 것으로서 다양한 원리에 기반하여 실행해 갈 수 있다. 본 장에서는 유아교육과정을 실행해 가는 과정에서 오랫동안 강조해 온 일반적 교수학습 원리와 최근 누리과정이 강조하고 있는 놀이중심 교수학습 원리를 나누어서 살펴보고자 한다.

1) 일반적 교수학습 원리

유아교육과정은 유치원과 어린이집에서 교육과정을 실행할 때 오랫동안 강조해 온 일반적 교수학습 원리에 기반하여 운영하는 특성이 있다. 예를 들면 교육부(2007)가 발행한 유치원 교육과정 해설서와 '2015 연령별 누리과정' 해설서에도 영유아교수학습의 원리를 자발성 원리, 놀이중심 원리, 개별화의 원리, 융통성의 원리 등으로 제안하고 있다. 이러한 원리는 고정된 요소는 아니며, 철학이나 시대에 따라 변화해 갈 수 있다. 다만 영유아라는 학습자의 특성에 비추어 볼 때 일반적 교수학습 원리를 유아교사들이 숙지하고 잘 활용하는 것이 필요하다. 영유아를 위한 교수학습 원리는 반드시 정해진 요소가 아니라서 지역이나 교실 수준, 교육과정의 철학에 따라 차이가 있을 수 있다. 본 장에서는 주요하다고 사료되는 일반적 교수학습 원리를 좀 더 구체적으로 살펴보고자 한다.

(1) 자발성의 원리

유아는 존재론적 특성상 스스로의 흥미와 관심에 따라 배우는 존재이다. 따라서 모든 교수학습에서 자발적으로 선택하고 움직이고 배우는 과정을 가장 중요한 기본 원리로 이해하는 것이 필요하다. 자발적이라 함은 유아가 자신이 원하는 바를 자유롭게 선택할 수 있으며 스스로 즐거움을 느끼고 참여하는 것을 말한다. 교사가 아무리 훌륭한 의도를 가지고 활동을 계획하였다 하더라도 유아가 흥미를 보이지 않거나 자발적으로 선택하지 않는다면 교사는 멈추거나 강요하지 말아야 한다.

(2) 생활중심 원리

영유아교육과정의 특성은 초등학교 교실과 확연히 구분되도록 하루일과가 영유아의 생활을 중심으로 이루어진다는 것이다. 생활중심 원리란 유아가 가정이나 삶 속에서 일상적으로 편안하게 생활하는 모습, 즉 놀이하기, 정리하기, 식사하기와 낮잠이나 휴식, 화장실 가기 등의 일상적 생활을 교수학습의 원리로 활용한다는 것을 말한다. 교사는 교육내용도 유아가 자연스럽게 생활하는 일과를 통해 배울 수 있음을 이해하고 생활 속에서 유아가 성장하며 배워 나갈 수 있도록 생활중심 원리를 잘 활용하는 교수학습의 전문성이 필요하다.

(3) 놀이중심 원리

유아는 발달 특성상 하루일과의 대부분을 놀이를 하며 지내게 된다. 놀이는 유아가 가장 좋아하는 것이고, 자발적으로 선택하고 즐기며, 배움이 일어나는 주요한 장이 된다. 유아교육과정은 오랫동안 유아의 놀이를 중심으로 한 교수학습을 강조하여 왔으며 누리과정도 유아가 놀이를 통해 배우도록 교사가 지원해야 함을 강조하고 있다. 교사는 유아 놀이의 성격을 잘 이해하고, 무엇보다 유아가 주도하는 놀이를 존중하며 적절한 놀이환경과 자료 등을 지원하고 놀이에서 배움을 읽어주고 기록하는 방식으로 놀이중심 원리를 잘 활용하여 교육과정을 실행해 갈 수 있어야 한다.

(4) 상호작용 원리

유아교육과정 실행은 다양한 상호작용을 필요로 한다. 상호작용은 교사가 주도하는 수업이나 활동을 통해 일방적으로 일어나기보다 유아의 놀이를 통해 다양한 방식으로 상호작용이 일어나므로 이를 교수원리로 잘 활용할 수 있다. 교사가 주도하는 직접적 설명이나 개념식 교수법보다는 하루일과에서 유아의 생활과 놀이를 주의 깊게 귀 기울이며 다양한 상호작용 원리를 이해하고 활용할 수 있어야 한다. 유아는 교사와만 상호작용하는 것이 아니라 또래 유아, 놀이환경, 놀이자료와 상호작용하며 배우고 성장한다. 교사는 유아가 다양한 상호작용을 통해 무엇을 배우는지, 좋은 발문과 대화가 무엇인지를 지속적으로 고민하여 유아가 바람직한 상호작용을 통해 몰입하고 배울 수 있도록 지원하는 것이 중요하다.

(5) 개별화의 원리

일반적으로 영유아기는 보편적 발달 특성을 갖기도 하지만, 동시에 개인의 발달 특성이 두드러지는 시기이기도 하다. 유아는 존재론적 관점에서도 태어나면서 가지는 기질이나 성격, 가정환경이나 경험의 다양성으로 인해 서로 다른 흥미와 관심, 배움의 특성이 차이가 있다. 교사는 영유아의 일반적 발달원리를 잘 이해하는 전문성도 필요하지만, 개별 유아의 특성과 다양성을 잘 이해하고 이를 존중하는 교수학습 원리를 활용하여야 한다. 놀이에서 유아는 모두 같은 놀이를 좋아하거나 한 가지 방식으로 놀이하지 않으므로 교사는 안전 등을 고려하여 최대한 다양한 놀이와 방식 등을 존중하고 개별화의 교수학습 원리를 활용하여 교육과정을 실행해 갈 수 있다.

(6) 융통성의 원리

유아교수법에서 융통성의 원리는 매우 중요하다. 유아교육에서 하루일과는 잘 계획하여 준비하였다 하더라도 늘 비예측적인 상황이 발생하며, 유아들의 놀이 또한 개별 유아의 발달 특성과 예측 가능한 방식으로 흘러가지 않는 경우도 많다. 교사는 이러한 영유아교실에서 일어나는 다양한 갈등이나 비예측적 상황에 융통성을 가지고 대처하고 해결해 가는 자율성과 전문성이 필요하다. 오늘 계획한 활동은 날씨나 비상 상황에 의해 그대로 진행하기 어려운 경우도 많고, 놀이시간도 유아의 몰입이 깊어지면 더 충분한 시간으로 확장하여 원래 계획한 일과를 변경할 수 있다. 정해진 놀이영역도 유아의 놀이에 따라 공간을 줄이거나 확장해 가는 등 교육과정 운영 시 융통성의 원리를 잘 활용하는 것이 중요하다.

(7) 통합성의 원리

영유아는 생활 속에서 다양한 경험을 하며 통합적으로 배우고 성장한다. 인간에게 경험은 매우 총체적이고 통합되어 있다는 특징을 이해하는 것이 중요하다. 영유아는 식사나 배변훈련을 하면서도 신체와 언어, 사회관계를 경험하며 이 경험은 교과지식처럼 나누어지기 어렵다는 점에서 통합적으로 지원하여야 한다. 영유아를 위한 교육과정은 이러한 경험이 가지는 전체성을 존중하여 유아가 생활과 놀이 속에서 통합적으로 배우도록 지원하는 교수학습 원리를 활용하도록 한다.

2) 놀이중심 교수학습 원리

놀이는 일반적으로도 중요한 교수학습 원리이지만, 누리과정에서 중요한 철학적 방향으로 유아중심과 놀이중심을 강조한 이후 더욱 부각되고 있는 교수학습 원리이다. 특히 누리과정은 교사가 주도하는 활동보다도 유아가 주도하는 놀이를 중심으로 하루일과를 운영할 것을 제안하고 2시간 이상의 충분한 놀이시간을 강조할 만큼 놀이중심 교수법이 주목받고 있다. 놀이중심 교수학습 원리를 간략히 요약해 보면 아래와 같다.

■ 놀이중심 교수학습 원리 이해하기

- 유아의 자유로운 놀이에 귀 기울이고 존중하기
- 하루 일과에서 충분한 놀이시간(2시간 이상)을 운영하기
- 고정된 흥미 영역 중심의 환경에서 다양한 놀이공간을 확보하고 지원하기
- 생활주제 중심의 활동을 미리 계획하기보다는 자연스럽게 발현되는 놀이에 주목하기
- 유아의 놀이를 관찰하고 기록하는 방식으로 유아의 배움을 이해하기

- 계획안은 미리 쓰기보다 놀이관찰기록을 활용하는 방식으로 바꾸어 가기
- 계획안의 종류를 줄이고 놀이중심으로 형식을 바꾸어 가기
- 계획안에는 유아의 놀이와 배움을 5개 영역의 내용과 연계하여 기록하기
- 활동은 하지 않는 것이 아니라, 유아의 놀이를 확장하기 위하여 활용하기
- 누리과정이나 유아 평가를 별도로 하기보다, 관찰기록이나 계획안을 활용하기

이상의 놀이중심 교수학습 원리는 고정된 것이 아니므로 융통성을 가지고 활용하는 것이 필요하다. 유아교사는 놀이에 적극적으로 귀 기울이고 경청하며, 놀이에 필요한 다양한 환경과 자료지원을 어떻게 더 적절하고 즐거운 방법으로 놀이와 배움을 지원할지를 늘 숙고할 수 있어야 한다. 또한 놀이중심 교수학습은 무조건 유아의 놀이를 존중하고 내버려 두는 것이 아니라 유아가 놀이를 통해 무엇을 배우는지를 주의 깊게 관찰하고 기록하여 배움의 흔적을 남기는 것을 중요한 교수학습으로 이해하는 것이 필요하다. 이때 배움을 기록하는 방식은 누리과정 교육내용, 즉 5개 영역과 연계하여 구체적으로 기술해 주는 노력이 필요하다.

또한 놀이중심 교육과정이 무조건 놀이만 하는 것이 아님을 이해하는 것도 중요하다. 교사는 유아의 놀이가 더 풍부하고 많은 배움이 일어날 수 있도록 활동을 할 수 있다. 특히 노래 부르기와 동화 듣기, 게임하기 등은 유아가 좋아하는 활동이며 이를 유아의 놀이에서 발현되는 주제와 연계하여 할 수 있다. 예를 들면 유아의 놀이에서 자연스럽게 시장놀이가 발생한다면 교사는 시장과 관련된 동화나 노래를 같이 진행할 수 있고, 시장놀이에 필요한 소품 만들기를 미술 활동으로 진행할 수 있다. 이러한 놀이를 확장하는 활동은 유아의 놀이경험을 더 풍부하게 돕고 유아가 더 많은 경험을 통해 배우도록 지원하는 교수법이 된다. 놀이중심 교수학습이란 교사와 무관하게 유아가 홀로 배우는 과정으로 오해하지 않도록 유의해야 한다.

4 놀이중심 통합적 유아교수법

1) 5개 영역과 통합적 영유아교수학습

유아교육기관에서 누리과정 운영은 통합적으로 실행하는 것이 중요하며, 통합적 실행은 영유아교수학습에서 가장 중요한 원리이기도 하다. 통합교육과정은 교과중심 교육과정이 가지는 한계를 극복하기 위하여 제안된 것으로(Fogarty, 2009), 학습자들이 통합적으로 교육내용을 경험하도록 돕기 위한 학문적 노력이다.

영유아교수학습에서 통합적으로 실행한다는 것은 유아교육과정의 5개 영역을 따로따로 가르치기보다 유아가 놀이를 통해 통합적으로 배우도록 돕는다는 것을 의미한다. 유아교육의 통합적 교수학습 원리를 잘 이해하기 위하여 교과중심 초등학교 교수학습과 비교하여 보는 것이 도움이 될 수 있다. '교과중심 교수학습'이란 학습자가 배울 내용(교육 내용)을 교과를 중심으로 편성하고 운영하는 방식이고, '통합적 교수학습'이란 학습자가 배울 내용을 통합적으로 배우도록 하는 방식을 말한다.

| 표 4-3 | 교과중심 교수학습 및 통합적 교수학습 비교

교과중심 초등학교 교수학습	통합적 유아 교수학습
• 교육내용(초등학교 1-2학년 군) 국어, 수학, 통합교과(바른생활, 즐거운 생활, 슬기로운 생활) 등의 교과 • 교과를 중심으로 한 시간표를 교과를 단위로 편성함 • 교과중심은 교사가 주도하는 수업 운영 및 직접적 교수법을 말함 • 교육내용은 교과서를 통해 명확하게 명시되어 있음	• 교육내용 5개 영역(신체운동·건강, 의사소통, 사회관계, 예술경험, 자연탐구) • 통합교육과정 유아가 일과에서 놀이, 생활, 활동을 통해 5개 영역을 통합적으로 배우도록 운영함 • 놀이중심 통합은 유아가 주도하는 놀이를 통해 배움이 일어나도록 함 • 5개 영역의 내용은 일과에서 표면적으로 드러나지는 않음

그림 4-1 초등학교의 교과중심 교육과정과 유아교육기관의 놀이중심 일과 예시

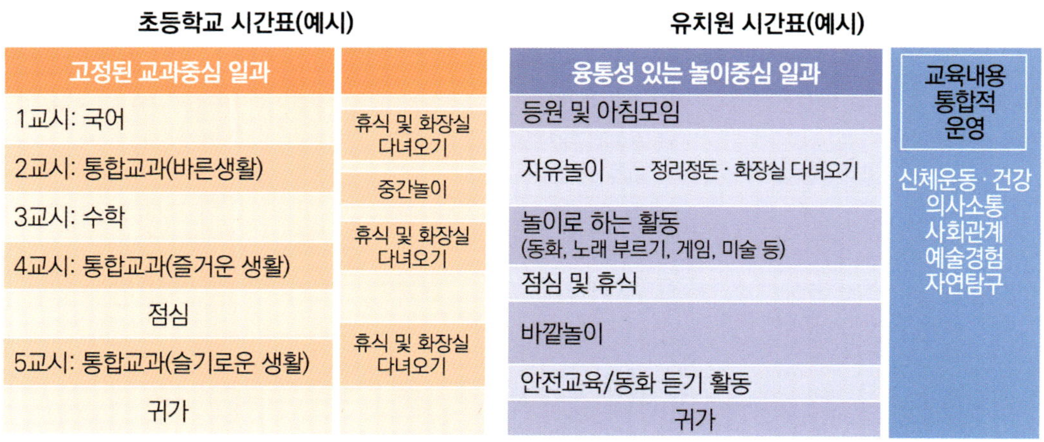

위의 표 4-3에서 알 수 있듯이 초등학교 교육과정에서 교육내용은 교과, 즉 국어, 수학, 바른생활, 슬기로운 생활, 즐거운 생활로 구성하고 있고, 교과가 하루 시간표의 편성 단위가 된다. 따라서 교과로서 교육내용을 시간표로 조직하는 방식을 활용하여, 교육내용과 교수학습이 명료한 관계로 보인다. 또한 각 교과의 교육내용은 교과서를 통해 교사와 학습자가 명료하게 공유하며 진도를 나가듯이 배우게 된다.

반면에 유아교육과정은 교과서를 제공하지 않으며, 하루일과를 유아의 일상생활과 놀이, 활동을 중심으로 운영하고 있어, 교육내용(5개 영역)이 표면적으로 나타나 있지 않다. 유아는 하루일과에서 놀이와 일상생활을 통해서 5개 영역을 통합적으로 배우는 방식으로 교수학습을 운영하고 있음을 알 수 있다. 즉, 누리과정에서 영유아교수학습 원리는 5개 영역을 표면적으로 드러내지 않고 일과 운영에서 학습자인 유아가 내적으로 자연스럽게 통합하는 방식을 강조하고 있음을 알 수 있다. 즉, 통합적으로 실행하는 영유아교수학습이란 교육내용(5개 영역)을 교과로 편성하여 운영하지 않고, 유아가 이후 일과에서 자연스럽게 놀이와 생활을 통해 경험하도록 하는 방법을 말한다.

2) 교육계획안과 통합적 영유아교수학습

영유아교수학습은 국가 수준 교육과정의 고시문 내용을 유치원이나 어린이집 현장에서 통합적으로 실행해 가는 것을 강조한다. 누리과정의 통합적 실행은 기관 수준에서 계획한 연간이나 월간 행사를 통해 실행할 수 있고, 교실 수준에서는 일과시간을 조직하여 운영하는 방식으로 실행해 갈 수 있다. 즉, 교실 수준에서 교사는 누리과정 교육내용을 일상생활, 놀이, 활동을 일과시간에 자연스럽게 편성하여 운영함으로써 통합적으로 누리과정을 운영하도록 한다.

| 표 4-4 | 교육계획을 통한 통합적 영유아교수학습 예시

누리과정 고시문(총론 및 5개 영역)	유아교육과정 실행하기(교수학습방법)
2019 개정 누리과정 고시문  	연간교육계획안 및 교실 수준의 다양한 교육계획안 (월안, 주안, 일안 등)을 통해 실행 내용을 기록함 하루일과 예: (놀이, 생활, 활동을 편성하여 운영함) 09:00-09:10 등원 및 인사 09:10-10:20 바깥놀이 10:20-11:20 실내 자유놀이 및 간식 11:20-11:40 나뭇잎 꾸미기 미술 활동 11:50-12:00 화장실 다녀오기 점심준비 12:00-12:30 점심식사 12:30-13:30 강당에서 자유 놀이 12:30-12:50 동화 듣기 -14:00 귀가

위의 일과의 예시를 보면 교사는 많은 시간을 유아들이 다양한 놀이를 하도록 편성·운영하고 있음을 알 수 있다. 또한 유아들이 주변의 환경과 다양한 방식으로 놀이하면서 배우도록 하는 놀이중심 통합교수법을 활용하고 있음도 알 수 있다. 교사는 유아들이 바깥놀이에서 떨어진 가을 나뭇잎을 가져와 모래와 섞어서 놀이하는 모습을 보고, 교실에서 나뭇잎으로 다양한 방식으로 놀이하도록 지속적인 관심과 지원을 하고 있다. 또한

유아의 놀이에서 배움을 지원하기 위하여 동화나 노래 부르기, 꾸미기 등의 활동도 하고 있음을 알 수 있다. 또한 하루일과에서 유아는 간식이나 점심, 정리정돈, 화장실 다녀오기 등의 일상생활을 통해 자연스럽게 배우고 있음도 알 수 있다.

그러나 교육내용으로서 5개 영역은 표면적으로 드러나 있지 않다. 교사는 하루일과에서 신체운동·건강 영역이나 의사소통 시간을 별도로 편성하여 운영하고 있지 않다. 즉, 유아교육과정의 교육내용은 유치원과 어린이집의 교실 수준에서 유아들의 다양한 놀이와 생활, 활동 등 자연스럽게 일과를 통해 운영되고 있음을 알 수 있다. 교사는 일과시간을 충분한 놀이시간과 놀이환경을 지원할 수 있도록 편성하며, 일상생활과 활동 등도 적절히 편성함으로써 통합적으로 유아가 배우도록 한다는 점에서 통합적 유아교수법을 활용함을 알 수 있다.

3) 경험과 통합적 영유아교수학습

누리과정은 5개 영역을 유아가 경험해야 할 내용(2019 개정 누리과정 고시문, 구성의 중점 '라' 항)으로 규정하고 있고, 교수학습은 5개 영역의 내용을 '놀이를 통해 배우도록 한다(누리과정 교수학습 '나' 항)'고 제안하여, 유아의 놀이와 경험을 강조하고 있다. 즉, 영유아교수학습의 통합적 원리는 5개 영역의 내용을 유아가 경험하며 배우는 내용으로 이해하여 특히 유아의 놀이와 경험, 5개 영역이 서로 밀접하게 관계가 있음을 이해하고 이를 통합적으로 연계하여 지원하는 것을 말한다.

아래의 표 4-5는 누리과정의 교육내용으로 5개 영역 59개의 내용을 한눈에 보기 편한 방식으로 정리한 표와 이를 유아의 경험과 구체적으로 어떻게 연계하는지를 예시로 보여주고 있다. 누리과정 해설서는 어떻게 유아가 59개의 내용을 놀이를 통해 배우도록 하는지를 각각의 교육내용과 유아의 구체적 경험과 연계하여 해설하고 있으므로 해설서의 5개 영역 해설을 하나씩 모두 살펴보는 것이 도움이 된다.

| 표 4-5 | 유아의 경험으로서 교육내용

유아가 경험해야 할 59개의 내용

■ 5개 영역 한눈에 보기

신체운동·건강		의사소통		사회관계		예술경험		자연탐구	
신체활동 즐기기	신체를 인식하고 움직인다.	듣기와 말하기	말이나 이야기를 관심 있게 듣는다.	나를 알고 존중하기	나를 알고 소중히 여긴다.	아름다움 찾아보기	자연과 생활에서 아름다움을 느끼고 즐긴다.	탐구과정 즐기기	주변세계와 자연에 대해 지속적으로 호기심을 가진다.
	신체 움직임을 조절한다.		자신의 경험, 느낌, 생각을 말한다.		나의 감정을 알고 상황에 맞게 표현한다.		예술적 요소에 관심을 갖고 찾아본다.		궁금한 것을 탐구하는 과정에 즐겁게 참여한다.
	기초적인 이동운동, 제자리운동, 도구를 이용한 운동을 한다.		상황에 적절한 단어를 사용하여 말한다.		내가 할 수 있는 것을 스스로 한다.				탐구과정에서 서로 다른 생각에 관심을 가진다.
	실내외 신체활동에 자발적으로 참여한다.		상대방이 하는 이야기를 듣고 관련해서 말한다.						
			바른 태도로 듣고 말한다.						
			고운 말을 사용한다.						
건강하게 생활하기	자신의 몸과 주변을 깨끗이 한다.	읽기와 쓰기에 관심 가지기	말과 글의 관계에 관심을 가진다.	더불어 생활하기	가족의 의미를 알고 화목하게 지낸다.	창의적으로 표현하기	노래를 즐겨 부른다.	생활 속에서 탐구하기	물체의 특성과 변화를 여러 가지 방법으로 탐색한다.
	몸에 좋은 음식에 관심을 가지고 바른 태도로 즐겁게 먹는다.		주변의 상징, 글자 등의 읽기에 관심을 가진다.		친구와 서로 도우며 사이좋게 지낸다.		신체, 사물, 악기로 간단한 소리와 리듬을 만들어 본다.		물체를 세어 수량을 알아본다.
	하루 일과에서 적당한 휴식을 취한다.		자신의 생각을 글자와 비슷한 형태로 표현한다.		친구와의 갈등을 긍정적인 방법으로 해결한다.		신체나 도구를 활용하여 움직임과 춤으로 자유롭게 표현한다.		물체의 위치와 방향, 모양을 알고 구별한다.
	질병을 예방하는 방법을 알고 실천한다.				서로 다른 감정, 생각, 행동을 존중한다.		다양한 미술 재료와 도구로 자신의 생각과 느낌을 표현한다.		일상에서 길이, 무게 등의 속성을 비교한다.
					친구와 어른께 예의 바르게 행동한다.		극놀이로 경험이나 이야기를 표현한다.		주변에서 반복되는 규칙을 찾는다.
					약속과 규칙의 필요성을 알고 지킨다.				일상에서 모은 자료를 기준에 따라 분류한다.
									도구와 기계에 대해 관심을 가진다.
안전하게 생활하기	일상에서 안전하게 놀이하고 생활한다.	책과 이야기 즐기기	책에 관심을 가지고 상상하기를 즐긴다.	사회에 관심 가지기	내가 살고 있는 곳에 대해 궁금한 것을 알아본다.	예술 감상하기	다양한 예술을 감상하며 상상하기를 즐긴다.	자연과 더불어 살기	주변의 동식물에 관심을 가진다.
	TV, 컴퓨터, 스마트폰 등을 바르게 사용한다.		동화, 동시에서 말의 재미를 느낀다.		우리나라에 대해 자부심을 가진다.		서로 다른 예술 표현을 존중한다.		생명과 자연환경을 소중히 여긴다.
	교통안전 규칙을 지킨다.		말놀이와 이야기 짓기를 즐긴다.		다양한 문화에 관심을 가진다.		우리나라 전통 예술에 관심을 갖고 친숙해진다.		날씨와 계절의 변화를 생활과 관련짓는다.
	안전사고, 화재, 재난, 학대, 유괴 등에 대처하는 방법을 경험한다.								

59개 내용을 유아의 경험과 연계하는 실제

■ '내용 이해'와 '유아 경험의 실제'를 연계하여 제시

개정 누리과정은 59개 내용을 유아가 경험해야 할 내용으로 제시하였다. 교사는 이를 가르쳐야 할 내용이라고 생각하기보다는 유아가 놀이하며 자연스럽게 배우는 경험으로 이해할 필요가 있다. 이를 위하여 개정 누리과정은 영역별 내용에 대한 설명을 유아 경험의 실제와 연계하여 제시하였다. 59개 내용에 대한 설명은 '내용 이해'로, 유아가 유치원과 어린이집에서 경험하는 내용은 '유아 경험의 실제'로 함께 제시하여 교사가 영역별 내용과 유아의 경험을 바로 연계하여 이해할 수 있도록 구성하였다.

내용 이해	유아 경험의 실제
신체를 인식하고 움직인다. 유아가 자신의 신체에 관심을 가지며 신체 각 부분의 특성을 알고 다양하게 움직이는 내용이다.	물놀이를 하기 전, 교사와 유아들이 함께 체조를 한다. 목을 오른쪽 왼쪽으로 번갈아 가며 돌리고, 어깨를 으쓱거리고, 허리에 손을 얹고 허리를 돌리고, 무릎을 구부렸다가 펴고, 손목과 발목을 돌린다.

출처: 교육부, 보건복지부(2019a; 59)

위의 표 4-5 아래 칸을 보면 유아가 '신체를 인식하고 움직인다'의 내용을 유아가 실제로 물놀이를 하기 위해 교사와 함께 준비운동을 하면서 '경험하며 배우고 있음'을 알 수 있다. 이때 유아는 신체의 각 부분의 위치와 명칭도 알게 되고, 이를 인식하고 움직이는지도 경험하지만, 동시에 교사의 말을 듣고 이에 적절한 행동을 함으로써 의사소통의 내용과 사회관계의 내용도 함께 배우고 있다고 생각할 수 있다. 이토록 유아교육과정은 교육내용을 유아가 물놀이와 준비운동을 하는 '경험'을 통해 통합적으로 배우도록 하는 교수법을 활용하고 있음을 알 수 있다.

경험이란 매우 구체적이고 실제적이며 유아가 직접 체험하는 것을 말한다. 유아는 하루일과에서 놀이하는 경험을 가장 많이 하고, 무엇보다 놀이를 통해 가장 잘 배운다. 누리과정에서 유아중심이란 유아의 경험과 놀이를 가장 중요함에 기반을 두어 '교육내용을 놀이와 경험으로 연계하여' 통합적으로 배우는 교수학습을 제시한 것이다. 따라서 교사는 유아교육과정의 교육내용(5개 영역 59개 내용)을 충분히 숙지하고 일상 속에서 유아가 일상생활과 활동도 포함하지만, 무엇보다 충분한 놀이경험을 할 수 있도록 도와야 하며, 누리과정의 5개 영역을 유아의 경험과 배움으로 연계하여 통합적으로 이해하여야

한다. 즉, 경험은 학습자인 유아가 살아가면서 겪는 직접적 감각 그 자체라는 점에서 유아교육과정에서는 유아의 직접적 체험과 놀이하는 실제를 중심으로 교수학습이 이루어져야 한다.

4) 놀이와 통합적 영유아교수학습

유아교육과정의 통합적 실행에서 경험과 놀이는 주요한 핵심 용어이다. 놀이중심 유아교육과정을 실행할 때, 놀이의 개념을 이해하는 것의 핵심은 '놀이를 통해 배움'이라는 점에 주목하는 것이다. 교사는 종종 놀이 그 자체에만 주의를 기울이고 유아가 놀이를 통해 무엇을 배우는지를 간과하는 경우가 있다. 그러나 놀이중심 교육과정에서 놀이는 단순한 놀이가 아니라 교육과정과 연계되어 있는 놀이임을 이해하는 것이며, 이는 유아가 교육기관인 유치원과 어린이집에서 놀이를 통해 배우는 과정으로서 놀이를 말한다. 무엇보다 유아교사는 유아가 놀이를 통해 국가가 제시한 교육내용인 5개 영역의 내용을 통합적으로 배운다는 것을 잘 이해하는 놀이중심 교육과정의 전문성이 필요하다.

교사는 일상생활과 활동도 포함하지만, 유아에게 충분한 놀이경험을 제공하고 특히 유아가 놀이에서 무엇을 배우는지를 관찰 기록하고 적절한 지원을 할 수 있어야 한다. 과거의 유아교육과정이 교사가 주제를 중심으로 계획을 짜고 활동을 이끌어 가는 교사중심 교수법에 집중하였다면, 놀이중심 누리과정은 놀이를 중심으로 관찰과 기록, 지원 및 해석, 평가가 이루어지므로 놀이중심 통합적 교수법, 즉 교사의 페다고지가 중요한 전문성으로 부각된다. 아래의 표 4-6은 유아의 놀이 모습을 설명한 것이고, 이를 다시 5개 영역과 연계하여 유아의 배움의 과정으로 읽어주는 교사의 전문적 해석을 담은 것으로 교사의 놀이중심 교육과정을 배움으로 연계하여 이해하는 전문성을 엿볼 수 있다.

| 표 4-6 | 놀이를 통해 배우는 5개 영역

개정 누리과정 5개 영역

■ 신체운동·건강 영역의 통합적 이해

"나 잘하죠?"

바깥 놀이터에서 4세 반과 5세 반 유아들이 함께 놀이하고 있다. 유아들은 모래를 파 커다란 구덩이를 만들었다. 4세 은제는 모래 구덩이를 뛰어넘다가 모래 구덩이 속에 빠진다.

은제 (모래 구덩이를 바라보며) 아, 이거 어려운데….

은제는 한쪽 다리를 크게 들어 올려 모래 구덩이에서 위로 올라온다. 그러다 옆에서 소꿉놀이를 하던 수하의 얼굴에 모래가 튄다.

은제 (수하의 표정을 살피며) 수하야, 미안해.

4세 수하는 얼굴을 찡그리더니 말없이 얼굴에 묻은 모래를 털어 낸다.
옆에 있던 5세 지원이가 말한다.

지원 음…. 나는 이거 할 수 있을 것 같은데…. 하얏!

지원이는 모래 구덩이를 가볍게 뛰어넘는다. 지원이는 모래 구덩이의 가장 긴 거리를 뛰어넘고, 반대편에서 또 다시 뛰어넘기를 반복한다. 지원이는 모래 구덩이 뛰어넘기를 성공할 때마다 웃는다.

지원이를 지켜보던 은제가 모래 구덩이 뛰어넘기를 다시 시도한다. 은제는 모래 구덩이 가장자리 끝을 뛰어넘었지만, 두 발로 서서 착지하지 못하고 넘어졌고, 두 손으로 바닥을 짚고 곧바로 일어난다. 그리고 손바닥과 무릎에 묻은 모래를 툭툭 털어 낸다.
지원이와 은제의 모습을 보고 있던 4세 수하가 소꿉놀이를 멈추고 벌떡 일어난다. 그리고 금세 모래 구덩이를 풀쩍 뛰어넘는다. 그리고 활짝 웃으며 말한다.

수하 "나 잘하죠?"

■ 5개 영역의 통합적 이해

신체운동 · 건강

- 신체활동 즐기기 **신체를 인식하고 움직인다**. 유아는 모래 구덩이에서 올라올 때 다리를 넓게 벌려야 한다는 것을 앎. 유아는 넘어졌을 때 손바닥과 무릎에 묻은 모래를 툭툭 털어 냄. **신체 움직임을 조절한다**. 모래 구덩이를 뛰어넘을 때 자신의 팔과 다리, 허리 등의 움직임을 조절함. **기초적인 이동운동, 제자리 운동, 도구를 이용한 운동을 한다**. 유아들은 한 곳에서 다른 곳으로 점프하며 몸이 움직이는 방향과 공간에 대해 느끼며, 힘과 빠르기를 다르게 하여 몸을 이동함. **실내외 신체활동에 자발적으로 참여한다**. 유아들은 스스로 모래 구덩이를 뛰어넘으며 신체활동에 즐겁게 참여함.
- 안전하게 생활하기 **일상에서 안전하게 놀이하고 생활한다**. 유아들은 모래 구덩이의 크기와 너비를 살펴보고, 자신이 잘 뛰어넘는 방법에 대해 생각하며 놀이함. 모래가 튀어서 친구의 얼굴에 묻거나 눈에 들어가면 위험할 수 있다는 것을 알고 행동을 조심함.

의사소통

- 듣기와 말하기 **말이나 이야기를 관심 있게 듣는다**. 유아는 소꿉놀이를 하면서 친구들을 관심 있게 지켜봄. **자신의 경험, 느낌, 생각을 말한다**. 유아는 교사에게 자신의 경험과 느낌, 생각을 말함.

사회관계

- 나를 알고 존중하기 **나를 알고 소중히 여긴다**. 유아는 모래 구덩이 뛰어넘기를 성공하며 성취감과 만족감을 느낌. 유아는 모래 구덩이를 훌쩍 뛰어넘을 수 있는 자신의 능력을 알고, "나 잘하죠?"라고 말하며 자신을 가치 있는 존재로 느낌.
- 더불어 생활하기 **서로 다른 감정, 생각, 행동을 존중한다**. 유아는 활짝 웃으며 모래 구덩이를 훌쩍 뛰어넘은 기쁨을 표현함. 이와 달리 실패한 유아는 성공한 유아가 부럽고 한편으로 속상하지만 모래 구덩이 뛰어넘기를 다시 도전함. 유아는 친구의 얼굴에 모래가 튀었을 때, 친구의 찡그린 얼굴 표정을 보고 친구의 감정을 알아차렸고, 미안한 마음을 적절한 말로 상황에 맞게 표현함. 유아는 말없이 얼굴에 묻은 모래를 털어 내면서 친구의 실수를 이해해 줌.

자연탐구

- 생활 속에서 탐구하기 **일상에서 길이, 무게 등의 속성을 비교한다**. 유아들은 자신이 뛰어넘을 수 있는 모래 구덩이의 너비를 비교한 뒤 자신이 잘 뛰어넘을 수 있는 거리를 선택함.

출처: 교육부, 보건복지부(2019a; 71).

위의 표 4-6은 누리과정 해설서에서 교육내용에서 '신체운동 · 건강' 영역에서 '신체를 인식하고 움직인다.'의 내용을 유아가 실제 놀이를 통해 배우는 내용으로 해설한 것이다. 비록 59개의 내용은 각각으로 제시되어 있지만, 실제 유아는 이를 통합적으로 경험한다는 점이 중요하다. 놀이를 하면서 학습자로서 유아가 내적으로 통합하며 배우게 된다는 것은 통합적 교수학습에 근간이 된다. 교사는 놀이에 귀 기울이고, 놀이를 존중하며 지원하고, 배움의 내용을 전문적으로 해석하고 기록하여 계획안을 작성할 때 놀이를 통해 통합적으로 배우도록 지원하는 점이 유아교수법의 가장 큰 특징이라고 할 수 있다.

5) 다양한 방식의 통합적 실행

유아교육과정의 통합적 실행은 놀이중심 이외에도 다양한 방식으로 운영해 볼 수 있다. 과거의 유아교육과정은 주제중심 통합적 교수학습을 유일한 통합의 방식으로 이해하는 경향이 높았으나, 놀이중심 교육과정에서는 놀이를 통합의 주요한 축으로 보는 이외에도 다양한 방식의 통합적 접근이 가능함을 열어 두고 있다. 주제중심 교수학습은 생활주제에 기반하여 다양한 활동을 통합하는 것으로 이해하였으나, 이제 놀이와 무관한 생활주제보다는 놀이에서 발현되는 놀이주제를 기반으로 하여 유아의 배움을 확장하기 위하여 다양한 활동을 실행할 수 있다. 예를 들면, 유아가 블록으로 해적선을 만드는 놀이에 몰입해 갈 때, 교사는 놀이시간이나 공간, 놀이자료를 지원하는 이외에도 해적선이나 배, 탈것 등과 관련한 동화와 노래, 게임 등의 활동을 실행해 갈 수 있다.

유아교육과정은 오랫동안 다양한 '활동'을 주요한 교사의 교수 행위로 인식해 오고 있으며 대소집단 활동을 유능하게 활용하는 교수기술도 필요하다. 예를 들면 '동화 듣기' 또는 '요리하기' 등의 활동은 특별한 생활주제와 연관하지 않더라도 교사가 필요하다고 의도할 때 실행할 수 있는 활동들이다. 또한 교사는 교실에서 마주하는 다양한 상황, 예를 들면 우정이나 평화, 신발 등과 같이 우연하게 유아가 흥미를 가지는 다양한 상황이나 물건, 동화의 내용 등을 중심으로 통합적 교수학습을 활용해 갈 수 있다. 다만 이때 다양한 통합적 교수학습법이 통합하고자 하는 것은 주제와 관련된 지식이 아니라 국가가 제시한 교육내용인 5개 영역의 내용을 유아가 통합적으로 경험하며 배우는 것임을 잊지 말아야 한다. 따라서 교사는 유아가 5개 영역을 통합적으로 배우도록 돕기 위하여 놀이중심 교수법 이외에도 주제나 활동, 상황이나 동화, 물건 등을 중심으로 통합적 교수학습을 실행할 수 있다.

5 영유아교수학습에서 유의할 사항

■ 주제와 교육내용을 혼돈하지 않도록 유의

주제를 중심으로 통합교육과정을 운영할 때 교사들은 종종 주제와 관련된 지식을 유아가 배워야 할 교육내용으로 오해하지 않도록 해야 한다. 예를 들면 겨울준비로 김장 담그기를 할 때 김장 담그기의 순서나 김장을 하는 이유를 가르치는 것이 중요한 교육내용으로 오해하지 않도록 한다. 김장 담그기는 유아가 겨울이라는 계절의 변화에 관심을 가지고 겨울에 하는 다양한 경험을 하도록 지원하는 교수방법의 예가 된다. 즉, 영유아교수학습은 국가가 제시한 교육내용인 5개 영역의 내용의 적정화와 수준의 적절성을 넘어서지 않는 적합한 방식으로 유아가 통합적으로 경험하며 배우도록 돕는 것임을 유의하여야 한다.

■ 방법과 내용을 혼돈하지 않도록 유의

영유아교수학습과 관련하여 유아교사들은 종종 내용과 방법을 혼돈하거나 너무 교수방법에 치우쳐 유아들의 배우는 내용을 간과하지 않도록 유의할 필요가 있다. 예들 들면, 교사들은 종종 게임이나, 요리, 그림 그리기와 같은 활동을 하면서 기술적 방법을 지나치게 강조하거나, 소리 내지 않고 말하기와 손유희 등으로 주의집중 활동을 배워야 하는 내용과 혼돈하지 않도록 해야 한다. 필요한 경우 활동의 순서나 손유희 등은 유아가 놀이를 통해 5개 영역을 배워 가는 과정에서 언제든지 상황과 맥락에 따라 다른 방법으로 바뀔 수 있는 '방법'임을 숙지하여 운영하여야 한다. 즉, 특정 교수법이 교육내용을 의미하지는 않으며, 모든 교수방법은 교육내용인 5개 영역을 통합적으로 유아가 배우는 과정에서 적절하게 활용하는 방법임을 인식하고 있는 것이 중요하다.

■ 활동과 놀이를 연계하는 교수법 필요

놀이중심 교수법은 생활주제 중심 교사중심 교수법과의 차이를 이해하는 것이 필요하다. 놀이중심 교수법에서는 활동을 전혀 하지 않는 것이 아니다. 놀이중심 교수법은 유아가 주도하는 놀이에서 활동을 어떻게 지원할지 교사의 고민과 전문성이 필요하다. 예를 들면, 유아들이 그림자놀이에 관심이 깊어지고 있을 때, 교사가 생활주제인 교통기관의 활동을 계획하여 그림자놀이를 중단하고 바퀴 그리기 활동을 하기보다는, 그림자놀이에서 필요한 활동을 고민하여 지원하는 노력이 필요하다. 교사는 유아들의 그림자놀이를 주의 깊게 지켜보며, '내 친구 그림자' 동화 듣기, '햇빛이 필요해 노래 부르기', '그림자 인형 그리기 미술 활동' 등을 하며 그림자놀이가 더 재미있고 풍부하게 진행되도록 지원하는 활동을 할 수 있어야 한다.

■ 다양한 교수학습을 융통성 있게 활용하기

유아교육은 초등학교의 교과중심 교육과정에서 하는 수업이나 직접적 교수법 이외에도 매우 다양한 교수법을 활용한다는 점에서 교사의 교수내용 지식이 중요하다. 놀이도 다양한 시간이나 공간 이외에도 놀이환경, 놀이자료 등은 수시로 바뀌고 복잡한 교사지원이 필요하며, 치밀하게 준비한 계획도 수시로 즉흥적으로 바뀌는 경우가 많고, 움직임이 많은 유아의 특성상 체험이나 활동 등 매우 다양한 교수법을 알고 있는 것도 중요하다.

생각해 보기

1. 영유아 교수학습의 고유한 특성을 초등학교와 비교하여 설명해 보세요.
2. 영유아교육과정에서 교육내용과 교수방법을 구분하여 설명해 보세요.

제5장 누리과정과 교수학습 이해

1 누리과정의 '편성 · 운영'과 교수학습

국가 수준 유아교육과정이란 현행 누리과정[3]을 뜻하며, 어린이집의 경우 「제4차 어린이집 표준보육과정(이하, '표준보육과정')」을 함께 살펴볼 수 있다. '표준보육과정'의 고시문은 누리과정에서 '유아'라고 칭하는 명칭을 '영유아'라고 표기하고 있으며, 어린이집의 특성을 반영한 약간의 차이는 있으나, 누리과정의 고시문과 같은 맥락의 내용을 공통적으로 다루고 있다. 이에 본 장에서는 누리과정의 문구들을 중심으로 살펴보고, 필요에 따라 '표준보육과정'에 관한 내용을 부연하였다.

교수학습은 전문적인 교육 실천의 행위이다. 따라서 국가 수준 교육과정의 맥락 안에서 함께 이해될 필요가 있다. 구체적으로 누리과정에서는 총론의 Ⅲ장인 '누리과정의 운영' 파트에서 교수학습을 안내하고 있으며, '편성 · 운영'에 대해서도 함께 다루고 있다. 누리과정의 운영을 안내하는 장에서는 '교수 · 학습'과 함께 '편성 · 운영'에 대해서도 안내한다. '교수 · 학습'은 누리과정이 편성되고 운영되는 시간 안에서 이루어지며, 그에 따라 '편성 · 운영'을 '교수 · 학습'의 측면에서 함께 살펴볼 필요가 있다. 누리과정의 편성 · 운영에서는 유치원과 어린이집에서 영유아 · 놀이 중심 교육과정을 편성하고 운영하기 위해 고려해야 할 공통적 기준을 안내하고 있으며, 이를 한눈에 살펴보면 아래의 표 5-1과 같다.

---

3) '개정 누리과정'은 유아교육 · 보육의 국가 책임을 강화하기 위해 유아교육과 보육의 내용을 통합하여 일원화한 공통과정이다. 이는 2011년 5월 「5세 누리과정」 제정 이래, 2012년 7월 유치원과 어린이집에 다니는 3~5세 유아를 위한 「3~5세 연령별 누리과정」 고시가 이루어졌고, 2013년 3월부터 시행된 바 있다. 이후 2019년 7월 유아중심과 놀이중심의 「2019 개정 누리과정」(이하, '개정 누리과정')이 고시되었으며, 2020년 3월부터 지속적인 시행이 이어지고 있다(교육부, 보건복지부, 2019a).

| 표 5-1 | 2019 개정 누리과정 편성 · 운영

다음의 사항에 따라 누리과정을 편성 · 운영한다.
가. 1일 4~5시간을 기준으로 편성한다. 나. 일과 운영에 따라 확장하여 편성할 수 있다. 다. 누리과정을 바탕으로 각 기관의 실정에 적합한 계획을 수립하여 운영한다. 라. 하루 일과에서 바깥 놀이를 포함하여 유아의 놀이가 충분히 이루어지도록 편성 하여 운영한다. 마. 성, 신체적 특성, 장애, 종교, 가족 및 문화적 배경 등으로 인한 차별이 없도록 편성하여 운영한다. 바. 유아의 발달과 장애 정도에 따라 조정하여 운영한다. 사. 가정과 지역사회와의 협력과 참여에 기반하여 운영한다. 아. 교사 연수를 통해 누리과정의 운영이 개선되도록 한다.

1) 시간과 일과의 편성 · 운영에 따른 교수학습

가. 1일 4~5시간을 기준으로 편성한다. 나. 일과 운영에 따라 확장하여 편성할 수 있다.
• 누리과정의 해설서에서는 편성 · 운영의 '가 항'을 통해 유아 · 놀이 중심 교육과정인 누리과정의 운영 시간이 1일 4~5시간 편성되어야 함을 제시한다. 또한 '나 항'을 통해 유치원과 어린이집의 운영 시간에 대한 기준이 다름을 고려하여, 각 기관의 실정을 반영하여 융통성 있게 편성 · 운영할 수 있음을 안내한다. • 제 4차 어린이집 표준보육과정에서는 위의 '가~나 항'을 통틀어, 누리과정을 '어린이집의 운영 시간에 맞추어 편성한다(보건복지부, 2020).'라고 제시하고 있다.

누리과정을 1일 4~5시간을 기준으로 편성하고, 또한 일과 운영에 따라 확장하여 편성할 수 있다는 것은 누리과정이 편성되고 운영되는 시간이 각 기관의 실정에 맞게 융통성 있게 적용될 수 있음을 뜻한다. 예를 들어, 아침 9시부터 저녁 6시까지 운영되는 어린이집의 경우 누리과정의 운영 시간은 융통성 있게 해당 기관의 운영 시간에 맞추어 조율될 수 있다.

또한 '가~나 항'은 대 · 소집단 모임 시간뿐만 아니라 놀이, 일상생활 등 누리과정이 편성되고 운영되는 모든 시간 내에서 영유아는 놀이하고, 배우며, 교사는 영유아의 놀이와 일상에 귀를 기울이고 교수학습에 대한 지원을 이어감을 뜻한다. 따라서 교수학습은 영유아가 물을 마시거나, 화장실을 다녀오고, 간식을 먹는 등 일상과 놀이를 비롯한 누리과정의 편성·운영의 전체 시간 동안 지속적으로 발생한다. 예를 들어, 만2세반의 유진이가 오후 간식으로 딸기를 먹다가 친구들과 누구의 딸기가 더 큰지 비교하고 수를 셀 때, 교사는 언어적으로 상호작용하거나 비언어적인 눈 맞춤과 웃음 등을 통해 영유아가 생활 속에서 탐구하는 것을 지원할 수 있다. 이 또한 누리과정의 편성·운영 시간 안에서 이루어지는 누리과정의 실행에 해당한다. 1일 4~5시간의 운영 시간 이후, 이를 확장하여 편성·운영할 경우에도 교사는 영유아가 충분히 놀이하며 배우도록 지원해야 한다.

2) 적합한 계획의 수립과 운영에 따른 교수학습

다. 누리과정을 바탕으로 각 기관의 실정에 적합한 계획을 수립하여 운영한다.

- 누리과정의 해설서에서는 각 기관의 실정에 적합한 계획의 수립 및 운영과 관련하여, 자율적인 계획 수립, 유아의 놀이를 지원하는 계획안 작성이 필요함을 안내한다.
- 이때 계획안에는 교사가 기관과 학급(반) 수준에서 유아의 놀이를 지원하기 위해 필요한 사항을 미리 생각하여 준비하는 모든 과정이 포함될 수 있으며, 계획안의 양식이나 내용은 자율적으로 수립할 수 있다. 또한 교사는 사전 계획을 최소화함으로써 유아가 주도적으로 놀이할 수 있도록 지원할 수 있다.

이처럼 기관의 실정에 적합하며 자율적인 계획의 수립, 사전 계획의 최소화는 교수학습에 있어서도 교사가 미리 가르칠 내용을 지나치게 많이 계획하기보다는 영유아의 주도적 놀이와 흥미를 관찰하고, 이를 지원할 수 있도록 계획이 이루어져야 함을 뜻한다. 예를 들어, 초록 유치원에서는 생태 철학을 실천하는 기관의 실정에 적합하게 계절과 세시풍속을 중심으로 간단한 연간 및 월간 계획안만을 작성하고, 주간 계획안은 일일 계획안과 통합하여 '놀이 기록 및 지원 계획'의 형태로 자유롭게 작성할 수 있다. 여름에는 단오를 맞아 교사가 최소한으로 계획한 수리취떡 만들기를 영유아들이 함께 경험할 수 있다. 동시에 교사는 여름을 맞아 물놀이와 물총 만들기에 많은 관심을 보이는 영유아들의 놀이 흐름을 관찰하여 기록하고, 놀이 및 배움을 지원하기 위한 계획을 '놀이 기록 및 지원 계획'에 함께 작성할 수 있다. 각 기관 및 학급별로 수립되는 계획안의 다양한 예시는 본 교재의 10장에서 구체적으로 다루어진다.

3) 충분한 놀이시간의 편성 · 운영에 따른 교수학습

라. 하루 일과에서 바깥 놀이를 포함하여 유아의 놀이가 충분히 이루어지도록 편성하여 운영한다.

- 누리과정의 해설서에서는 교사가 미리 계획하여 하루 일과를 운영하기보다는, 융통성 있는 하루 일과 운영, 2시간 이상의 충분한 놀이시간 운영이 이루어질 수 있도록 안내한다.
- 하루 일과는 손 씻기, 점심, 낮잠, 휴식 등과 같은 전반적인 일상생활을 포함하여 유아의 신체적 리듬이 반영될 수 있도록 융통성 있게 운영한다. 또한 놀이시간은 짧게 여러 번 제공하기보다 긴 호흡으로 놀이에 충분히 몰입할 수 있도록 한다.

하루 일과를 위의 '라 항'에 근거하여 편성 · 운영하는 예를 들어보자. 파란반(만5세)에서 김교사는 항상 매주 월요일의 모임 시간(오전 10:30~11:00, 약 30분간)을 유아들과 주말 지낸 이야기를 나누기로 계획하고 있다. 그런데 주말 동안 민희는 집에서 아빠와 함께 색종이로 미니카 만들기를 하고, 이를 들고 와 친구들에게 보여주면서 아이들이 미니카를 접는 놀이에 몰입하게 된다. 교사는 아이들이 색종이 접기에 집중하며 즐거워하는 모습을 보고, 모임 시간을 계획했던 하루 일과를 융통성 있게 변경하여 충분한 놀이가 이루어질 수 있도록 지원할 수 있다.

또한 2시간 이상의 충분한 놀이시간이 운영되도록 하기 위해, 교사는 하루 일과를 편성·운영함에 있어 30분 단위로 실내놀이-모임시간-바깥놀이-실내놀이를 계획하여 놀이시간을 여러 번 짧게 제공하기보다는 긴 호흡으로 영유아들이 충분히 놀이에 몰입할 수 있도록 하루 일과를 계획한다. 예를 들어, 교사는 오전 실외 놀이 1시간에 이어, 실내놀이 1시간을 할 수 있도록 사전에 계획하였으나 오전 실외 놀이시간에 모래 놀이터에서 물모래 놀이를 하던 아이들이 물길을 만들기 시작하며, 놀이가 크게 확장될 수 있다. 이때, 교사는 영유아가 놀이하며 충분히 신체 활동과 탐구과정을 즐길 수 있도록 실외(바깥)놀이시간이 충분히 이루어지도록 함으로써, 탄력적인 하루 일과를 운영할 수 있다. 이와 같은 충분한 놀이시간의 지원이 곧, 영유아가 스스로 즐겁게 배울 수 있도록 지원하는 것이다.

4) 차별이 없는 누리과정 편성 · 운영에서의 교수학습

마. 성, 신체적 특성, 장애, 종교, 가족 및 문화적 배경 등으로 인한 차별이 없도록 편성하여 운영한다.

- 누리과정의 해설서에서는 유아가 성, 신체적 특성, 장애, 종교, 가족 및 문화적 배경 등으로 인해 차별 받지 않고 서로 배려하는 마음을 가지도록 편성 · 운영해야 함을 안내한다.
- 교사는 유아가 자신과 상대의 차이를 틀린 것이 아니라 다름으로 받아들이고, 편견 없이 대할 수 있도록 지원하며, 다양성을 존중하고 배려할 수 있도록 한다. 또한 유아에게 고정적인 성 역할과 특정 종교를 강요해서는 안 된다.

영유아가 다른 사람과의 차이를 다른 것으로 받아들인다는 점은 영유아가 다른 사람에 대해 열려 있으며, 수용하는 태도를 가질 수 있도록 지원하는 것을 뜻한다. 그러나 실제적으로 영유아와 교사 모두에게 있어 서로 다른 것들을 편견 없이 받아들이는 것은 때로 어려운 일이며 많은 철학적 생각과 소통을 필요로 한다. 특히 우리는 엄마와 아빠, 아이로 구성된 일반적인 가족의 형태를 당연하게 받아들이고, 엄마를 주 양육자로 표현하는 말들에 익숙하다. 그러나 조손 가정과 한부모 가정의 영유아들이 학급에 있을 경우, 다양한 형태의 가족 구성원인 아이가 차별 받지 않도록 다양성을 존중할 필요가 있다. 또한 교사는 아이들의 역할 놀이에서 치마를 입으려는 민재에게 '하하하. 민재는 남자니까 치마 못 입잖아~'라고 장난스럽게 말하는 친구들을 발견할 수도 있다. 때로는 교사가 먼저 '힘 센 남자 친구들~ 선생님이 이 장난감 옮기는 것 도와주세요.'/'남자 친구는 우는 거 아닌데?'라고 말하며 '남자=힘이 세다/울지 않는다/강하다'라는 성 고정관념이 담긴 이야기를 할 수도 있다.

사진 5-1 서로 다름을 받아들일 수 있도록 돕는 내용의 그림책들

출처: https://www.aladin.co.kr/shop/wproduct.aspx?ItemId=565661

따라서 교사는 항상 자신의 안에 있는 편견을 줄이고, 다름에 대해 열어 가려고 노력하며 교실 안에서도 동화와 이야기 나누기, 서로 다른 아이들이 모두 모여 자연스럽게 마주하고 살아가는 일상을 통해 가르치고 배워 나갈 수 있다. 또한 서로의 차이와 다름을 인정하고 배려하는 측면에서의 교수학습 지원은 체험이나 일회성이 아닌 지속적인 삶 속에서 다양성을 존중하는 방향으로 연속적으로 이루어져야 할 것이다.

5) 발달과 장애 정도에 따른 운영과 교수학습

바. 유아의 발달과 장애 정도에 따라 조정하여 운영한다.

- 누리과정의 해설서에서는 유아의 놀이가 발달적 특성에 따라 다양하게 나타날 수 있으므로, 교사는 유아가 자신에게 적합한 방식으로 놀이할 수 있도록 누리과정을 조정하여 운영하도록 제안한다.
- 또한 발달 지연 또는 장애 유아 등 특별한 요구를 가진 유아가 차별 없이 또래와 더불어 생활하고 함께 놀이하도록 지원해야 함을 안내한다.

영유아의 놀이는 개별 영유아의 특성, 연령, 발달 정도 등 많은 측면에 의해 영향을 받고 다양하게 발생한다. 기관에서는 누리과정을 편성·운영함에 있어 이를 반영하여 특수학급 또는 통합학급을 편성하여 운영할 수 있다. 또한 교사는 장애 유아의 특성 등을 파악한 개별화 교육계획을 수립하고 특별한 요구에 적합한 교육이 이루어질 수 있도록 부모 및 특수교사 등 관련 기관의 전문가와 협력해야 한다.

사진 5-2 유아의 발달과 장애 정도에 따라 개별적으로 교수학습을 지원하는 교사

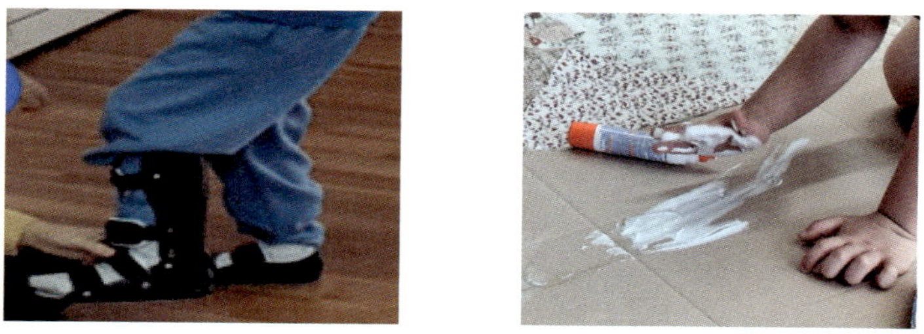

구체적으로 위의 사진 5-2와 같이 걸음이 불편하여 보조기를 착용하는 영유아인 현준이가 있을 경우, 교사는 현준이가 또래와 더불어 생활하고 놀이할 수 있도록 지원할 수

있다. 현준이가 교실 안에서 정적인 놀이를 하며 보조기를 벗고 있다가 복도에서 달리기 놀이를 하게 될 때, 교사는 현준이가 스스로 보조기를 착용할 수 있도록 지켜봐 주거나, 민감하게 다가가서 보조기의 착용을 돕는 배려를 실천할 수 있다. 또한 친구들과의 소통이 조금 특별한 자폐 스펙트럼의 미선이가 친구들이 목공용 풀을 이용해 박스를 꾸미는 것을 보고 다가와, 목공용 풀을 종이와 손 전체에 바르며 그 감각적 차이를 탐색하는 것에 몰입하는 상황의 예를 들어보자. 이때, 교사는 목공용 풀을 여기 저기 펼쳐서 바르고 묻히는 행동을 곧바로 제지하기보다, 미선이가 목공용 풀과 만나서 그 감각을 느끼고 즐기며 탐색하는 그 순간을 긍정적으로 읽어주며 지원할 수 있다. 이와 같은 교사의 배려와 상호작용을 토대로 한 교수학습의 지원은 발달과 장애의 정도가 다른 영유아들이 능동적으로 교실에서 함께 어우러지며 놀이할 수 있는 힘이 되어준다.

6) 가정 및 지역사회와 함께하는 운영과 교수학습

> 사. 가정과 지역사회와의 협력과 참여에 기반하여 운영한다.
>
> - 누리과정의 해설서에서는 유아가 속한 가정, 기관, 지역사회 등 모두가 교육과정의 주체이며, 그에 따라 상호 연계와 협력의 필요성을 안내한다.
> - 부모 지원 : 부모가 놀이와 배움의 가치를 이해할 수 있도록 유치원과 어린이집에서는 부모 참여, 워크숍, 간담회, 상담 등 다양한 기회를 통해 부모의 역할을 지원한다.
> - 지역사회 지원 : 유치원과 어린이집에서는 유아들이 지역사회의 여러 기관이나 장소를 직접 경험하면서 지역사회에 관심을 가질 수 있도록 지원한다.

'온 마을이 아이를 키운다.'라는 말처럼 영유아가 속해 있는 가정, 기관, 지역사회 등은 모두 누리과정을 편성·운영하고 실행함에 있어, 상호 연계하고 협력해야 한다. 이는 교수학습 또한 교사와 영유아 사이에서만 발생하는 것이 아니라, 교사와 학부모, 기관과 지역사회 등의 관계에서도 긴밀하게 나타나며 상호 소통과 협의를 필요로 한다는 것을 의미한다. 따라서 교사는 부모 지원의 일환으로 놀이의 교육적 의미 이해를 위한 학부모 소모임을 운영하거나, 학부모가 놀이의 즐거움을 직접 경험해 보게 할 수 있다. 또한 놀이를 지원하는 지역사회 자원의 활용으로 지역 대학의 놀이연구 동아리와 협력하여 부모교육을 진행하거나, 지역사회의 어르신들이 놀이 선생님이 되어 유아와 함께 놀이하며 세대 간 놀이문화를 공유할 수 있다(교육부, 보건복지부, 2019c).

사진 5-3 가정과 지역사회의 협력과 참여에 기반한 누리과정 운영

출처: 교육부, 보건복지부(2019c; 75, 77).

교사는 가정과 지역사회를 영유아의 놀이를 지원하는 주체로 이어주는 연결자의 역할을 수행함으로써, 영유아의 놀이와 배움을 직·간접적으로 지원할 수 있다. 이와 같은 경험을 통해 영유아는 세상을 더욱 다채롭게 만나고, 더 많은 지지적 관계를 맺으며 자신의 놀이 세계를 능동적으로 펼쳐 나갈 수 있다.

7) 교사 연수를 통한 누리과정 운영 개선과 교수학습

아. 교사 연수를 통해 누리과정의 운영이 개선되도록 한다.

- 누리과정의 해설서에서는 교사가 유아의 놀이와 배움을 지원하는 교육과정의 주체이며, 유아와 함께 배우고 성장하는 전문가임을 말한다. 따라서 유아치원과 어린이집을 지원하는 국가 및 지역 기관에서는 다양한 형태의 교사 연수를 마련하고, 교사는 이에 자율적으로 참여할 수 있다. 이와 같은 자발적 연수를 통해 교사는 누리과정의 운영을 개선해 가도록 한다.

누리과정의 실천과 지속적인 개선을 위해서는 교사 연수가 필수적이다. 교사는 지역 지원체계인 시·도교육청 및 지역교육지원청, 유아교육진흥원, 시·도청 및 시군구청, 육아종합지원센터 등으로부터 다양한 교사 연수 및 교육현장 지원, 컨설팅을 받을 수 있다. 이를 통해 국가 수준 교육과정에 대한 높은 이해를 바탕으로 교육과정 운영의 자율화를 실천해 갈 수 있다. 이외에도 교사는 누리과정 포털(i-nuri.go.kr) 등을 통해 누리과정의 실천사례를 서로 공유함으로써 함께 성장해 나갈 수 있다.

나아가 최근에는 교사가 자신의 학급에서 발생하는 놀이에서 어떻게 배움을 이해하고 지원할 것인가를 고민하며 능동적으로 학습공동체를 구성하는 사례가 늘고 있다. 이와 같은 전문적 학습공동체에서는 교사들끼리 책을 읽고, 다양한 학급의 사례를 공유함으로써 전문적으로 성장해 나가려는 노력을 이어가고 있다. 이를 통해 교사는 자신의 학급뿐만 아니라, 다른 학급의 사례를 살펴볼 수 있고, 영유아의 놀이와 배움을 지원하는 과정에서 발생하는 고민들을 함께 나누고 소통할 수 있다. 유치원 및 어린이집과 시·도교육청 등에서는 교사의 자율적인 연수 또한 적극적으로 지원할 수 있다. 이처럼 다양한 교사 연수를 통해 학습자가 즐겁게 놀이를 통해 배우는 것과 마찬가지로 교사도 즐겁게 배울 수 있다.

2 누리과정의 '교수학습' 읽기 이해

누리과정에서 교수학습이란 "유아가 즐겁게 놀이하며 스스로 배울 수 있도록 교사가 지원할 때 고려해야 할 사항(교육부, 보건복지부, 2019a; 45)을 뜻한다. 여기서 주목할 점은 누리과정의 교수학습에서 교사의 역할을 '지원하는 자'로 제안하고 있다는 점이다. 이는 누리과정에서 교수학습을 실천함에 있어 교사의 역할이 어디에 중점을 두고 있는가를 보여준다. 전통적으로 형식적 교육과정을 그대로 수행할 때 교사의 역할은 정해진 교사 중심의 계획을 따르는 안내자이자 전달자의 역할을 하게 된다. 이때 영유아의 자발적 흥미와 놀이는 충분히 고려되기 어렵다. 따라서 최근에는 실행되고, 경험되는 영유아와 놀이 중심의 교육과정을 강조하며, 그에 따라 교사의 역할을 영유아의 놀이와 배움을 지원하는 자로 새롭게 이해하고 있다. 덧붙여 교사는 국가 수준 교육과정을 전문적으로 이해하고 숙지하여, 경험(학습)된 교육과정을 국가 수준의 형식적 교육과정과 연결하여 실행될 수 있도록 해야 한다. 즉, 교사는 국가와 유아의 배움을 연결 짓는 사이 존재이자(임부연, 손연주, 2020), 영유아의 놀이와 배움을 지원하는 자인 것이다. 이와 같은 교사의 역할에 중점을 두고, 누리과정에서 제안하고 있는 교수학습의 각 항들을 읽어보면 다음과 같다. 들어가기 전에, 국가 수준 교육과정인 누리과정에서 제시하고 있는 교사가 지원해야 할 교수학습의 항을 한눈에 살펴보면 아래의 표 5-2와 같다.

| 표 5-2 | 2019 개정 누리과정 교수 · 학습

교사는 다음 사항에 따라 유아를 지원한다.
가. 유아가 흥미와 관심에 따라 놀이에 자유롭게 참여하고 즐기도록 한다. 나. 유아가 놀이를 통해 배우도록 한다. 다. 유아가 다양한 놀이와 활동을 경험할 수 있도록 실내외 환경을 구성한다. 라. 유아와 유아, 유아와 교사, 유아와 환경 간에 능동적인 상호작용이 이루어지도록 한다. 마. 5개 영역의 내용이 통합적으로 유아의 경험과 연계되도록 한다. 바. 개별 유아의 요구에 따라 휴식과 일상생활이 원활히 이루어지도록 한다. 사. 유아의 연령, 발달, 장애, 배경 등을 고려하여 개별 특성에 적합한 방식으로 배우도록 한다.

1) 영유아가 자유롭게 참여하고 즐기는 놀이의 지원

가. 유아가 흥미와 관심에 따라 놀이에 자유롭게 참여하고 즐기도록 한다.
• 누리과정의 해설서에서는 교육과정이 유아가 자신의 흥미와 관심에 따라 자유롭게 참여하고 주도하는 놀이를 강조하고 있음을 명시한다. 유아가 주도하는 놀이란, 유아가 자신만의 방식으로 자유롭게 이끌어 가는 놀이를 뜻한다. 교사는 놀이에 대한 이해를 바탕으로 유아가 주도하는 놀이를 지원할 수 있다. • 놀이이해자료에서는 유아는 세상과 소통하기 위해 주도적으로 놀이하며, 이는 배움의 잠재적인 힘이 된다고 말한다. 유아가 자유롭게 놀이에 참여하고 즐기도록 한다는 것은 유아를 스스로 배울 수 있는 힘을 가진 존재로 보는 것이다.

영유아에게 놀이는 배우는 방법이자 삶을 살아가는 방식이다. 영유아는 놀이를 통해 자신이 경험하고 있는 세상을 만나고, 이를 다채롭게 이해하며 해석한다. 놀이이해자료에서는 영유아가 주도하는 놀이의 사례를 다음과 같이 들고 있다.

사진 5-4 놀이에 자유롭게 참여하고 즐기도록 지원하는 교수학습 사례

출처: 교육부, 보건복지부(2019b: 75).

위 사진의 사례를 풀어보면, 아이들은 간식 시간에 수박을 먹고 있었다. 그 때, 민선이가 수박을 더 먹고 싶다는 생각에 교사와 친구들에게 수박(씨)을 심자고 주도적으로 제안하게 되었다. 몇 명의 아이들이 수박씨를 모으기 시작하고, 아이들은 교사에게 수박 씨앗을 심을 흙과 화분을 주체적으로 요청하였다. 아이들이 집으로 돌아간 후, 교사는 아이들이 요청한 화분, 흙, 꽃삽 등을 준비함으로써 교수학습의 지원적 역할을 실천한다. 다음 날 교사와 아이들은 전날 모아 두었던 수박씨를 심으며, 여러 가지 상황을 예측해 보고 이후 교실에서는 보리 씨앗, 가지 씨앗 등 유아가 집에서 가져오거나 산책 길에서 주운 씨앗으로 싹을 틔우는 놀이가 활발하게 이루어지게 되었다.

이와 같이 교사는 영유아의 일상적인 경험에 귀를 기울이고, 흥미에 따라 즉각적으로 지원할 수 있다. 즉, 교사는 영유아가 주도하는 놀이에 내재된 의미와 가치를 파악하고 이해하는 과정에서 영유아에게 무엇을 지원해 줄 수 있을지를 발견할 수 있다. 구체적으로 교사는 놀이의 다양한 자료나 공간, 규칙과 안전 등을 상황과 맥락에 따라 적절하게 지원함으로써 영유아가 흥미와 관심에 따라 놀이에 자유롭게 참여하고, 즐기도록 도울 수 있다.

2) 놀이를 통한 배움 지원

> 나. 유아가 놀이를 통해 배우도록 한다.
>
> - 누리과정의 해설서에서는 다양한 방식으로 유아가 놀이를 통해 배우고 성장할 수 있도록 돕고 지원해야 함을 이야기하며, **교사가 놀이를 통한 배움을 이해하고, 놀이와 연계한 활동을 통한 유아의 배움을 지원하며, 자율성을 바탕으로 유아의 놀이 배움을 지원**해야 함을 제안하고 있다.
> - 활동이란 놀이를 지원하기 위해서 교사가 유아의 흥미와 욕구, 의도를 고려하고 놀이 맥락 안에서 계획을 실행하는 것을 말한다(교육부, 보건복지부, 2019b; 222).

교육과정의 핵심은 배움에 있다. 특히 누리과정은 영유아가 어떻게 배울 것인가에 있어 놀이를 통해 즐겁게 배우는 것에 중점을 두고 있다. 그러나 놀이를 하는 것이 곧 배움으로 곧장 연결되는 것은 아니다. 즉, '놀이=배움'이라고 보기에는, 놀이에서 배움에 이르기까지 영유아들의 시도, 실험, 스스로 해 보는 것, 신체를 통한 경험과 기억, 기억, 갈등, 문제를 해결하는 힘 등등에 이르기까지 무수한 과정들이 그 사이에 있음을 이해해야 할 것이다. 따라서 교사는 먼저, 놀이와 영유아를 바라보고 거기서 발생하는 배움을 이해하고자 노력해야 한다. 즉, 교사는 영유아의 놀이를 관찰하며 그 안에서 어떻게 5개 영역, 59개의 내용이 연결되는지, '연결자'로써 누리과정 교육 내용과 연계하여 놀이를 이해할 필요가 있다.

나아가 놀이에는 59개의 교육내용을 넘나드는 배움이 있음을 알고, 이를 살피기 위한 노력을 필요로 한다. 교사는 영유아의 놀이에서 어떠한 배움이 발생하고 있는지를 영유아의 주도적 놀이, 흥미와 함께 파악하고 이를 '놀이를 지원'하거나, '놀이와 연계한 활동'으로 풀어갈 수도 있다. 단, 놀이와 연계한 활동을 이해함에 있어 놀이를 단순히 교사가 영유아의 흥미와 상관없이 사전에 계획한 활동을 전개하는 가르침의 수단이나 도구로 보아서는 안 된다. 놀이와 배움에 대한 지원은 상황에 따라 다채롭게 펼쳐지기 때문에, 이는 교사의 자율성을 바탕으로 한다.

예를 들어, 교사는 아이들이 물감 놀이에 지속적으로 흥미를 보일 때 물감 놀이를 위한 충분한 재료와 공간, 시간을 지원하며 영유아의 놀이를 바라보고 그 안에서 어떠한 배움이 일어나고 있는지 살펴볼 수 있다. 영유아들은 물감을 손에 발라보기도 하고, 붓이나 모형 칼, 도장 등 다양한 재료에 물감을 묻혀 창의적으로 그림을 그려보기도 한다(예술경험-창의적으로 표현하기-신체나 도구를 활용하여 움직임과 춤으로 자유롭게 표현한다). 물감이 묻은 자신의 손과 친구의 손을 마주 비비며 웃기도 하며, 친구의 옷에 물감이 묻자 닦아주기도 한다(사회관계-더불어 생활하기-친구와 서로 도우며 사이좋게 지낸다). 다양한 물감을 섞고 그리다가 주현이가 창문에 물감 그림을 그리면 어떻게 될지 궁금해할 때, 교사는 이러한 흥미의 확장을 지원하여 '물감으로 창문 꾸미기'라는 놀이에 연계된 활동을 제안할 수 있다. 이는 놀이를 지원하는 것이자, 영유아가 물감이라는 물질과 더욱 깊고 다채롭게 만나며 주도적으로 실험하고, 물감이 어디에 그려지는가에 따라 그 느낌이 달라진다는 것을 탐구하고 발견할 수 있도록 배움을 지원하는 것이기도 하다. 이처럼 교사의 지원을 받으며 영유아들은 창문에 물감 그림을 그려보기도 한다(자연탐구-탐구과정 즐기기-궁금한 것을 탐구하는 과정에 즐겁게 참여한다).

사진 5-5 놀이를 통한 배움을 지원하는 교수학습 사례

출처: 교육부, 보건복지부(2019b; 122, 124).

영유아는 놀이를 통해 주도적으로 배운다. 교사는 영유아의 놀이에서 5개 영역, 59개의 교육내용이 어떻게 연계되는지 배움을 이해하고, 놀이에 대한 지원, 놀이와 연계한 활동의 제안 등을 통해 자율성을 바탕으로 놀이를 지원한다. 교사는 자율적으로 놀이와 배움을 지원할 때, 영유아의 특성, 안전, 놀이환경, 자료, 날씨, 기관의 상황 등을 고려하여야 한다(교육부, 보건복지부, 2019a).

3) 실내외 환경 구성을 통한 지원

다. 유아가 다양한 놀이와 활동을 경험할 수 있도록 실내외 환경을 구성한다.

- 누리과정의 해설서에서는 놀이환경에 유아가 놀이하는 실내외 모든 공간과 놀이자료가 함께 포함된다고 말한다. 이러한 놀이환경은 다양하고 안전한 실내외 놀이공간이 구성되고, 풍부한 놀이자료 제공을 필요로 한다.
- 교실의 흥미 영역은 고정되지 않는다. 흥미 영역은 통합하여 재구성하거나 다른 영역으로 대체할 수 있으며, 유아 또한 교실 밖의 복도 등을 포함하여 여러 공간에서 주도적으로 놀이 영역을 창조할 수 있다. 교사는 안전의 여부를 확인하고 유아의 놀이공간 구성을 지원할 수 있으며, 이는 실외 놀이공간 또한 마찬가지이다.
- 놀이자료는 유아가 놀이에 사용할 수 있는 놀잇감, 매체, 재료와 도구 등으로, 비구조적인 열린 자료를 풍부하게 제공하여 창의적으로 활용할 수 있도록 지원하고 유아의 놀이를 존중한다.

교사는 영유아가 다양한 놀이와 활동을 경험할 수 있도록 지원한다. 이는 실내외 공간이나 시간, 놀이자료 등 모든 실내외 환경 안에서 영유아가 자신의 세계를 풍성하게, 그리고 함께 만들어 나갈 수 있도록 지원하는 것이다. 인간은 삶을 살아가며 배우고, 영유아 또한 주변의 모든 생활 세계를 통해 배우기 때문이다.

예를 들어, 봄이 되면 모든 유아가 봄 계절의 변화를 느끼며 경험할 수 있다. 따라서 교사는 교실 내에 봄과 관련된 그림책, 봄의 동식물 등을 포함한 놀이 자료를 제시할 수 있고, 이외에도 영유아가 흥미를 갖는 팽이 놀이, 색종이 접기 등에 대한 자료를 풍부하게 지원할 수 있다. 봄의 어느 날 점심 식사 반찬에 봄의 나물인 취나물이 나오자, 아이들이 나물에 관심을 보이게 된다. 교사는 조리사님께 여쭤보고, 식재료로 남은 취나물을 아이들과 함께 탐색해 볼 수 있다. 이때, 일상에서 만난 봄나물 또한 놀이자료가 될 수 있다. 교사는 나물을 씻어보고 싶어 하는 아이들이 교실 싱크대에서 나물을 씻다가 테라스로 나가자는 제안에 테라스가 안전한 공간인지를 다시 한 번 살피고, 영유아의 놀이공간이 확장될 수 있도록 지원할 수 있다. 이외에도 봄 날씨를 느끼며, 테라스에서 이어지는 바깥놀이터에서 아이들이 마음껏 신체 활동을 경험하도록 지원할 수 있다.

사진 5-6 실내외 환경 구성의 지원

출처: 교육부, 보건복지부(2019c; 150).

4) 능동적 상호작용을 통한 지원

라. 유아와 유아, 유아와 교사, 유아와 환경 간에 능동적인 상호작용이 이루어지도록 한다.

- 누리과정의 해설서에서는 교사가 자유롭게 놀이할 수 있는 분위기를 통해 유아와 유아 간의 상호작용을, 정서적이고 언어적인 대화를 포함한 놀이 지원을 통해 교사와 유아 간의 상호작용을, 주변의 친근한 공간, 자료, 일상생활에서 자연스럽게 접하는 모든 환경과 교감하는 유아와 환경 간의 상호작용을 지원해야 한다고 설명한다.

영유아는 세상에서 만나는 것들을 일방적으로 받아들이는 수동적 존재도, 일방적으로 자신이 느끼는 것들만을 표현하는 존재도 아니다. 영유아는 또래 친구들, 유치원이나 어린이집에서 만나는 언니, 오빠, 동생들, 교사, 환경 등을 만나고 상호작용한다. 즉, 영유아는 진정한 만남을 통해 즐겁고 진지하게 상호작용하는 과정에서 배워 나간다. 교사는 영유아가 놀이에서 만나는 다양한 관계에 관심을 기울이고 함께 상호작용하며 배움을 지원할 수 있다.

예를 들어, 아이들이 나무 블록(유니트 블록)을 이용하여 길과 건물을 즐겁게 만들어 갈 때 교사는 영유아의 놀이를 지켜보고, 자유롭게 놀이할 수 있는 분위기를 조성하며 영유아 간의 다양한 상호작용을 격려해 줄 수 있다. 또한 교사는 "이것은 집이니?"와 같이 답이 있는 수렴적 질문보다는 아이들의 이야기를 먼저 듣고, "그렇구나!", "어떻게 하면 좋을까?"와 같이 영유아와 능동적으로 생각을 나눌 수 있는 질문을 할 수 있다. 이외에도 칭찬, 격려, 미소, 공감 등 정서적·비언어적 상호작용을 통해 영유아의 놀이를 격려할 수 있다. 그리고 유아들의 블록 놀이가 확장되어 공간이 좁아지면, 교구장을 옮겨 블록 놀이를 할 수 있는 공간을 확장해 주고, 나무 블록의 여분을 더 제공하여 영유아와 환경 간의 상호작용이 즐겁게 지속될 수 있도록 지원할 수 있다. 특히 영유아는 교사가 보이는 비언어적인 행동과 따뜻한 스킨십, 눈 맞춤 등을 통해서도 지지와 격려를 느낄 수 있기 때문에 돌봄의 특성을 포함하여 민감하게 온몸으로 표현하는 상호작용을 실천하기 위해 노력해야 할 것이다.

5) 교육내용과 영유아 경험의 연계를 통한 지원

마. 5개 영역의 내용이 통합적으로 유아의 경험과 연계되도록 한다.

- 누리과정의 해설서에서는 5개 영역의 내용이 '유아가 놀이하며 통합적으로 경험하는 것'이라고 명시하고 있다. 교사는 유아의 놀이에서 5개 영역의 내용이 자연스럽게 통합되어 나타나고 있음을 이해하고, 이를 읽어 냄으로써 유아가 놀이하고 배움을 알 수 있다.
- 5개 영역의 내용은 유아의 관심과 흥미에 따라 다양하게 통합될 수 있다. 교사는 유아가 놀이하며 경험하게 되는 계절, 국경일, 유아가 놀이하며 관심을 보이는 동화나 곤충 등과 같은 주제를 중심으로 유아의 경험과 5개 영역을 통합적으로 연계하여 지원할 수 있다.

교사가 영유아의 놀이를 지원하기 위해서는 누리과정의 교육 내용인 5개 영역, 59개 내용에 대한 충분한 이해를 필요로 한다. 과거 2015 연령별 누리과정에서 통합에 대한 이해의 예를 들면, 보라반에서는 교통기관이라는 생활 주제를 중심으로 의사소통 영역의 배움을 지원하기 위해 교실 내 흥미 영역 중 언어 영역에는 교통기관 관련 그림책을 제시하고, 예술경험 영역의 배움을 지원하기 위해 교실 내 흥미 영역 중 미술 영역에는 교통기관 모양 도장 등을 제시하여 해당 주제에 관한 흥미 영역별 통합적 배움을 경험할 수 있도록 계획하는 교수학습방법에 중점을 두었다. 그러나 누리과정에서 말하는 5개 영역의 내용이 (영)유아의 경험과 연계되도록 한다는 것은 학습자의 자유로운 놀이와 경험, 그리고 그들의 내면에서 5개 영역, 59개 내용이 풍성하게 발생함을 의미한다. 이는 해설서의 99쪽 등 '5개 영역의 통합적 이해'를 통해 상세하게 안내가 이루어지고 있다. 또한 앞선 교수학습 '나 항'의 물감 놀이 사례와 본 교재의 4장 등에서도 설명되어 있으므로 이를 다양하게 참고할 수 있다.

6) 휴식과 일상생활의 지원

바. 개별 유아의 요구에 따라 휴식과 일상생활이 원활히 이루어지도록 한다.

- 누리과정의 해설서에서는 유치원과 어린이집에서 유아의 하루 일과를 계획할 때, 놀이와 휴식을 적절하게 안배하여 운영하도록 하며, 개별 유아의 요구를 반영할 것을 안내한다. 하루 일과는 유아의 건강 상태, 날씨나 계절, 기관의 상황 등에 따라 융통성 있게 운영할 수 있다.

누리과정은 유아 중심을 강조하는 만큼 개별 영유아의 요구에 민감하게 귀 기울이고, 휴식과 일상생활이 원활하게 이루어져야 함을 중요하게 다루고 있다. 이는 지나치게 교사의 역할이 가르쳐야 할 내용을 일방향적이고 획일적으로 다루는 교사 중심이 아니라, 개별 영유아의 배움과 돌봄을 지원하는 역할을 수행해야 함을 의미한다. 더운 여름날 영유아가 물놀이에 흥미를 보여 큰 수영장 가득 물을 채우고 낚시 놀이와 물놀이를 즐기는 사례를 예로 들어보자. 이때, 교사는 긴 바깥놀이시간 동안 물놀이를 하며 지친 아이들에게 충분한 휴식 시간을 가질 수 있도록 하루 일과를 융통성 있게 운영할 수 있다. 또한 물놀이 중에도 개별 유아를 민감하게 살피고 적당한 휴식을 취하며 놀이에 참여하도록 지원할 수 있다. 교사는 감기 기운이 있는 혜나의 개별적인 컨디션을 살피고, 물놀이 이외에 혜나가 좋아하는 또 다른 놀이에 즐겁게 참여하도록 도울 수 있다. 이는 교수학습이 인지적인 지식을 가르치는 것뿐만 아니라 민감하게 돌보는 것을 포함하는 것임을 뜻한다.

7) 개별 특성에 적합한 방식을 통한 지원

> 사. 유아의 연령, 발달, 장애, 배경 등을 고려하여 개별 특성에 적합한 방식으로 배우도록 한다.
>
> - 누리과정의 해설서에서는 같은 연령이라도 개별 유아의 특성이 다른 것과 마찬가지로, 유아가 놀이하는 모습도 다 다르게 나타난다고 말한다. 또한 유아가 가정에서 경험하는 다양한 문화적 특성을 서로 인정하고 존중할 수 있어야 한다고 말한다. 따라서 교사는 유아의 특성에 적합한 지원을 위해 발달적 특성이나 장애 정도, 문화적 배경을 우선적으로 파악해야 하며, 필요할 경우 관련 기관 또는 전문가와 협력하고 적합한 방식으로 배우도록 할 수 있다.

모든 인간이 서로 다르고 고유한 존재이듯 영유아 또한 마찬가지이다. 모든 영유아는 다르며, 그 다름을 존중받을 필요가 있다. 따라서 교사는 누리과정이 영유아를 중심에 두고 있음을 상기하고, 연령이나 발달, 장애, 배경 등의 차이를 충분히 배려 받으며, 놀이하고 배울 수 있도록 지원할 필요가 있다.

사진 5-7 개별 특성에 적합한 방식의 배움을 지원하는 교수학습 사례

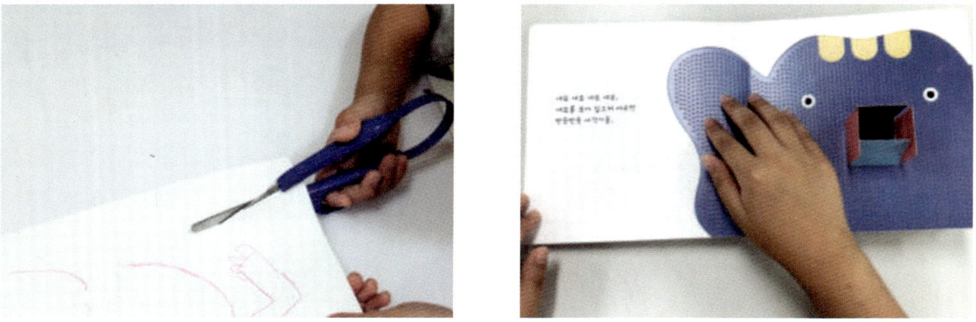

출처: 교육부, 보건복지부(2019b; 58).

예를 들어, 학급에 지체 장애나 시각 장애를 가진 영유아가 있을 때 교사는 지체 장애 아이가 사용할 수 있는 가위와 시각 장애 아이를 위한 양각책을 교실의 놀이 자료로 비치하여 개별 특성에 적합한 방식으로 놀이와 배움을 지원할 수 있다. 또한 장애 영유아를 위한 자료를 다른 친구들도 함께 놀이하며, 서로를 더 잘 이해하고 배려하는 학급 분위기를 만들어 갈 수 있다. 이외에도 교사는 특수 교사 및 학부모, 지역사회의 기관과 소통하고 협의함으로써 전문적인 지원을 이어갈 수 있다.

한편, 일반적으로 유치원이나 어린이집에서 발달이 느린 영유아에 대한 염려와 지원은 잘 이루어지지만, 때로 발달이 빠른 영유아에 대한 측면은 큰 염려가 이루어지지 않고 적극적으로 칭찬하는 경우들이 많다. 예를 들면, 만3세 유아인 지은이가 글자를 읽고 쓸 때 교사는 “어머, 어떻게 5살(만3세)인데, 벌써 글자를 읽을 수 있지? 정말 똑똑하구나!”라고 쉽게 주변의 또래 친구들이 듣는 장소에서 칭찬을 할 수 있다. 그러나 지나치게 인지 발달이 빠른 영유아가 있을 경우, 그에 맞는 지원도 필요하겠지만 발달이 빠른 영유아를 공공연히 칭찬하고 주목함으로써 상대적으로 조금 느린 영유아가 위축되지 않도록 주의를 기울이는 태도 또한 필요할 것이다.

8) 의사표현의 존중과 민감한 반응의 지원

가. 영유아의 의사표현을 존중하고 민감하게 반응한다.

- '표준보육과정'의 고시문에서는 누리과정에서 말하고 있는 교수학습의 항들을 공통적으로 다루면서도, 가장 먼저 가 항에 '영유아의 의사표현 존중과 민감한 반응'을 추가적으로 제안하고 있다(보건복지부, 2020a). 이는 교사가 영유아가 언어적, 비언어적 방식 등을 통해 의사표현을 하는 것을 이해하고 존중하며 그에 민감하게 반응해야 함을 뜻한다. 이를 통해 영유아가 심리적으로 안전함을 느낄 수 있기 때문이다(보건복지부, 2020b).

모든 영유아는 언어적, 비언어적 방식을 통해 의사표현을 시도한다. 특히 기본생활, 신체운동, 의사소통, 사회관계, 예술경험, 자연탐구의 6개 영역으로 구성된 만0~2세와 만3~5세를 함께 아우르는 '표준보육과정'은 교수학습에서 위의 '가 항'을 추가적으로 제시하고 있다. 이는 언어보다는 표정과 몸짓, 소리와 눈빛 등의 비언어적인 방식으로 자신의 감정과 욕구 등을 표현하는 영아의 발달 특성에 대한 이해를 담고 있다. 개별 영유아의 기질과 특성에 따라 표현방식과 강도 등이 다를 수 있으므로, 교사는 개별 영유아를 주의 깊게 관찰하고 이해하며, 그 요구에 적절하고 민감하게 반응하는 것이 중요하다. 이를 통해 영유아는 교사와 신뢰감 있는 관계를 형성하고, 정서적 안정감을 갖게 된다.

사진 5-8 영아의 의사표현에 민감한 교수학습

출처: 보건복지부(2020b; 51, 56).

위의 사진 5-8을 살펴보면, 민서(8개월)는 교사의 품에 안겨 젖병에 담긴 우유를 먹고 있다. 교사는 배고픈 민서가 급히 젖병의 젖꼭지에 입을 가져다 대려고 할 때, 민서의 반응에 귀를 기울이고 민감하게 반응하여 젖병을 민서의 입에 가까이 대어준다. 또한 민서가 우유를 먹는 모습을 미소 짓고 바라보며, "우리 민서가 엄청 배고팠구나! 꿀꺽, 꿀꺽! 소리가 나네?"라고 웃으며 말하고, 민서가 우유를 먹던 것을 멈추면 "어~ 소리가 안 나네. (작은 목소리로) 조용해졌어."라고 말하며 소통할 수 있다. 일상생활 중 이루어지는 긍정적이고 민감한 반응은 영유아가 교사의 온정적이고 수용적인 태도에 신뢰감을 느끼고, 이후 세상에 대한 호기심을 갖고 관계를 확장해 나갈 때 적극적으로 행동할 수 있는 힘이 되어준다. 이외에도 교사는 연강이(28개월)가 바지 앞섶을 잡고 교사에게 다가올 때, 연강이의 배변 의사표현을 민감하게 알아차리고, 영아가 변기에서 배변할 수 있는 기회를 마련할 수 있다. 이와 같이 민감한 반응과 지원들은 단순히 영유아를 돌보는 것을 넘어서, 영유아가 세계와 관계맺음의 방식을 긍정적으로 경험하고 함께 민감하며 배려할 수 있는 사람이 되도록 교수학습 지원이 될 수 있다.

생각해 보기

1. 위 고시문의 각 항목들을 이해한다는 것은 예비유아교사가 스스로 누리과정에 대한 문해력(읽고 쓸 수 있는 능력)을 갖추는 것을 의미한답니다. 친구와 함께 한 가지 항목을 선택하여 간단한 예시를 들고, 자신의 말로 새롭게 논의해 자신의 말로 설명해 보세요.
2. 본 장에서의 내용들을 참고로 하여, 교수학습에서 교사의 역할 중 '지원'을 강조하는 이유가 무엇인지 토론해 보세요.

제3부

영유아교수학습의 실제

제6장 상호작용과 귀 기울이기

제7장 일상생활과 교수학습

제8장 놀이 지원

제9장 활동 및 실행

제10장 교육계획안 및 평가

제11장 환경구성 및 지원

제6장 상호작용과 귀 기울이기

1 상호작용의 이해

1) 상호작용 의미 이해

상호작용은 둘 이상의 대상이나 물체가 서로 영향을 주고받는 일종의 행위방식을 의미한다. 인간은 일상생활 속에서 사람뿐만 아니라 동물과 식물, 사물 등과 서로 능동적으로 영향을 주고받으며 서로 변화해 간다. 영유아는 어린이집 또는 유치원에 등원하면서부터 하원에 이르기까지의 전체 하루 일과 동안 또래 친구들뿐만 아니라 상위 및 하위연령의 영유아들과 놀이하고 생활하고 활동하는 가운데 직접적, 간접적 상호작용을 한다. 동시에 영유아는 교사와 상호작용하고 다양한 환경과도 끊임없이 상호작용하며 생활한다. 모든 순간이 상호작용의 연속이다. 영유아는 다양하고 지속적인 상호작용을 하며 자기 자신을 알아가고 아울러 자신 주변 세계에 대해 경험하며 세상에 대한 이해를 넓혀간다.

2) 누리과정에서 상호작용

2019 개정 누리과정과 제4차 표준보육과정은 영유아가 놀이하며 스스로 배울 수 있음을 강조하며 영유아와 영유아, 영유아와 교사, 영유아와 환경 간의 능동적인 상호작용이 이루어지도록 하여야 함을 명시하고 있다. 교사는 영유아가 자유롭게 놀이하며 다양한 상호작용이 이루어지도록 격려하고, 영유아와 주변 세계를 이해하는 공동 놀이자로서 영유아의 배움을 이끄는 상호작용을 할 수 있다. 그리고 영유아들이 주변에서 자연스럽게 접하는 모든 환경과 즐겁게 상호작용할 수 있도록 지원할 수 있다.

2 좋은 상호작용을 위한 영유아발달특성 이해하기

1) 자기중심적 사고와 조망능력

피아제(Piaget)는 전조작기 유아들은 사물이나 현상을 자신의 관점에서만 생각하는 경향이 강하다고 하였다. 유아는 자신이 생각하거나 느끼는 대로 다른 사람들도 자기처럼 생각하거나 느낀다고 믿기 때문에 상대방의 관점을 잘 이해하지 못한다. 유아는 엄마의 생일선물로 장난감 자동차를 선물하는 등 자신이 좋아하는 장난감은 상대방도 좋아한다고 믿는다.

2) 물활론적 사고와 인상론적 사고

물활론적 사고는 모든 사물은 자신과 같이 살아서 움직이고 생각을 하며 감정을 느낀다고 믿는 경향성이다. 유아는 나무에 걸려 넘어졌을 때 나무가 자신을 밀었기 때문이라고 생각하고, 가위로 종이를 자르면 종이가 아파할 것이라고 생각할 수 있다. 유아의 그림에 꽃이나 나무, 해와 달에 눈과 입이 그려진 모습은 유아의 물활론적 사고를 반영한다.

베르너(Werner)는 유아들은 자신이 느끼는 것과 같은 감정으로 무생물의 세상을 경험한다고 주장한다. 유아는 빨간색은 맵다거나 분홍색은 서로 사랑을 나누는 모습으로 느낄 수 있으며, 옆으로 누워 있는 컵을 보고 컵이 피곤하다고 느끼거나 부러진 막대기를 보고 막대기가 상처를 입었다고 느낄 수 있다. 유아는 전체 세상을 단순히 건조한 형태로 지각하는 것이 아닌 활기와 정서로 가득 찬 것으로 느끼며 지각한다.

물활론적 사고와 인상론적 사고는 유아의 상상력을 풍부하게 이끌어 유아의 경험을 새로운 경험으로 변형시켜 준다.

3) 물질과 내부작용하는 사고

물질과 내부작용하는 사고는 최근 포스트휴머니즘의 사유에서 비롯된다. 이 세계에서 어떤 행위를 하고 영향을 미치는 존재는 인간만이 아니라 모든 비인간들도 모든 행위의 주체자로 여기는 사고방식이다. 따라서 인간/비인간, 이론/실제, 성인/아이 등을 위계적 관계나 이분법적으로 구분하지 않고, 이들은 모두 세계의 물질로서 서로 간에 긴밀한 영향을 미치며 서로 변화하도록 하는 힘을 가진 동등한 존재로 본다. 영유아는 비인간들과 오히려 더 풍요롭고 유연하고, 건강하게 관계를 가지고 소통하는 존재이다(임부연, 2017). 영유아는 신, 괴물, 동물, 식물 등 비인간을 인간의 지배를 받아야 하는 취약한 존재로 여기지 않고, 오히려 비인간들과 더 밀접하게 상호 교감하고 친숙하게 소통하며 상상 속에서 이들과 유희하며 세계를 경험하고 이해한다.

3 누리과정에서 상호작용

1) 영유아 간의 상호작용과 교수학습

놀이중심 교육과정에서는 영유아와 영유아 사이의 상호작용이 더 활발하고 빈번하게 일어난다. 영유아는 또래뿐만 아니라 상위 및 하위 연령과 함께 놀이하면서 자신의 생각을 표현하고, 친구들의 의견을 듣고 때때로 생각을 바꾸기도 한다. 더 재미있게 놀이하기 위해 양보하고 배려하고, 협력하며 나와 다른 의견을 수용하여 조절하는 경험도 한다. 교사는 영유아들이 자유롭게 놀이할 수 있는 분위기를 제공하여 영유아 간의 다양한 상호작용을 격려해 주어야 한다(교육부, 2019; 보건복지부 2020).

2) 교사와 영유아 간 상호작용

영유아교실에서 교사와 영유아의 상호작용은 중요한 교수학습 원리 중의 하나이며, 모든 교육과정에서 가장 본질적이라고 말할 수 있다. 교사는 놀이의 특성과 의미, 가치를 이해하며 영유아가 즐겁게 놀이하면서 배울 수 있도록 다양한 방식으로 상호작용할 수 있다. 교사는 놀이에 언제 개입하고, 어느 선까지 지원할 것인가? 영유아가 흥미를 가지고 있는 놀이와 아이디어가 확장될 수 있도록 어떠한 방식으로 지원할 것인가? 등 영유아와의 상호작용 방법에 대해 끊임없는 고민을 이어가게 된다.

교사는 놀이를 지원하는 과정에서 언제, 어떻게 지원해야 하는지 끊임없이 고민하다가 적절한 상호작용의 순간을 놓치거나 도움을 주려다 교사 주도가 되는 경험을 하기도 한다. 따라서 어떠한 상호작용을 할 것인지 고민하는 교사는 먼저 영유아의 입장에서 놀이를 이해하는 것이 중요하다(채진영, 최윤경, 김소연, 2020). 각 영유아가 다름을 이해할 때, 교사는 영유아의 속도에 맞추어 적절하게 상호작용할 수 있다.

(1) 비언어적 상호작용하기

비언어적 상호작용은 교사가 영유아의 개별적인 욕구나 감정에 민감하게 반응하고, 영유아가 느낌이나 생각을 자유롭게 표출할 수 있는 허용적인 분위기를 조성해 준다.

■ 미소 짓기와 끄덕이기

교사는 언어적 표현과 함께 영유아의 놀이에 관심 있는 듯한 몸짓, 영유아의 놀이를 존중하고 있음을 표현하는 부드러운 표정과 미소, 끄덕임 등의 정서적 상호작용을 통해 영유아의 놀이를 긍정적으로 수용하고 격려할 수 있다.

5세반 수연이와 시원이는 등원하자마자 흙 놀이를 시작한다. 황토에 물을 부어 걸쭉하게 만든 후 자신의 손, 발, 다리에 묻히기 시작한다. 교사는 유아들이 자신의 몸에 황토 바르는 모습을 보며 미소 짓는다. 수연이가 교사를 쳐다보며 장난기 어린 웃음을 지으며 교사의 손등에 황토를 바르려고 한다. 교사는 수연이에게 손등을 내밀며 고개를 끄덕인다. 수연이는 웃으며 교사의 손등에 황토를 바른다.

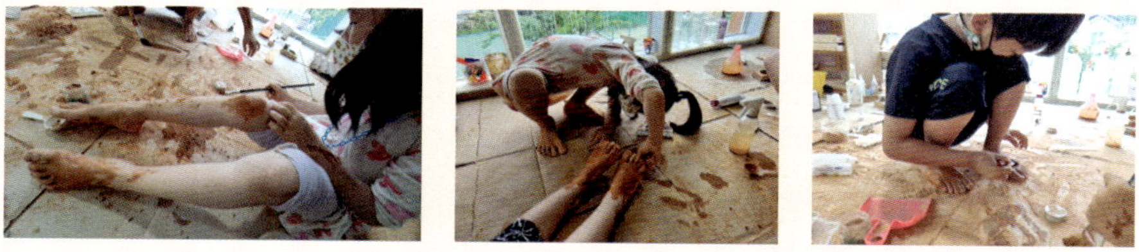

■ 기다려주기

놀이를 지원하기 위해서는 즉각적인 개입보다는 영유아가 놀이에서 보이는 감정의 상태, 궁금해하는 것, 흥미를 보이고 탐색하는 것 등을 관찰하면서 기다리는 것이 우선되어야 한다. 교사는 영유아의 놀이가 진행되는 과정에서 배움이 일어나도록 상호작용하기에 적절한 순간과 방법을 잘 판단하여야 한다(교육부, 보건복지부, 2019c; 46).

유아의 경우, 교사의 직접적인 개입은 유아 간의 상호작용을 방해할 수 있다. 유아들이 해결할 수 있는 문제 또는 갈등은 스스로 해결해 볼 수 있도록 시간을 주고 기다려주면 유아들은 충분히 스스로 해결할 수 있는 힘을 발휘할 수 있다(채진영, 최윤경, 김소연, 2020). 따라서 교사는 개입 시기를 신중하게 결정하여야 한다. 이때 교사는 유아들의 문제 또는 갈등이 일어난 상황과 맥락을 먼저 파악하고, 그 이유를 파악하는 것이 중요하다.

어떻게 하면 서로 사이좋게 탈 수 있을지 생각해 봐.

4세 지유와 유찬이가 그네를 오래 타자 친구들은 "언제까지 탈 거야?" 하고 말한다. 민주는 교사에게 "선생님. 우리도 타고 싶은데 유찬이하고 지유가 오래 타요."라고 짜증스러운 듯 말한다. 교사는 "어떻게 하면 서로 사이좋게 탈 수 있을지 생각해 봐."라고 말한 후 기다린다. 유아들이 잠시 조용히 생각한다. 민주가 "아! 생각났다. 그럼 우리 열까지 세자!"고 제안하니 유아들이 "그래!" 하고는 하나부터 열까지 숫자를 센다. 친구들이 "하나, 둘, ...열!" 하며 숫자 세기를 끝내자 유찬이와 지유가 그네에서 내린다. 이후 유아들은 합창하듯 하나에서 열까지 센다. 친구들 한 번씩 다 타고 난 후, 두 번째로 그네를 타는 순서가 돌아오자 유아들은 열에서 열하나까지 세기 시작했고, 이후 스물에서 그네 타기를 멈춘다.

위 사례에서 유아들이 그네 타기를 둘러싼 갈등상황에 대해 교사에게 도움을 요청했을 때, 교사는 유아들의 갈등을 직접 개입하여 문제를 해결해 주기보다 유아들 스스로 문제 해결 방법을 생각할 수 있도록 상호작용한다. 그 결과 유아들은 스스로 갈등을 해결하였으며, 갈등을 해결했던 '열까지 세는 동안 그네를 타기' 방법은 유아들의 그네타기 놀이를 더욱 재미있게 만들어 주고 있음을 볼 수 있다.

영아의 경우, 문제 상황이 발생했을 때 언어적 표현이 서툴러 신체적 공격이 있을 수 있다. 따라서 교사는 영아 간의 다툼이나 문제 상황에 개입하여 안전을 확보한 후, 양쪽 영아의 감정을 수용하고 영아가 이해할 수 있도록 간략하게 설명하며 긍정적 행동을 모델링하며 지원할 수 있다. 교사는 적절히 개입하여 영아들의 감정을 수용하고, 영아가 이해할 수 있도록 영아의 행동에 대해 설명해 주어야 한다.

> "시아가 민지의 놀잇감을 가져가서 화가 났구나. 다음번에는 '민지야. 이거 가져가도 돼?'라고 물어볼 수 있겠니? 그러면 민지도 화가 나지 않고 같이 재미있게 놀이를 할 수 있을 것 같아."

교사는 한 가지 방법이 또래에게 통하지 않을 경우, 요청하기, 교환하기, 함께 쓰기, 번갈아 하기 등의 다른 대안을 생각하고 사용할 수 있도록 영유아를 지원할 수 있다(보건복지부, 한국보육진흥원, 2022).

- 요청하기: "내가 그거 가지고 놀아도 되니?"
- 교환하기: "내가 너한테 긴 블록 줄게. 세모 블록 나한테 줄래?"
- 함께 쓰기: "우리 함께 가지고 놀자"
- 번갈아 하기: "네가 다 놀고 나한테 줘"

(2) 언어적 상호작용하기

교사는 영유아의 놀이상황을 주의 깊게 관찰하면서 놀이가 유지되는 과정을 따라가며 다양한 언어적 상호작용으로 지원할 수 있다. 언어적 상호작용은 교사가 영유아가 자신의 생각과 느낌을 자유롭게 언어로 표현할 수 있도록 발문하거나 영유아의 질문과 요구에 언어적으로 반응하는 것을 의미한다.

■ 영유아의 독특한 놀이표현을 지지하며 교감하기

영유아는 놀이를 하면서 독특한 상상을 하고 새로운 생각을 만들어 내며, 자기만의 방식으로 자유롭게 표현한다. 교사는 놀이에서 나타나는 상상력과 사물을 의인화하여 이해하는 영유아의 독특한 표현과 새로운 생각을 지지하고 함께 교감하는 태도가 필요하다.

아기도깨비는 어떻게 되었니?

5세 유아들이 바깥놀이터에서 놀이하고 있는 중 진눈깨비가 내린다.

교사: 얘들아. 진눈깨비다!
서현: 선생님. 진눈깨비는 아기도깨비가 눈 타고 온다는 말이에요?
교사: 오~ 그럴 수도 있겠는데!
서현: (친구들을 향해 외치며) 아기도깨비가 떨어진다!!

…

서현: 선생님. 아기도깨비 안 다치게 제가 잘 받쳐 줄래요!

서현이는 하늘을 향해 고개를 뒤로 젖힌 채 팔을 활짝 펴고 눈을 맞고, 다른 유아들은 땅바닥에 드러누워 눈을 맞는다.

교사: 아기도깨비는 어떻게 되었니?
서현: (웃으며) 지금 안전하게 내려오고 있어요.

위 사례에서 교사는 유아에게 진눈깨비에 대한 과학적 사실이나 정해진 지식을 일방적으로 전달하거나 가르쳐 주는 것이 아니라, 유아가 진눈깨비에 대해 느끼고 상상하는 대로 유아와 교감하며 유아의 표현을 긍정적으로 수용하고 격려하며 상호작용하고 있다.

■ 주변 세계에 관심과 호기심을 가질 수 있도록 격려하기

영유아가 주변 환경과 교감하면서 표현하는 말과 행동은 모두 영유아가 환경과 상호작용하며 배우는 과정이다. 따라서 교사는 영유아와 환경 간에 상호작용에 주의를 기울이며, 영유아의 흥미와 관심이 어디에 있는지 파악하고, 다양한 방식의 상호작용으로 영유아의 놀이를 긍정적으로 수용하고 격려하며 지원할 수 있다.

■ 공동의 놀이자로서 촉진하기

교사는 영유아의 놀이에 놀이 상대로 즐겁게 참여하기와 놀이 아이디어를 제안할 수 있다. 또한 영유아가 친구들과 생각이 다를 때, 친구와 함께 놀고 싶지만 놀이에 참여하지 못하고 배회하거나 방관할 때, 안전한 규칙이 필요할 때 등 놀이에서 발생하는 다양한 상황에서 바로 결론을 내리거나 상황을 정리하는 등 일방적으로 개입하지 않고 상황을 상세히 살펴보며 공동의 놀이자로 영유아의 놀이를 촉진하며 상호작용할 수 있다.

갑자기 선생님 뱃속에서 고구마 달라고 하는 것 같아.

5세 교실, 이진이와 세준이가 그림을 그리고 있다. 이진이가 자신의 그림을 세준이에게 보여주지 않으려고 한다. 교사가 이진이에게 "세준이가 너의 그림을 보는 게 불편해?"라고 조심스럽게 묻자 이진이는 "내 공주는 아무에게도 안 보여주고 싶어요."하고 말한다. 그때 가인이가 가까이 오자 이진이는 자신이 그린 그림을 가인에게 보여준다. 교사는 이 상황을 주의 깊게 지켜보고 있다. 세준이는 혼자 그림을 그리다 과학놀이영역으로 가서 배회하다가 창밖을 바라본다. 교사는 세준이에게 가만히 다가가 조용히 말한다.

교사: 세준이 그림 속 이야기는 어떻게 됐어?
세준: 가방에 넣었는데요.
교사: 음... 세준이 이야기가 궁금했는데... 그럼 우리 세준이는 무엇을 좋아해?
세준: (가만히 생각하다가) 고구마요! 아빠가 구워 준 고구마예요.
교사: 어머! 선생님도 고구마 좋아해. 선생님은 노란 고구마 좋은데, 세준이는?
세준: 어제 간식 시간에 먹은 꿀고구마요.
교사: 세준이가 말하니까 갑자기 선생님 뱃속에서 고구마 달라고 하는 것 같아.
세준: 그럼 고구마 만들러 가요.

세준이는 교사를 미술영역으로 이끈다. 세준이와 교사는 서로 생각하는 고구마를 그려보기로 한다. 이진이와 가인이가 다가온다.

이진: 뭐 그려요?
가인: 우리도 고구마 그리고 싶어요.

유아들이 고구마를 그린다. 은규는 기다란 고구마를, 이진이는 왕고구마를 그린 후 가인이에게 색칠하라고 한다. 가인이는 고구마에 리본과 별을 그린다. 세준이와 교사는 계란판으로 가스레인지를 만들어 고구마 굽기를 시작한다.

교사가 "선생님 어릴 때 낙엽을 고구마 위에 덮어주면 진짜 더 맛있는 고구마를 먹을 수 있었는데." 하고 말하자 이진이와 가인이가 낙엽을 그린 후 가위로 오려서 고구마 그림 위에 덮는다. 세준이는 "우리 아빠는 고구마를 신문지에 싸서 해줬어요. 그러면 정말 맛있었는데." 한다. 고구마가 계란판 가스레인지에서 익는 동안 이진, 가인, 세준, 은규는 "고구마 파티에 놀러오세요. 고구마 맛있어요." 하고 친구들을 향해 외치며 서로 웃는다.

영아의 경우, 교사는 영아의 놀이하면서 표현하는 행동이나 말 등을 묘사하거나 놀이 모델링을 하며 영아가 또래에게 관심을 갖도록 지원할 수 있다. 0세나 1세 영아의 경우, 교사는 또래의 놀이에 관심을 보이는 영아의 표현을 알아차리고 긍정적으로 반응하며 상호작용할 수 있다. 영아의 경우 언어적 표현이 미숙하므로 교사는 영아의 눈빛, 몸짓 등을 잘 관찰한 후 영아가 표현하고 싶은 내용을 말로 표현해 줄 수 있다. 2세 영아의 경우 일상에서 또래 간에 관심을 갖거나 상호작용할 때마다 격려하며 놀이를 지원할 수 있다(보건복지부, 한국보육진흥원, 2022).

1세 윤서가 손으로 모래를 만지다가 모래가 묻은 자신의 손을 빤히 쳐다본다. 교사는 윤서의 옆에서 모래를 만지며 "모래가 보슬보슬한 느낌이지?" 하며 말한다. 윤서는 숟가락으로 모래를 퍼 접시에 담는 모습을 보고 교사는 "우와! 접시에 모래가 가득 담기네." 하며 말한다. 윤서가 모래를 파낼 때 돌멩이를 발견하고 "어!" 하며 교사를 바라보자 교사는 "모래 속에 돌멩이가 숨어 있었네." 하며 부드럽게 말한다. 윤서는 돌멩이를 꺼내 접시에 담고 계속 숟가락으로 모래를 퍼서 접시에 담고 붓기를 반복한다.

교사는 윤서와 함께 모래놀이를 하며 윤서의 눈빛, 몸짓을 주의 깊게 관찰하고 윤서의 행동을 언어로 표현한다. 교사는 윤서가 모래를 만지작거릴 때 윤서가 경험했을 모래의 느낌, 비어 있던 접시에 모래가 가득 담았을 때의 모습, 모래 속에서 돌멩이를 발견했을 때의 놀라움 등 윤서가 표현하고 싶은 내용을 언어로 표현하며 즐겁게 상호작용한다.

■ 놀이에 자발적인 흥미를 가질 수 있도록 지지하기

영유아는 자신이 하고 싶은 것을 스스로 선택하고 결정할 때 적극적으로 참여한다. 또한 영유아는 놀이에서 자신이 원하는 것을 선택하면서 자신이 무엇을 할 수 있는지 알아가게 되고 자신감과 긍정적인 자존감을 느낄 수 있다. 따라서 교사는 영유아가 스스로 결정하고 행동하는 자유로움과 주도성을 발현할 수 있도록 지지하며 지원할 수 있다.

혼자 놀이하는 영유아의 경우, 교사는 혼자 놀이하는 영유아를 우려하는 경우가 많다. 그러나 혼자 놀이도 그 자체로 의미가 있으며 주도성이 높고 배움의 요소가 풍부할 수 있다. 따라서 교사는 영유아가 단순히 혼자 놀고 있다고 해서 다른 놀이에 참여하도록 유도하는 것은 바람직하지 않다(교육부, 보건복지부, 2019c; 45).

3) 환경과 영유아 간 상호작용

영유아가 다양한 놀이환경과 만날 때 영유아가 주도하는 놀이는 활발하게 나타난다. 놀이중심 교육과정에서 환경은 영유아의 놀이가 활성화되는 배경이자 영유아가 다양한 배움을 경험하는 원천으로, 유아 주변의 친근한 공간, 자료 등 일상생활에서 자연스럽게 접하는 모든 환경과의 교감을 포함한다. 모든 환경과 교감하면서 표현하는 말과 행동은 모두 영유아가 환경과 상호작용하며 배우는 과정이다. 따라서 교사는 영유아와 환경 간의 상호작용에 주의를 기울이고 존중하며 영유아들이 환경과 즐겁게 상호작용할 수 있도록 지원하여야 한다(교육부, 2019; 보건복지부, 2020).

■ 자연과 상호작용하는 영유아

영유아기는 세상에 대한 기초적인 개념과 태도가 형성되는 시기이다. 영유아는 해와 달, 비와 바람, 나무와 꽃, 흙과 돌멩이, 매미와 개미, 공벌레 등의 곤충들, 민들레와 강아지풀 등의 식물 등 자신의 주변에 있는 자연에 관심과 흥미를 가지고 온몸으로 상호작용하며 크고 작은 다양한 현상을 몸으로 체험하고 느낀다. 영유아는 자연을 관찰하면서 점차 심도 깊은 질문과 호기심을 갖게 되며, 궁금증을 해결하기 위해 자연에 보다 적극적인 태도로 다가가게 된다. 교사는 영유아가 자연과의 풍부한 상호작용을 통해 자신의 삶을 풍요롭게 하고 동시에 자연과의 더불어 사는 태도를 기를 수 있도록 지원하여야 한다.

7월 태풍의 영향으로 밤새 비가 많이 내렸다. 4세 유아들이 창밖을 바라보며 "우와~ 테니스장이 바다가 되는 것만 같아. 맞아. 저기에 풍덩 빠져보고 싶다. 선생님. 나가서 놀아요."라고 말한다. 교사는 바깥놀이를 하기로 한다.

시안: 그럼 우리 맨발로 비를 느껴볼까?
유아들: 그래. 오늘은 맨발이다~!
시안: 와~ 정말 시원하다. 비가 자꾸 얼굴에 떨어져서 눈을 뜰 수가 없어.
소민: 그럼 이렇게 눈을 꾹 감았다가 눈을 뜨면 비가 들어가지 않아!

유아들이 비를 맞으며 뛰어다니다가 빗물 웅덩이가 있는 곳에서는 발로 물을 힘차게 찬다.

이한: 우리가 뛰니까 비도 같이 폴짝폴짝 뛰는 거 같지 않아?
소민: (비 내리는 모습을 가만히 바라보다가) 여기는 꼭 수영장 같아. 한번 누워 볼까?

소민이는 땅바닥에 눕는다. 유아들이 빗물 웅덩이로 뛰어다니기도 하고 눕기도 하고 우산 아래 옹기종기 모여 앉아 얘기도 나눈다.

민하: 비가 오는 날 나오니까 정말 좋다!
시안: 정말 시원하고 차갑고, 느낌이 너무 좋아!

많은 유아들은 비 오는 날 바깥놀이 하는 것을 좋아한다. 위 사례를 살펴보면 창밖으로 보이는 빗물 바다에 풍덩 빠져보고 싶을 정도로 바깥놀이를 하고 싶은 유아들의 마음을 쉽게 짐작할 수 있다. 교사는 바깥에 나가 놀자는 유아들의 요청에 기꺼이 응하며 유아들이 비와 바다를 상상하게 하는 빗물 웅덩이를 자유롭게 놀이하며 경험할 수 있도록 지원한다. 유아들은 비를 맞으며 빗물이 흥건한 땅바닥을 맨발로 뛰어다니고, 하늘에서 내리는 비를 얼굴로 맞기도 하며 온몸으로 비를 즐겁게 경험한다. 이한이의 "우리가 뛰니까 비도 같이 폴짝폴짝 뛰는 거 같지 않아?"라는 표현과 시안이가 "정말 시원하고 차갑고, 느낌이 너무 좋아!"라는 표현은 영유아와 자연 간의 풍부한 상호작용이 즐겁게 이루어지고 있음을 짐작할 수 있다.

■ 놀이자료와 상호작용하는 영유아

영유아는 풀, 블록, 색종이, 모래, 도화지 등 다양한 놀이자료들을 자신만의 방식으로 활용하며 새로운 놀이나 창의적인 놀이방식을 찾아낸다. 영유아는 놀이자료를 가지고 놀이하며 자신의 감정과 생각, 상상 등을 자유롭게 표현하고 세상에 대한 이해를 넓혀간다.

이 종이는 어떤 소리가 들릴까?

4세 하민이와 아중이가 한지와 주름지를 구기며 소리에 귀를 기울인다.

하민: 우와~ 이 종이는 처음 보는 종이인 것 같아. 엄청 소리가 난다.
아중: 나도 들어볼래... 정말 소리가 곽곽곽 하네.... 이 종이는 어떤 소리가 들릴까? (한지를 꺼내며 구겨본다.) 이 종이는 사르락사르락하는 것 같아. 들어 봐.
하민: 나도 들어 볼래... 바다 소리 같아. 재미있다. 여기에 그림을 그리면 어떨까?
아중: 우와, 좋아. 여기에다가 그림 그려보고 싶어.
하민: 음... 그런데 여기에다가는 그림을 살살 그려야 할 것 같아. 세게 하면 찢어질 수 있어.

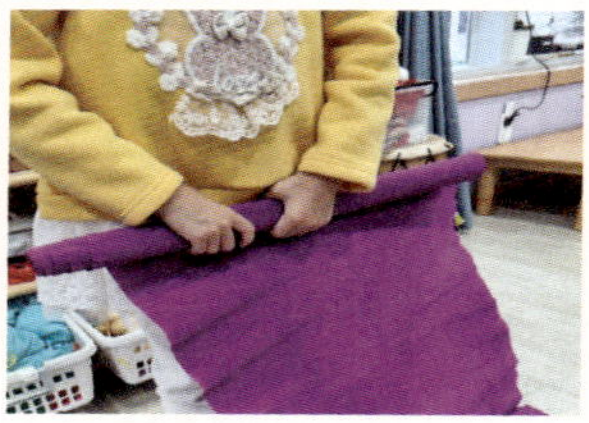

4세 유아들은 주름지와 한지를 직접 만지고 구겨보며 종이와 즐겁게 상호작용하고 있다. 주름지와 한지는 서로 다른 소리를 내며 유아들의 흥미와 관심을 이끈다. 두꺼운 주름지는 곽곽곽거리며 엄청 큰 소리를 내고, 사르락사르락 소리를 내는 한지는 해변으로 다가와 모래와 만나는 파도의 소리를 상상하게 하고 부드러운 모래사장 위를 걸을 때의 경험을 떠올리게 한다. 그리고 부드러운 느낌의 한지는 유아들로 하여금 그림을 그려보고 싶게 하고, 살살 그려야 찢어지지 않는다는 것을 자연스럽게 경험하게 한다.

4 좋은 발문과 대화

1) 발문의 이해와 중요성

발문은 영유아의 학습 상황에서 교사가 사용하는 모든 언어를 의미한다. 영유아의 말을 경청하는 것, 영유아에게 질문하는 것, 영유아와 대화하는 것 등 영유아의 사고 촉진과 풍부한 정서를 지원하려는 목적을 가진 교사의 언어 모두가 발문이 된다. 흔히 발문과 혼용되고 있는 용어로 질문이 있다. 질문은 모르는 입장에 서 있는 사람을 향하여 던지는 물음을 의미하는데, 현재 질문과 발문은 크게 구분하지 않고 사용되고 있다(임부연, 오정희, 2014).

2) 발문의 유형

발문의 유형은 영유아 반응의 인지유형에 따라 학자들마다 여러 가지 분류법으로 규정하고 있다(김진영, 엄정애, 이승연, 2008).

(1) 블룸(Bloom, 1956)의 지적 영역에 따른 교사 발문 동사

블룸은 교사의 발문을 지식, 이해, 적용, 분석, 종합, 평가 등 여섯 가지 지적 영역에 따라 분류하고 있다. 교사는 영유아들의 인지적 능력을 계발하기 위해서는 영유아들이 이해하기 쉬운 동사를 사용하여 발문해야 한다고 보았다. 예를 들어 '지식 영역'의 '열거하다'는 "모두 놓아보자" 또는 "모두 말해보자"로, '이해 영역'의 '추론하다'는 "왜 그렇다고 생각하니?" 등으로 영유아들이 이해할 수 있는 언어로 전환하여 발문할 수 있다.

| 표 6-1 | Bloom의 지적 영역에 따른 발문

지적영역	교사발문 동사	발문의 예
지식	정의하다, 찾아내다, 열거하다, 이름 짓다.	이것은 무엇이니? ○○를 찾아보겠니?
이해	설명하다, 예를 들다, 구별하다, 예측하다, 바꾸어 말하다.	왜 그럴까? 설명해 보겠니?
적용	발견하다, 사용하다, 관계 짓다, 예증하다.	어떻게 발견하였니? 어디에서 사용할 수 있을까?
분석	구분하다, 세분화하다, 지적하다, 변별하다, 유목화하다.	차이점은 무엇일까? 기준에 따라 나누어 보자.
종합	병합하다, 창조하다, 지어내다, 다시 정리하다, 결론짓다.	다시 정리해 보자. 결과를 그림으로 그려 보겠니?
평가	비교하다, 평가하다, 정당화하다, 주장하다, 입증하다.	처음 생각한 것과 비교해 보자. 어떤 것이 가장 쉬운 방법으로 나타났니?

출처: 신지혜(2020: 14).

(2) 갤러거와 애슈너(Gallagher & Aschner, 1963)의 발문 분류

- **인지기억형 질문**: 인식, 기계적 암기, 선택적 회상 등의 과정을 통해 기억하게 된 사실, 개념 등을 단순히 재생성하도록 하는 질문이다.
- **수렴적 질문**: 기억하고 있는 자료를 분석하고 통합하도록 요구하는 질문으로 정답이나 최선의 답을 이끌어 내는 질문이다.
- **발산적 질문**: 어떠한 상황의 결과 또는 불확실한 미래에 대한 예언, 가설 정립, 추론, 분석된 요소들을 재편성하는 등 보다 확산된 활동을 요구하는 질문이다.
- **평가적 질문**: 대답하는 사람의 판단, 가치, 선택의 정당화, 의사결정 등을 요구하는 질문이다.
- **일상적 질문**: 교실에서 진행되는 활동 속에서 이야기하는 사람들 간의 친숙도나 관례의 영향으로 정서나 감정의 정도를 표현하는 여러 가지 언어적, 비언어적 활동이다.

(3) 브레드캠프와 로즈그란트(Bredekamp & Rosegrant, 1992)의 교수행동 유형에 따른 발문

교사는 영유아의 학습을 촉진하고 지원하기 위해 상황에 따라 비지시적, 중재적, 지시적 교수 방법과 그에 따른 발문을 수행할 수 있다. 이때 한 가지 전략만 사용하는 것은 비효과적이며 상황에 따라 가장 적절한 방법을 선택하여 사용할 수 있다.

| 표 6-2 | 교수행동 유형에 따른 발문 유형

비지시적 ←				중재적			→ 지시적
인정하기	모델 보이기	촉진하기	지원하기	비계설정 하기	함께 구성하기	시범 보이기	지시하기

■ 인정하는 발문

인정하기는 영유아에게 관심을 기울여 주고 영유아가 활동을 지속할 수 있도록 긍정적 격려를 지원한다. 영유아를 인정하고 격려해 줄 때 영유아는 자신에 대한 자긍심을 가지고 즐겁게 놀이/활동에 참여하게 된다. 한편 교사의 지나친 칭찬은 오히려 놀이/활동에 대한 영유아의 동기를 약화시킬 수도 있다는 사실에 주의해야 한다.

- 네가 만든 자동차의 바퀴가 정말 잘 굴러가는구나.
- 혼자서 하기 쉽지 않은데 마지막까지 집중하면서 정리를 잘 했구나.
- 너희들이 안전하게 놀이할 수 있는 규칙을 만들었구나. 모두 다치지 않고 즐겁게 게임을 할 수 있겠네.

■ 촉진하는 발문

촉진하기는 학습준비가 되었을 때 다음 단계에 도달하도록 영유아에게 일시적인 도움을 주는 행동이다. 즉, 유아가 두발자전거를 탈 때 균형감각을 가지도록 잠깐 두발자전거의 뒤를 잡아주는 것과 같은 도움을 말한다. "또 다른 방법은 없을까?"와 같은 질문을 하여 영유아의 확산적 사고를 돕는 것도 포함한다.

- 어떻게 하면 몸을 최대한 동그랗게 만들 수 있을까?
- 팔을 또 다르게 움직여 볼 수 있는 방법이 있을까?
- ○○와 또 다르게 생각하는 친구가 있니?

■ 비계설정하는 발문

비계설정은 영유아의 현재의 수준을 파악하여 새로운 수준의 능력이나 이해로 나아갈 수 있도록 도움을 주는 방법이다. 교사는 영유아가 호기심과 의문을 가지고 문제를 발견하고 문제를 해결하려는 동기를 갖도록 "왜 그럴까?", "어떻게 하면 좋을까?"와 같은 질문으로 영유아의 과정 행동을 격려할 수 있다.

- 왜 그렇게 생각했니?
- 왜 아까는 저쪽의 줄이 더 길어 보이고, 구슬도 더 많아 보였을까?
- (수차례 해먹에 오르지 못하는 유아에게) 발부터 올리니까 해먹에 올라가지 못하네. 그럼 신체 중 다른 부분을 먼저 해먹에 올려보면 어떨까?

■ 지시적 발문

교사가 영유아들이 어떤 과제를 반드시 특정한 방법으로 수행하기를 원할 때 직접적으로 지도하는 방법이다. 교사는 영유아가 발달상으로 어리고 미성숙하기 때문에 구체적으로 가르치고 설명하고 명확하게 지시해야 한다는 믿음을 가지기 쉽고 이러한 교사의 이해는 발문을 통해 나타난다.

- 손을 씻고 간식을 먹자.
- (손씻기 단계의 사진을 보여주며) 손을 씻을 때는 손에 먼저 물을 적시고 비누를 칠한 후.... 손을 수건으로 잘 닦자.
- (자동차를 밟고 올라서서 창밖을 보는 영아에게) ○○가 창밖이 보고 싶구나. 미끌미끌 바퀴가 있는 자동차 위에 올라가면 넘어질 수 있어. 여기 안전한 매트 위에 올라가서 보자.
- 자전거를 타고 달릴 때 앞에 친구가 있으면 속도를 줄이자. 그리고 친구 옆으로 조심히 천천히 달리자.

권위적 지시와 통제가 들어간 발문은 효율적인 활동과 일과 운영을 위해 때로 불가피하게 사용할 수 있다. 그러나 이와 같은 발문은 교사를 지나치게 권위적으로 보이게 하여 교사와 영유아의 의미 있고 진정한 소통을 방해할 수 있으므로 신중하게 사용하도록 한다.

3) 좋은 대화와 상호작용

(1) 경청하기

경청하기는 다른 사람이 전달하고자 하는 의미에 주의를 기울이는 것을 뜻한다. 교사가 관심을 가지고 영유아의 생각에 귀를 기울일 것이라는 확신은 영유아로 하여금 교사와의 관계에서 필요한 기본적인 신뢰감을 갖도록 한다. 영유아들이 성인과는 다른 시선으로 세상을 바라본다는 것을 그들의 언어를 통해 확인할 수 있다. 교사는 영유아들이 묘사하는 새로운 방식에 대해 귀 기울임으로써 영유아들로부터 배우고, 그들의 능력을 진정으로 인정하며, 영유아들의 의식세계에 한 걸음 더 다가갈 수 있게 된다. 이는 영유아에게 일방적인 가르침을 전달하는 것이 아니라, 교사와 영유아가 대화를 통해 진정한 학습에 동참할 수 있도록 한다.

영유아의 말에 민감하게 경청하기 위해 교사는 다음의 방법을 고려할 수 있다(김진영, 백혜리, 최윤정, 2006).

- 말이 끝나기도 전에 대답하거나 평가하지 말고 계속해서 눈을 맞춰 줌으로써 말하는 사람과 내용에 주의를 집중한다.
- 영유아가 무언가 말하려고 할 때, 그 신호를 민감하게 알아차린다.(예 손들기, 자리에서 일어나기, 교사와 눈 맞추기, 입술 모양, 교사를 의미 있는 표정으로 바라보기, 영유아의 중얼거림 등)
- 관심을 가지고 듣고 있다는 것을 보여주기 위해 비언어적 표현을 한다.(예 눈 맞추기, 영유아를 향해 몸을 구부리기, 적절한 미소, 끄덕임, 제스처 등)
- 침묵시간을 잘 개발하여 생각하는 능력과 의미 있는 말을 만들도록 돕는다.
- 영유아의 말이 타당성이 없다 할지라도 자신의 의사를 완성할 때까지 영유아의 말을 방해하지 않는다.

(2) 심미적 발문

심미적 발문은 유아 교실에서 교사와 영유아가 만들어 내는 아름다운 언어를 의미한다. 언어라는 것은 보이지 않지만, 실제로 읽혀지고 글로 쓸 수도 있다는 점에서 가시적이고 물질처럼 체험할 수 있는 성질을 가지고 있다. 심미적 언어의 특성은 예술적 요소가 풍부한 언어, 높낮이가 다양한 언어, 리듬을 가지는 속삭이는 언어, 영유아의 마음을 사로잡을 수 있는 상상과 은유가 풍부한 언어이다.

■ 상상과 은유를 활용하여 대화하기

상상은 의식 속에 직관적 심상을 떠올리는 작용을 의미한다. 상상은 논리적이고 개념적인 사고와는 구분되는 것으로, 직관적이고 감정적인 가치를 중요하게 여기며 현실과의 연관성에 구애되지 않고 현실을 개성적으로 변화시켜 독자적인 세계를 구성하는 능동적인 성격을 갖고 있다(다케우치 도시오, 2003). 은유는 어떤 대상의 본래 특징을 숨기고 다른 대상으로 빗대어 말하는 것이다. 이러한 특징을 지닌 상상과 은유는 건조한 언어에 생기를 불어넣고 단조로운 말을 매력적으로 만든다(Henckmann & Lotter, 1998). 특히 영유아기는 상상력이 풍부하고 현실과 가상의 경계가 모호한 시기이기 때문에 영유아가 자신의 주변 환경에 대해 표현하는 생각과 느낌에는 상상과 은유를 담은 독특한 지각방식이 반영되어 있다. 즉, 영유아의 사고는 아직 견고한 이성에 바탕을 두고 있지 않으며 물활론적이고 상상과 판타지가 넘치고 있다. 따라서 교사가 영유아가 가진 풍부한 상상과 은유를 격려하고 또 직접 활용하는 것은 영유아와 더 가깝게 소통할 수 있는 방식이다.

- 바다는 하늘처럼 생긴 물인데, 꼭 보리밭같이 움직여~
- 바람은 부드러워, 진짜 누나 손길 같아!
- 단풍은 누나 손처럼 예쁘게 생겼어!
- 네 화분이 목말라 하던데 물을 주니까 기분이 어떻다고 하니?
- 따뜻한 해님이 우리랑 놀고 싶어서 우리 교실 벽에 놀러왔네.
- 어머, 풀이 하얀 실을 만들었네. 꼭 거미줄 같아~

어머, 풀이 하얀 실을 만들었네. 꼭 거미줄 같아.

2세반 영아들과 교사가 찢어진 그림책을 딱풀로 붙이고 있다. 영아들은 풀을 칠하고 교사는 찢어진 그림책 조각을 이어 붙인다. 시현이가 가느다랗게 늘어진 풀줄기를 가리키며 "어? 이것 봐요?" 하고 외친다. 교사가 "어머! 풀이 하얀 실을 만들었네. 꼭 거미줄 같아."라고 하자, 소윤이가 책장으로 달려가 "네가 거미니?" 그림책을 꺼내온다. 등원하던 민준이와 예강이가 "나도 볼래." 하며 모여든다. 영아들은 거미 다리 개수를 세기도 하고, 크고 작은 거미를 손가락으로 짚으며 "엄마거미", "아기거미", "이건 내 거미" 하고 말한다. 민준이가 "우와, 거미가 엄청 많아. 선생님, 우리 또 세어 봐요." "나는 거미 다리를 못 세었단 말이에요. 다시 세어 봐요." 한다. 예강이가 "내 집에 예강이 거미 있어." 하니 민준이가 "우리 밖에 거미 찾으러 가자."고 제안한다. 영아들이 교실에서 나와 복도를 지나 현관에서 신발을 신는 동안 자신의 팔과 다리를 거미처럼 움직이며 "나는 거미야." 한다. 영아들은 바깥놀이터의 나무 사이, 풀숲 사이, 작은 구멍들 사이를 유심히 관찰하며 거미를 찾는다.

2세 영아들과 교사가 찢어진 그림책을 딱풀로 붙이다가 생겨난 가느다란 풀줄기에 대한 발견을 시작으로 거미에 대한 흥미와 관심이 펼쳐졌다. 영아가 가느다랗게 늘어진 풀줄기를 가리킬 때, 교사는 '풀이 하얀 실을 만들었네. 꼭 거미줄 같아.'라고 말하며 상상적 언어로 상호작용한다. 교사의 상상적 언어는 영아들을 즉각 거미에 대한 적극적인 관심과 거미 움직임을 몸으로 표현하도록 자연스럽게 이끌었으며 즐거운 탐색 놀이로 이어주었다.

■ 상상과 은유를 활용하여 방법적 지식을 안내하기

"태양과 꽃"(발도르프 물감활동에서 사용하는 이야기의 예)

옛날 옛날에 저 멀리 하늘에 태양이 살고 있었어요. 태양은 혼자라서 늘 외로웠어요. 지구에는 많은 꽃들이 자라고 있었는데, 매일매일 태양은 지구의 꽃들을 위해 작은 미소를 보여주었어요. 어느 날 태양이 기지개를 켜기 시작하자 그의 팔이 점점 땅을 향해 뻗어 나가기 시작했어요. 그리고 태양이 땅 위에 도착하자 꽃들이 태양을 차례로 안아주고 입 맞춰 주었어요. 그러자 태양이 가진 붓도 그들을 하나하나 반갑게 만져주며 즐겁게 놀기 시작했어요. 가끔씩 붓은 피곤하고 지쳐서 목욕을 하기도 했어요. 그리고 그의 머리에 물기를 작은 손가락으로 눌러 짜주기도 하고 잔디 위에서 말리기도 했어요. 하늘에 있는 태양과 지구 위의 꽃들이 만나서 아름다운 색들이 만들어졌어요. 아주 행복한 하루가 되었어요.

사례 출처: 임부연(2005).

교사는 물감과 붓, 물통 등 물감활동의 재료를 어떻게 사용해야 하는지 직접적으로 가르치거나 지시하지 않고, 붓을 씻을 때 붓의 머리를 부드럽게 씻어야 한다든지, 붓의 물기를 짜낼 때 스펀지 위에서 부드럽게 닦아주어야 하는 구체적인 방법론적 지식을 상상과 은유적으로 들려준다. 그리고 교사는 서로 다른 색을 입은 태양과 꽃들이 만나 즐겁게 어루만지고 입맞춤을 나누는 동안 색의 혼합을 통해 새로운 색이 만들어진다는 지식을 상상과 판타지를 연결시킴으로써 유아들을 독특한 심미감의 세계로 안내한다.

■ 내러티브를 활용하여 대화하기

내러티브는 이야기 또는 이야기를 만드는 것을 의미한다. 내러티브는 어떤 내용에 대해 단순히 이야기를 해주는 것만이 아니라 영유아들의 마음을 사로잡아 유아들의 영혼을 울리는 감동의 과정이 발생하는 이야기의 방식을 의미한다. 아주 짧은 이야기에서부터 크고 긴 이야기에 이르기까지 이야기는 그 이야기에 등장하는 많은 인지적, 감성적 지식들을 오래도록 기억하고 생각하도록 하는 힘이 있다. 따라서 교사는 풍부한 문학적 상상력을 발휘하여 유아들이 어떠한 주제에 대해 흥미진진하게 몰입할 수 있도록 내러티브를 활용하여 지원할 수 있다.

브루너(Bruner)는 인간의 사고 양식은 내러티브적 사고와 패러다임적 사고로 이루어져 있으며, 두 유형의 사고 양식은 분리되지 않고 균형과 조화를 이루어야 함을 강조하였다(Bruner, J. 2005). 내러티브적 사고는 인간의 경험과 이야기로 기반으로 한 감성적-심미적 사고 유형을 의미하고, 패러다임적 사고는 일반적이고 추상적인 이론으로 기술된 과학적-논리적 사고 유형을 의미한다. 내러티브의 적극적인 활용은 단순하고 일방적인 지식을 전달하는 형식의 상호작용에서 벗어나 상상력과 심미적 감성을 통해 경험을 해석하고 독창적으로 창조하는 높은 정신에 이르게 한다는 점에서 의미하는 바가 크다.

패러다임적 발문

"옛날 사람들은 짚신과 나막신을 신었는데, 짚신은 벼에서 쌀알을 떼어내고 남은 볏짚으로 만든 신발이고, 나막신은 비가 올 때 신는 신발이야."

내러티브적 발문

선생님이 어렸을 때, 선생님의 아빠가 짚신을 주로 만들어 주셨어. 너희들 짚신 알지? 그래, 벼에서 쌀알을 떼어내고 남은 볏짚으로 만든 신발이지. 그래서 선생님이 이걸 신고 바깥에 나가서 신나게 놀았거든. 그런데 어느 날 갑자기 비가 왔어. 그래서 집으로 막 뛰어와서 보니까 선생님 발이 엉망이 되어 있는 거야. 짚신에 물이 새서. 그래서 선생님 아버지가 '안 되겠다!' 하시면서 나무를 가져와서 속을 파내고 굽을 붙여서 신발을 하나 만들어주셨는데, 비가 와도 이 신발을 신고 노니까 발이 하나도 젖지 않는 거야. 아버지께서 이 신발을 나막신이라고 말씀해 주셨어.

출처: 임부연(2015; 188).

교사는 오늘날 물건과 옛날 물건을 비교할 때, 유아들이 짚신은 잘 아는데 나막신이 무엇인지 잘 모르고 궁금해하자, 교사의 신발을 만드시는 아버지의 이야기를 들려준다. 이야기 속에는 짚신과 나막신의 개념적 지식이 자연스럽게 스며들어가 있어서, 유아들이 교사의 아버지 이야기와 교사의 어린 시절 놀이할 때의 이야기에 즐겁게 몰입하면서 짚신과 나막신의 지식을 오래 기억하도록 한다. 나막신의 개념을 이야기화하여 들려주는 것은 유아가 짚신이나 장화, 나막신 같은 물건들에 대해 아는 것이 즐겁고 재미있으며 오래 기억할 수 있도록 하는 장치이자 생각의 도구가 될 수 있다.

■ 노래를 활용하여 대화하기

영유아는 흥겨운 음악이 나오면 자연스럽게 몸을 흔들거나 따라 부르거나 흥얼거리고, 스스로 리듬 있는 노래를 지어 부르기도 하는 등 리듬이나 선율에 자연스럽게 반응한다. 이러한 영유아의 음악적 특성을 반영하여 교사는 일과 속에서 영유아들과 대화를 나눌 때 노래 가사를 창작하고 변형하여 일상을 놀이하듯 즐거운 경험으로 이끌 수 있다.

노래로 대화해요.

2세 영아들이 바깥놀이터에 나가기 위해 외투를 입기 시작한다. 몇몇 영아들은 가만히 앉아 있거나 놀잇감들을 만지작거리며 서 있다. 교사는 영아들을 바라보며 〈나처럼 해봐요 이렇게〉 노래에 맞추어 "수미 잠바는 어디 있나~ 수미 외투를 입어보자."라고 노래하기 시작한다. 이어 교사는 〈나처럼 해봐요 이렇게〉 노래에 맞추어 "앉아 있는 친구. 손 들어요." 하고 노래하자 영아들이 "저요 저요." 하며 손을 들고 외투를 입기 위해 교사에게 다가온다. 영아들이 노래를 흥얼거리며 외투를 입고 교사는 계속 노래하며 영아들이 외투 입는 것을 돕는다. 이후 점심 식사 시간, 유정이는 자신의 식판을 바라보다가 〈나처럼 해봐요 이렇게~〉 노래에 맞추어 "계란~계란~ 어디 있나~ 계란!" 하며 묻고 스스로 답하며 노래한다. 옆에서 주안이도 "계란!" 하며 함께 노래한다. 영아들이 함께 "국은 어디 있나? 국." "김치 어디 있나? 김치." 하며 제각기 노래한다.

교사는 평소 영아들과 잘 부르는 노랫말을 변형하여 영아들이 외투를 즐겁게 입을 수 있도록 지원하였다. 영아들은 교사가 "○○야. 외투 입어라", "○○야. 신발 신어라."고 지시하며 말하는 것보다 교사의 노래에 보다 빠르고 즐겁게 반응하는 경향이 높다. 위 사례에서 영아들은 교사가 외투를 입자고 말했지만 외투를 입는 것에 소극적이었다. 그러나 영아들은 교사가 노래하기 시작하자 미소를 지으며 함께 흥얼거리며 적극적으로 외투를 입기 시작하였다. 교사가 상황에 가장 적합한 방식으로 변형한 노래는 영아들의 외투 입기, 신발 신기, 바른 태도로 즐겁게 식사하기와 같은 교사의 의도를 훨씬 더 잘 전달할 수 있었으며, 영아들의 일상을 즐거운 놀이로 안내하였다.

생각해 보기

교사는 어떠한 발문으로 유아를 지원할 수 있을까요? 생각해 보고 기록해 보세요.

유아들이 나뭇잎이 모두 떨어진 나무를 보고 말한다.
유아: 선생님! 여기 보세요. 스님나무예요~.
교사: (　　　　　　　　　　　　　　　　　　　　)

영아: 선생님. 구름이 자꾸 나를 따라와요.
교사: (　　　　　　　　　　　　　　　　　　　　)

제 7 장 일상생활과 교수학습

1 하루일과

영유아들은 즐겁고 자유롭게 하루를 보낼 권리가 있다. 어린이집과 유치원에서는 하루일과를 획일적으로 운영하기보다 융통성 있게 탄력적으로 운영할 수 있다. 어린이집과 유치원은 개별 영유아의 신체적 리듬과 건강상태, 날씨와 계절, 기관의 상황 등에 따라 놀이와 휴식을 적절하게 안배하여 영유아가 편안한 분위기에서 생활할 수 있도록 운영하여야 한다.

1) 영아반 하루일과

영아는 월령이 낮을수록 가정에서 생활하던 신체 리듬과 어린이집에서 겪는 변화의 차이가 크다. 따라서 월령이 낮을수록 개별 일과 운영은 더욱 중요하다. 교사는 영아가 어린이집의 일상생활과 자신의 신체 리듬에 잘 적응할 수 있도록 충분히 기다려 주며 지원하여야 한다(보건복지부, 2020).

| 표 7-1 | 영아반 하루일과표

시간	활동	
등원 놀이	등원 및 실내/실외놀이 정리정돈, 기저귀 갈이, 손씻기	오전자율간식
	놀이, 산책, 요리활동, 일상생활/놀이 속 자연스러운 안전교육 등	
11:30~	점심식사 전 손씻기, 기저귀 갈이, 점심식사	
	점심식사 후 손씻기, 양치하기, 놀이	
13:00~16:00	낮잠 자기 및 휴식하기, 기저귀 갈이, 놀이	
16:00~	잠자리 정돈, 손씻기, 오후간식	
	기저귀 갈이, 화장실 다녀오기	
	놀이, 귀가지도	

2) 유아반 하루일과

교사는 일과 속에서 유아들의 놀이를 열심히 들여다보면서 필요한 놀이나 활동을 제안하고 유아들의 개별 요구와 기관의 상황에 맞는 일상생활을 연결해 낼 수 있어야 한다. 유아들은 어떤 날은 더 많이 놀고 싶어 하고, 어떤 날은 잘 놀다가도 심심해한다. 놀이중심 교육과정에서 일과를 운영한다는 것은 융통성 있게, 느슨하게, 여유롭게 하루를 즐길 수 있어야 함을 받아들이는 것이다(김은주, 김정미, 임홍남, 2020).

| 표 7-2 | 유아반 하루일과표

구분	내용
오전놀이 (실내/실외)	공간개방, 매체개방, 관계개방이 이루어지는 놀이 오전간식(자율간식)
활동	• 목적 : 유아의 흥미와 관심, 놀이와 연계한 활동을 통해 유의미한 경험과 배움이 확장될 수 있도록 지원하기 위함 • 내용 : 산책, 놀이와 연계된 활동, 요리활동, 안전교육, 주요행사 등
휴식 놀이/활동	유아 개인의 자율 결정(휴식/낮잠) 놀이, 특별활동
오후놀이 (실내/실외)	공간개방, 매체개방, 관계개방이 이루어지는 놀이

2 일상생활

1) 등·하원하기

교사는 영유아가 등원할 때 형식적으로 인사하지 않고, 영유아에게 다가가거나 영유아를 바라보며 개별 영유아의 이름을 부르거나 미소로 반갑게 맞이한다. 부모와 헤어지지 못하고 힘들어하는 영유아의 경우, 부모와 급하게 헤어지지 않도록 기다려 주고 영유아의 마음을 공감해 주어야 한다. 이때 교사는 등원하는 영유아에게만 집중하여 다른 영유아를 소홀히 하지 않도록 주의하여야 한다. 하원 시에는 안정된 분위기에서 귀가하도록 지원한다. 교사는 일부 영유아가 귀가를 시작하더라도 남아 있는 영유아들이 편안하고 안정적인 분위기에서 시간을 보낼 수 있도록 자연스럽게 일과를 진행하여야 한다.

■ 영아

영아에게 어린이집 등원은 익숙한 가정과 부모를 떠나 가정과는 다른 낯선 공간, 애착 대상과 분리되는 경험, 낯선 사람들이 있는 곳 등 새로운 환경에 들어오는 것이다. 즉, 어린 영아는 여러 가지 불안과 긴장을 안은 채 낯선 교사와 또래와의 공동생활에 참여해야 한다. 따라서 교사는 영아에게 세심하고 민감하게 배려하며 편안한 분위기에서 영아를 맞이하는 것이 절대적으로 필요하다.

2세 소윤이가 엄마와 등원 후 교실에 들어가지 않고 현관 앞 의자에 앉아 울먹인다. 교사는 조용히 다가가 소윤이의 옆에 앉아 잠시 기다린 후 부드럽게 말한다. "소윤이가 오늘 아침에 기분이 좋지 않구나. 울고 싶은 일이 있었니?" 하고 묻는다. 소윤은 "아빠가 데려다 주지 않았어." 하며 울먹인다. 교사는 "음. 그렇구나. 아빠가 데려다 주지 않아서 엄마랑 어린이집에 오는 동안 아빠가 많이 보고 싶었구나."라고 말하자 소윤이는 "응." 하며 울먹인다. 교사는 "소윤이가 아빠를 사랑하는 마음이 이렇게 크구나." 하니 소윤이가 "소윤이는 아빠 많이 사랑해." 하고 울먹이며 말한다.

교사는 "아빠는 지금 회사에서 열심히 일하고 계실 거야. 우리 소윤이는 어린이집에서 신나고 재미있게 놀자. 간식도 먹고 점심밥도 먹고 잠도 자고 신나게 놀다 보면 아빠가 소윤이 데리러 오실 거야." 하고 말한다. 소윤이가 계속 교실에 들어가기를 거부하자 교사는 가만히 생각하다가 밝은 목소리로 "우리 2층 언니네 반에 소윤이가 좋아하는 인형을 보러 갈까?" 하고 제안한다. 소윤이가 잠시 생각하는 듯하더니 "응." 하며 눈물을 그치고 일어난다. 소윤이는 2층 5세반으로 빠른 걸음으로 간다. (중략) 5세반에서 키티인형을 빌린 후 5세반 교실을 나와 1층 계단을 내려가면서 소윤이는 교사에게 "나 이제 울음 그쳤어요. 좋아."라고 말한다. 그리고 키티인형을 꼭 안으며 "이건 내가(나에게) 소중한 거야."라고 말한다. 소윤은 자기 반 교실로 들어가 키티인형을 안은 채 또래들과 놀이한다.

■ 유아

어린이집 또는 유치원의 등원은 하루생활이 시작되는 시간이며 교사가 반갑게 맞아주는 가운데 여러 가지 측면의 관찰이 실시된다.

교사들은 유아들이 정서적으로 안정된 상태에서 활기차게 하루생활을 할 수 있도록 신체적, 정서적 상태를 살피고 배려하며 지원할 수 있다.

또한 등원시간은 유아를 어린이집 또는 유치원에 데리고 온 부모와의 소통이 이루어질 수 있는 중요한 시간이다.

교사는 등원하는 유아들을 맞이하며 인사를 나눈다. 4세 세영이가 교실로 들어온다.

교사: 어머! 세영아. 어서 와~ (세영을 안으며) 괜찮니? 어제 머리가 아프고 열이 나서 집에 일찍 갔잖아.

세영: 엄마랑 병원에 갔어요. 주사도 맞았어요. 오늘 약도 가져왔어요. 이따 점심 먹은 후 먹어야 해요.

교사: 그랬구나. 많이 아팠구나. 선생님도 많이 걱정됐어. 오늘은 기분이 좀 어떠니?

세영: 괜찮아요. 약 먹고 있어서 괜찮아요.

교사: 주사는 아프지 않았니?

세영: 괜찮아요. 조금 아팠는데 안 울고 참았어요.

교사: (세영을 안으며 등을 가볍게 토닥이며) 우리 세영이~ 정말 용감하고 씩씩하구나. 오늘도 재미있게 놀자. 그리고 혹시 몸에 열이 나거나 조금이라도 아프면 선생님에게 꼭 말해 줘. 선생님도 잘 지켜볼게.

세영: 네. (미소 지으며 가방을 정리하러 간다.)

교사는 세영이가 교실로 들어간 후 세영의 어머니와 세영이의 건강에 대해 잠시 이야기를 나눈다.

위 사례에서 교사는 세영이를 반갑게 맞이하며 세영이의 신체적, 정서적 상태가 어떠한지 염려한다. 세영이는 어제 갑자기 열이 나서 일찍 하원을 했었기 때문에 세영이를 보다 세심하게 살피는 것은 중요한 일이다. 세영이가 어제 병원에 가서 주사를 맞았고 주사를 맞을 때는 조금 아팠지만 울지 않고 참았다는 경험을 말할 때 교사는 세영이의 이야기에 귀를 기울이며 세영이의 경험과 기분에 공감하며 격려하였다. 그리고 세영이의 건강상태에 관해 세영이의 어머니와 좀 더 자세히 이야기를 나누었다. 이처럼 교사는 아직 건강이 완전히 회복하지 못한 세영이가 정서적으로 안정된 상태에서 하루를 시작하고 하루일과를 잘 보낼 수 있도록 지원할 수 있다.

2) 식사하기

식사시간은 영유아의 전인적 발달을 촉진시킬 수 있는 중요한 기회가 된다. 식습관은 음식의 기호와 태도, 음식과 관계되는 위생습관, 식사예절 등 식생활과 관계되는 여러 가지 습관이나 태도를 의미한다. 교사는 개별 영유아의 연령, 식습관, 식사 속도, 식사량 등을 고려하여 편안하고 즐거운 분위기에서 먹을 수 있도록 지원하여야 한다. 영유아에 따라 새로 접해 보는 음식이 있을 수 있으므로 음식의 맛과 향, 색감이나 질감, 모양

등을 탐색 및 적응할 시간을 충분히 주는 것이 필요하다. 또한 교사는 칭찬, 격려, 즐거운 분위기 조성 등을 통해 영유아가 바람직한 식습관과 식사예절을 익힐 수 있도록 지원하여야 한다. 교사는 영유아들이 정해진 규칙과 식사시간에 맞춰 음식을 먹도록 엄격하게 지도하지 않아야 한다. 강요되는 식사환경은 부정적인 감정을 초래하여 음식에 대한 거부감을 느낄 수 있으며 식사의 즐거움을 방해하는 원인이 된다.

■ 영아

영아의 경우, 교사는 영아가 먹는 것에 대한 즐거움을 알고, 다양한 음식을 섭취하는 과정을 즐겁게 경험할 수 있도록 지원할 수 있다. 영아는 새로 접해 보는 음식이 많으므로 새로운 음식에 적응할 시간을 충분히 주고 먹는 속도를 고려하여 융통성 있게 지원한다. 영아들은 스스로 음식을 잘 씹어서 삼키는 능력을 가질 수 있도록 격려하며, 다양한 음식의 맛을 느낄 수 있도록 도울 수 있다. 또한 교사는 숟가락이나 포크를 제공하여 도구를 사용해 음식을 먹을 수 있도록 반복적인 경험을 통해 영아가 바른 식습관을 형성하도록 도울 수 있다.

1세 식사시간, 지윤이는 애착인형 토끼를 식판 옆에 앉혀 두고 바라본다.

교사: 자~ 오늘은 무슨 반찬부터 먹어볼까? 여기 닭고기랑 당근이랑 같이 있네.
토끼야~ 너는 무슨 반찬 좋아하니?

지윤이가 포크로 닭고기를 찍는다.

교사: 토끼도 닭고기를 좋아할까? 우리 지윤이가 닭고기 먹어볼까?

지윤이는 교사를 한번 보고, 다시 토끼인형을 쳐다보며 닭고기를 입에 넣는다. 교사는 숟가락에 밥을 담아 식판 위에 놓는다.

교사: 다음엔 우리 밥도 한번 먹어볼까? 토끼야, 잘 봐줘~

지윤이는 토끼를 한번 쳐다보고 숟가락을 입에 넣는다.

출처: 보건복지부(2020).

다람쥐가 선물해 준 도토리로 만든 도토리 젤리

2세반 식사시간 및 간식으로 나온 식재료에 대한 영아들의 관심과 흥미를 언어유희에서 느낄 수 있었다. 낯선 식재료인 묵이 오후 간식으로 나왔을 때 아이들에게 쉬운 접근이 없을까 고민하였다. 산책 때 바닥에 떨어진 도토리를 많이 주운 아이들은 "이 도토리를 누가 좋아하지? 왜 두고 갔을까? 우리가 다 주워가도 될까?" 등의 이야기를 이전에 많이 나눴었다. 교사는 이에 착안해 다람쥐가 겨울잠 자기 전에 남겨둔 도토리를 우리에게 선물해 주었고, 이를 조리사 선생님께서 특별히 도토리 젤리로 만들어 주셨다고 소개하였다. 맛난 도토리 젤리를 먹고 우리도 다음에 다람쥐에게도 우리가 먹은 '도토리 젤리'를 소개하자고 이야기하니 아이들이 관심을 가지며 궁금해하였다. 아이들은 "다람쥐가 먹는 도토리 맛은 어떨까?, 말캉말캉 젤리가 참 맛있다. 도토리 젤리를 우리가 다 먹으면 안 되니까 조금은 남겨놓자." 등의 이야기를 하며 도토리묵의 질감과 맛을 탐색할 수 있었다. 영아들이 다양한 식재료를 거부감 없이 경험할 수 있도록 고민하여야겠다. (김교사 놀이기록)

영아들에게 도토리묵은 낯선 음식일 수 있다. 교사는 영아들이 도토리묵 반찬에 흥미를 가질 수 있도록 산책 때 있었던 경험과 연관시켜 다람쥐와 도토리의 이야기를 들려주었다. 교사는 다람쥐가 선물한 도토리를 조리사님이 특별히 도토리젤리로 만들어 주셨다고 하며 탱글탱글한 질감의 도토리묵을 영아들이 좋아하는 젤리로 소개한다. 그리고 도토리젤리 맛이 어떤지 다람쥐들에게 알려주자고 말한다. 영아들은 교사가 들려주는 재미있는 이야기를 들으며 낯선 도토리묵의 질감과 맛에 관심을 가지고 맛볼 수 있도록 지원하였다. 이처럼 교사는 즐거운 분위기 속에서 영아들이 새로 접해 보는 낯선 음식의 맛과 향, 질감 등을 탐색할 수 있도록 지원할 수 있다.

■ 유아

유아의 경우, 음식이 우리 몸에 어떠한 영향을 미치는지 등 음식의 역할과 소중함에 대해 함께 알아보며, 선호하지 않거나 처음 보는 음식이라도 음식의 맛을 조금이라도 느껴 보도록 용기를 북돋고 격려하며 지원할 수 있다. 그러나 교사는 유아 개개인의 건강과 기분 등 컨디션에 따라 식욕과 음식에 대한 흥미가 매일매일 다를 수 있음을 유의하여야 한다.

"그래, 하나만 먹어도 되지. 큰 용기를 냈구나. 맛있게 먹고 튼튼해져라."

3세반에서는 오전에 미역줄기를 다듬고 씻고 자르는 요리활동을 하였다. 점심 식사 시간, 유아들이 점심 반찬으로 나온 미역줄기 볶음을 보며 말한다.

지성: 어! 이거 아까 우리가 씻었잖아요.
교사: 그래. 지성이가 잘 기억하고 있네. 우리가 씻고 작게 자른 것을 조리사님이 맛있는 양념을 넣어서 이렇게 맛있게 볶아주셨어.
채연: (미역줄기 볶음의 맛을 보고) 선생님. 내가 방금 조금만 먹어봤는데, 진짜 맛있네요.
시원: (미역줄기를 포크로 집어 올리며) 이것 봐. 지렁이다~~. 지렁이를 잡았어.
민주: 지렁이? 뭐야? 하하하
시원: 이것 봐. 지렁이처럼 꼬물꼬물하잖아.
채연: (미역줄기 한 줄기를 들어 올려 입을 크게 벌린 후 입속으로 넣으며) 내가 지렁이를 한 마리 잡아먹어야겠다~
시원: 나도 지렁이를 잡아먹는다. 와하~ 입속에서 꼬물꼬물한다~.
교사: 하하하. 먹으면서도 꼬물꼬물~ 꼬물꼬물 움직여?
민주: 그럼 오늘은 지렁이 반찬이야? 벌레 반찬?

친구들의 모습을 지켜본 지성이는 포크로 짧은 미역줄기를 하나 건진 후 가만히 보다가 혀를 살짝 내밀어 맛을 본다. 그리고 교사에게 말한다.

지성: 선생님. 저는 이거 하나만 먹을래요.
교사: 그래. 하나만 먹어도 되지. 우리 지성이가 큰 용기를 냈구나. 맛있게 먹고 튼튼해져라~.
지성: 나도 먹는다. 지렁이 반찬~. 얌.

지성이는 짧은 미역줄기 볶음을 입속에 넣고 한참 동안 오물거린다. 교사와 유아들이 웃으며 점심 식사를 한다.

식사시간이 길거나, 새로운 식품을 거부하거나, 충분히 먹지 않거나 음식을 자주 골라서 먹는 등 식습관이 까다로운 유아들이 있다. 교사는 유아들의 음식에 선호도를 파악하고 매월 식단표에서 유아들이 잘 먹지 않을 듯한 반찬 메뉴를 선택하여 유아들이 직접 요리할 수 있는 활동을 진행하였다. 교사는 오늘 반찬 중 미역줄기볶음을 요리활동으로 선택하여 유아들이 미역줄기의 모양, 색, 질감 등을 느끼고 직접 씻고 썰어 볼 수 있기도 하는 등 식재료를 충분히 탐색할 수 있도록 지원하였다. 유아들이 반찬을 만드는 일부분의 활동에 직접 참여함으로써 점심식사시간은 즐거운 시간이 되었다. 유아들은 미역줄기의 꼬들꼬들한 모양과 질감과 길이가 짧고 굵은 모양을 보며 지렁이를 떠올렸고 지렁이를 잡아먹는다는 재미있는 상상을 하며 즐겁게 수다를 떤다. 점심식사 시간의 교실 분위기가 매우 활기찼다. 식습관이 까다로운 지성이는 미역줄기볶음을 좋아하지 않지만 친구들과 교사의 재미있는 상상과 수다를 지켜보며 조심스럽게 미역줄기볶음 먹기를 시도하였다. 교사는 지성이의 식습관을 잘 알고 있었기에 미역줄기볶음 한 줄기를 먹어 보겠다는 지성이의 용기에 칭찬과 용기를 북돋우며 지원하였다.

3) 배변과 화장실 사용하기

교사는 영유아의 연령(월령)과 준비 정도, 개인차를 고려하여 배변 경험이 개별적으로 일관되게 이루어지도록 지원할 수 있다. 배변습관형성은 연령별, 월령별 개인차가 있으므로 교사는 영유아가 배변 실수를 한 경우 혼내거나 부정적으로 반응하거나 평가하지 않도록 주의하여야 한다. 교사는 영유아가 편안한 분위기 속에서 긍정적인 배변 경험을 하고, 이를 통해 청결 습관 형성 및 올바른 화장실 사용 방법을 익힐 수 있도록 너그럽고 여유로운 수용적 태도를 가져야 한다(보건복지부, 한국보육진흥원, 2022).

■ 영아

영아들은 대부분 기저귀를 사용하기 때문에 교사는 영아들이 대소변의 마려움을 인식하고 배변 의사를 나타낼 수 있도록 하여 배변훈련을 준비할 수 있도록 지원할 수 있다. 또한 기저귀 갈이 시, 영아와 눈을 맞추고 대화를 시도하고 다리 주무르기 등 영아의 신체를 자극하면서 배변 활동을 자연스러운 놀이처럼 진행하여 편안하고 즐거운 분위기를 조성하며 영아를 지원할 수 있다(보건복지부, 한국보육진흥원, 2022).

"기저귀에 쉬하면 선생님이 도와줄 거니까 꼭 말해요. 알았지?"

2세 연수의 엉덩이가 조금 불룩한 것을 발견한 교사는 연수의 기저귀를 만져본다. 그리고 "연수야. 선생님이랑 기저귀 갈러 갈까?" 하고 묻자 연수는 고개를 저으면서 "아니!"라고 대답한다. 교사는 "연수야, 선생님이 도와줄게. 정말 빨리 갈아줄 수 있어."라고 말하니 연수가 "아빠보다 빨리 갈아줄 수 있어?" 하고 묻는다. 교사는 "그러면 아빠가 빨리 갈아주는지 선생님이 빨리 갈아주는지 연수가 한번 보고 알려주는 건 어때?" 하고 묻는다. 연수는 잠시 고민하는 듯하더니 고개를 끄덕인다. 교사는 기저귀를 꺼내 와서 연수와 함께 화장실 안으로 들어간다. 그리고 화장실 문을 잠근다. 교사는 "연수야, 선생님이 잘 갈아주는지 아빠가 잘 갈아주는지 한번 봐봐요~"라고 말하니 연수는 "응." 하고 대답한다. 교사는 연수가 바지를 벗을 수 있도록 도와준다. 그리고 재빨리 기저귀를 갈기 시작한다. 교사는 기저귀를 갈면서 "어때? 선생님 엄청 빨리 갈지?" 하고 물으니 연수는 "아빠보다 선생님이 더 빨리 갈지?" "봐봐. 친구들이 아무도 볼 수 없지?"라고 혼잣말을 한다. 교사는 "맞아. 화장실 문을 잠가서 아무도 들어올 수 없어. 연수야. 선생님 잘 갈지? 기저귀에 쉬하면 선생님이 도와줄 거니까 꼭 말해요. 알았지?" 하니 연수는 웃으며 "응." 하고 대답한다.

2세 연수는 수줍음과 낯가림이 많은 영아이다. 연수는 등원한 후에도 엄마 또는 아빠와 헤어지기 힘들어 한참 동안 교실이나 복도에서 부모님과 함께 머무는 시간이 많다. 연수는 교사에게도 낯을 가렸기 때문에 기저귀가 소변에 젖거나 대변을 해도 교사가 기저귀를 교체해 주는 것을 불편해하였다. 연수의 성격을 잘 아는 교사는 연수의 기저귀를 억지로 교체하려고 하지 않고, "아빠보다 빨리 갈아줄 수 있어?"라는 연수의 말에 적극적으로 응하며 영아가 편안하면서도 즐겁게 기저귀를 교체할 수 있도록 친절하게 안내하고 있다. 또한 교사는 연수의 혼잣말("봐봐, 친구들이 아무도 볼 수 없지?")을 그냥 지나치지 않는다. 교사는 연수가 배변을 했을 때 언제든지 도움을 줄 수 있는 사람이라는 것을 다시 한 번 알려주며 영아와의 애착 형성을 위해 노력하고 있음을 볼 수 있다.

■ 유아

유아들은 놀이에 집중하느라 가끔 배변 실수를 하는 경우가 있다. 이때 교사는 유아를 혼내거나 부정적으로 평가하지 않고, 유아가 편안한 분위기에서 뒤처리를 할 수 있도록 지원하여야 한다. 또한 화장실 사용 후 물 내리기, 화장실 사용 후 손 씻기 등의 청결 습관 및 노크하기, 다른 사람을 뚫어지게 쳐다보거나 훔쳐보지 않기 등 올바른 화장실 사용법을 유아의 속도에 맞추어 익힐 수 있도록 지원할 수 있다.

"화장실을 사용하려면 어떻게 해야 할까?"

4세반 유아들이 바깥놀이 후 교실로 들어와 손을 씻기도 하고 화장실을 사용하기도 한다. 민서가 화장실 문을 벌컥 연다. 안에 소변을 누고 있던 소정이가 "나 안에 있어! 깜짝 놀랐잖아!" 하고 화를 내며 소리를 지른다. 이 모습을 보고 있던 교사가 "어머! 소정이가 정말 깜짝 놀랐을 것 같은데." 하고 말하자 민서가 미안한 듯 웃는다. 교사는 두 유아와 이야기를 나눈다. 이때 화장실을 사용하기 위해 화장실에 있던 몇몇 유아들이 함께 이야기를 듣는다.

교사: 아이쿠 소정이가 정말 많이 놀랐겠다. 민서는 화장실이 많이 급했나보구나.
민서: (말없이 소정이를 보다가 고개를 숙인다.)
교사: 소정이는 아까 민서가 문을 벌컥 열었을 때 어떤 마음이 들었니?
소정: 깜짝 놀랐어요. 나 옷 벗고 있었는데 엄청 부끄러웠어요. 그리고 기분이 정말 나빴어요.
교사: 민서는 어떤 마음이었니?
민서: 미안했어요. 미안해, 소정아.
교사: 화장실을 사용하려면 어떻게 해야 할까?
민서: 화장실 안에 있는지 누가 물어봐야 돼요. (손등으로 노크하듯 하며) 이렇게 두드리면 돼요.
소정: 그러면 안에 있는 "사람이 나 여기 있어." 하면서 노크를 해야 해요.
교사: 민서와 소정이가 아주 잘 알고 있네. 그런데 잘 알고 있으면서 오늘 잊어버린 거야?
민서: 네. 제가 깜빡 잊고 그냥 문을 열었어요.
교사: 우리 안 잊어버리게 한번 연습해 볼까?

유아들이 노크하는 법을 연습한다. 이후 유아들이 화장실에서 이야기를 나눈다.

지한: 그런데 얘들아! 안에 누가 있을지 몰라. 노크를 해야지!
도은: 맞아! 그리고 안에 있으면 "나 여기 있어!"라고 말해야 해. 그래야 못 들어와.
시안: 그리고 소중한 곳을 보여주면 안 돼. 문을 닫아야 해!

성현이가 소변을 누는 데 소정이가 힐끔거리며 보려고 한다. 성현이가 놀라며 "보지 마! 소중한 곳은 보면 안 돼!" 하고 큰 소리로 말하자 소정이는 미안한 표정을 지으며 빠른 걸음으로 화장실에서 나간다. 성현이는 난처하면서도 화가 난 표정으로 교사에게 말한다.

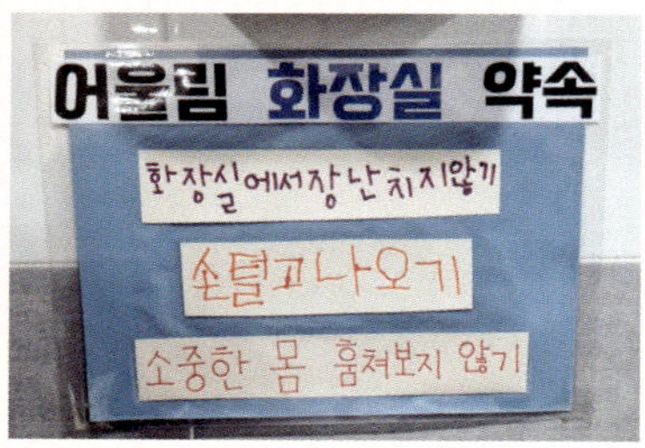

성현: 선생님! 소정이가 저 오줌 눌 때 소중한 곳을 보려고 했어요.
소정: (울먹이며) 미안해, 미안해.

교사는 모여든 아이들과 앉아서 화장실 매너와 성에 대한 이야기를 나눈다.

위의 사례에서 민서는 급한 마음에 친구가 사용 중인 화장실문을 벌컥 여는 실수를 하였다. 그리고 소정이는 소변을 누는 남자친구를 힐끔거리며 보려고 하는 실례를 범하기도 하였다. 유아들은 화장실을 사용하기 전에 화장실 안에 누가 있는지 노크를 해야 한다거나 소중한 곳은 서로 지켜줘야 한다는 등 화장실 매너를 잘 알고 있었으나 아마도 화장실이 급한 마음과 성에 대한 호기심이 앞선 듯해 보인다. 교사는 서로 난처해하는 유아들의 모습을 보며 모여든 유아들과 화장실 매너와 소중하고 지켜줘야 할 성에 대한 이야기를 진행하며 유아들이 스스로 정한 화장실 약속에 대해 다시 한번 상기시켰다.

4) 휴식 및 낮잠 자기

영유아의 개별적 특성에 맞게 편안하게 휴식하고 잠들 수 있는 환경과 분위기를 마련하여야 한다. 하루의 대부분을 어린이집에서 지내는 영유아의 경우, 발달 특성상 편안히 쉬면서 새롭게 에너지를 충전하는 휴식시간이 반드시 필요하다. 영유아는 피곤해지면 짜증을 내거나 또래와 다투기 쉽고, 졸음으로 인해 비틀거리거나 넘어지면서 책상이나 교구장 등에 부딪히는 등 안전사고가 발생하기 쉽다.

■ 영아

교사는 개별 영아의 컨디션, 생활리듬, 피곤할 때의 행동을 잘 관찰하여 일과 중 언제든지 쉴 수 있도록 배려하여야 한다. 또한 교사는 영아가 편안하고 낮잠을 잘 수 있는 환경과 분위기를 조성하여 낮잠시간을 운영하여야 한다. 이를 위해 다음의 내용을 지원할 수 있다.

- 교실의 불을 끄거나 창문의 커튼을 치는 등 교실의 조도를 조절하기
- 애착물을 준비하거나 조용한 음악을 틀거나 그림책을 읽어주기
- 낮잠을 자기 전, 기저귀를 갈아주어 긴장감을 풀어주고 쾌적하게 하기
- 영유아가 낮잠을 자는 동안 자리를 비우지 않기

- 오래 자거나 짧게 여러 번 자는 영아, 예민하여 작은 소리에도 깨는 영아, 애착물이 있어야 잠이 드는 영아 등 다양한 영아들의 습관을 파악 및 수용하여 개별적으로 배려하기

교사는 낮잠 매트를 준비하며, 영아별로 애착인형이나 애착이불을 함께 놓아준다. 양치를 마친 지원이(18개월)가 자신의 낮잠 매트 위에 있는 애착인형을 껴안고 누워서 뒹굴 거린다. 교사가 블라인드를 내리고 조용한 음악을 켜준다. 지원이는 눈을 꼭 감는다.

출처: 보건복지부(2020; 53).

■ 유아

교사는 유아의 건강상태 등 유아마다 다른 신체 리듬을 반영하여 놀이와 휴식을 적절하게 안배하여 운영해야 한다. 하루의 대부분을 지내는 어린이집에서는 만3세의 유아의 경우 일과 중 낮잠 시간을 계획 및 실행하도록 제안한다(보건복지부, 한국보육진흥원, 2022). 다만, 유아마다 개별적인 특성이 있으므로, 모든 유아를 일괄적으로 재우기보다 잠들기 힘들어하는 유아의 경우 편안하게 누워 잠시라도 휴식을 취할 수 있도록 기회를 제공하고, 이후 조용한 활동을 할 수 있도록 지원할 수 있다. 이때 낮잠을 자는 다른 유아에게 방해가 되지 않도록 배려하는 것이 필요하다.

"집에서는 어떻게 자니?"

4, 5세 유아들은 낮잠 및 휴식 시간에 놀이를 할지 휴식을 취할지 자율로 선택한다. 오늘 4세 문성이는 3세반에서 낮잠 자기를 선택하였다. 문성이가 누워 있다가 갑자기 작은 소리로 훌쩍이기 시작한다. 훌쩍이는 소리를 듣고 교사는 아이들을 둘러보다가 문성이를 발견한다. 교사는 문성이의 곁으로 살며시 다가가서 조용한 목소리로 말한다.

교사: 문성아, 무슨 일이 있니? (눈물을 닦아주며) 왜 눈물이 났어?
문성: 음… 음…어두워서 눈물이 났어요.
교사: 아. 그래. 어두워서 무서웠구나. (문성이를 안으며 가볍게 등을 쓰다듬는다) 그래. 그럴 수 있어. 선생님도 어렸을 땐 불을 꺼서 어두워지면 무서워했어. 음, 그럼 문성이는 집에서 잘 때 어떻게 자니? 불 켜고 자니?

문성: (고개를 저으며) 아니요. 미러빔 같은 거 켜고 자요.
교사: 미러빔? 반짝반짝 불빛 나는 거?
문성: 네. 맞아요. 불 끄고 그거를 켜면 저 위에서 반짝반짝거려요. 그러면 안 무서워요.
교사: 그렇구나. 음... 그런데 우리 교실에 미러빔은 없는데 어떡하지?

교사는 잠시 생각하더니 수납장을 열어 살펴본다. 그리고 아주 작은 푸른빛을 낼 수 있는 모기 방충제를 발견한다.

교사: 문성아. 어둡지 않을 정도로 빛이 있으면 괜찮을 것 같니?
문성: (고개를 끄덕이며) 네.

교사가 모기 방충제를 켜자 교실이 약간의 푸른빛을 띠며 조금 밝아진다. 교사는 문성이에게 부드러운 목소리로 "문성아, 이제 괜찮아?" 하고 묻자, 문성이는 고개를 끄덕이며 다시 자리에 눕는다.

위의 사례에서 교사는 유아의 작은 소리에도 민감하게 반응하고 있다. 교사는 어두움이 무서워서 눈물이 난 문성이의 마음을 공감하고 이해하며 문성이가 정서적 안정을 찾을 수 있도록 지원하였다. 교사는 집에서는 미러빔을 켜고 잠을 잔다는 문성이의 개별 특성을 수용하여, 어둡지 않을 정도의 빛을 낼 수 있는 물체를 찾아 문성이가 정서적으로 안정하며 편히 쉴 수 있도록 배려하였다.

5) 옷 입기와 신발 신기

영유아기는 자율성이 발달하는 시기로 영유아는 자신이 하고 싶은 놀이나 일을 스스로 결정하고 적극적으로 참여한다. 옷 입기와 정리하기, 신발 신기와 신발 정리하기 등의 생활습관은 영유아가 평생 갈 기본생활습관이다. 교사는 영유아의 발달 특성을 이해하고 자율성을 인정하여 영유아가 옷을 입고 벗기와 정리하기, 신발을 벗고 정리하기 등을 스스로의 힘으로 할 수 있도록 충분히 기다려 주는 것이 필요하다. 이를 통해 영유아는 자신이 스스로 할 수 있다는 자신감을 키우며 동시에 자신의 능력을 확장하기 위해 스스로 노력하며, 자신을 가치 있고 긍정적인 존재로 여기며 성장해 간다.

"신발을 다 신을 때까지 기다려줄게."

2세 시원이는 약 10여 분 동안 신발을 신는 데 몰입한다. 시원이는 신발을 나란히 놓은 후 왼쪽 신발에 오른발을 넣었다가 느낌이 어색한지 신발을 벗는다. 그리고 다시 신발을 나란히 놓은 후 왼쪽 신발에 왼발을, 오른쪽 신발에 오른발을 차례로 신는다. 그리고 시원이는 신발이 벗겨지지 않도록 조절하기 위한 벨트 구멍 속에 벨트를 넣어본다. 벨트가 잘 들어가지 않자 다른 방법으로 넣어보기를 여러 차례 반복한다. 마침내 벨트를 구멍 속에 넣고 자신의 발에 맞게 벨트를 조절한다. 시원이는 "이제 됐다" 하며 친구들에게 뛰어간다. 교사는 시원이가 운동화를 끝까지 신을 때까지 느긋하게 기다려 주고 필요한 경우 도움을 주며, 스스로 해냈을 때는 칭찬과 격려를 하여 영아가 자신감을 갖도록 지원하였다.

6) 질서 지키기

공동생활에서 질서는 모두가 편하고 행복하기 위해 반드시 지켜야 할 규칙이나 규범이다. 질서는 바르게 차례를 기다리는 것이며, 귀찮고 불편한 것이 아니라 아름답고 편한 것이다. 영유아들이 공동생활을 할 때 물건을 사용한 후 제자리에 놓기, 승·하차 시 차례로 타고 내리기, 차례를 지키기 등 공공 규칙이 있음을 알고, 이를 지켜야 하는 중요성을 이해하고 실천함으로써 공동체 의식과 민주 시민의 역량을 키워 갈 수 있도록 도와야 한다.

■ 영아

영아들이 다른 사람을 인식하고 자기의 순서를 기다리는 것은 쉬운 일이 아니다. 영아들이 무엇이든 자기가 먼저 하려는 행동은 이기적이거나 욕심이 많아서도 아니라, 단지 자기중심적인 사고로 인하여 다른 사람을 인식하지 못하고 자신을 먼저 생각하기 때문이다. 그러나 차츰 연령이 높아가면서 자율성과 자기 조절이 증가하며 기본적인 규칙과 약속이 있다는 것을 알게 된다. 교사는 영아가 다른 사람의 감정과 행동에 적절히 반응하고 공감하며, 기본적인 사회적 규칙과 약속을 생활 속에서 자연스럽게 익히고 지키고자 노력하도록 격려하여 사회관계의 기초를 경험하고 다른 사람과 즐겁게 생활할 수 있도록 지원하여야 한다.

"나 한 번, 너 한 번, 차례를 지켜보자."

바깥놀이터 수돗가에서 2세 영아들이 서로 먼저 물을 받기 위해 실랑이를 벌인다.

영아들: 내가 먼저! 내가 먼저 할 거야! 내가 먼저야!
교 사: (영아들의 모습을 바라보다가) 얘들아. 차례차례로 물을 받자. 나 한번, 너 한번, 차례를 지켜보자. 두 친구가 다투는 사이 통 안에 받아야 할 물이 벌써 반이나 사라졌네.

영아들이 자신의 물통을 바라본다. 물통에 물이 없는 것을 확인하고 서로 말없이 바라만 본다.

교 사: 민재가 먼저 왔으니까 민재가 먼저, 민재 다음에 예성이가 왔으니까 예성이가 두 번째로 물을 받아보자. 저기 세현이가 오네. 세현이는 그 다음 차례야. 어때?
영아들: 좋아, 차례차례 해.

예성이는 민재가 물을 먼저 받을 수 있도록 민재의 뒤로 물러난다. 한경이가 물을 받기 위해 물통을 수도꼭지 가까이 가져오자 영아들이 말한다. "차례를 지켜야 해!"

교사는 수돗가에서 서로 먼저 수돗물을 받기 위해 수도꼭지에 물통을 들이대며 실랑이를 벌인다. 두 영아의 물통에 수돗물이 담기지만 서로 부딪히면서 물통의 물은 출렁대며 바닥에 쏟아진다. 이 모습을 바라보다가 교사는 영아들에게 차례차례로 물을 받아보자고 하며 '나 한번, 너 한번'이라고 말하며 다른 사람을 인식할 수 있도록 구체적으로 안내한다. 그리고 질서를 지키지 않았을 때 어떠한 결과가 나타나는지 직접 확인시켜 준다. 영아들은 교사의 중재와 지원을 통해 질서를 왜 지켜야 하는지, 질서를 어떻게 지켜야 하는지 알고, 이후 스스로 질서를 지키는 경험하였다. 교사는 일상생활 속에서 영아들이 지킬 수 있는 규칙을 세우고 이를 지키는 것이 습관이 될 수 있도록 도와주고 격려하며 지원하여야 한다.

■ 유아

교사는 유아가 다른 사람과 더불어 살아가기 위해 필요한 약속과 규칙이 있음을 이해하고 상황에 따라 필요한 약속과 규칙을 의논하고 정할 수 있도록 격려하고 지원할 수 있다(교육부, 보건복지부, 2019a).

"내가 지킬 수 있는 약속이 이거야."

실내 놀이를 마친 뒤 5세반의 몇 몇 유아들이 놀이할 때 불편한 점이 있었다고 말한다. 하선이가 "우리끼리 약속 좀 만들어야겠다"라고 말하자 유아들이 매트 위에 모여 앉았고, 진지하게 이야기를 나누며 놀이 약속을 정한다.

다음날, 유아들끼리 정한 약속을 교사는 색종이에 적어 칠판에 붙여준다. 한 유아는 놀이 약속 옆에 손가락 도장을 찍으며, "내가 지킬 수 있는 약속이 이거야"라고 말한다.

출처: 교육부, 보건복지부(2019a; 87).

생각해 보기

식습관이 까다로운 영유아가 즐겁게 식사할 수 있도록 교사는 어떻게 지원할 수 있을까요? 즐겁고 바른 태도로 식사할 수 있는 교수법에 대해 생각해 보세요.

제8장 놀이 지원

1 놀이를 지원하는 교사

1) 교사의 태도

(1) 영유아 놀이에 대해 열린 태도 갖기

교사는 영유아 놀이를 바라보면서, 자신이 아직 알지 못하는 것에 대해 계속적으로 열려 있는 태도를 갖는 것이 필요하다(Davies, 2020). 놀이에 귀 기울인다는 것은 교사 자신이 영유아의 놀이에 대해 아직 알지 못하는 것이 있음을 인정하고, 미처 예상하지 못한 부분이 발현될 때 열린 태도로 수용하는 것이다. 이러한 교사는 영유아 놀이의 의미나 방향을 교사의 의견이나 원하는 바에 제한시키지 않는다.

우리는 어떤 것을 보고 들을 때, 나의 생각 또는 내가 이미 알고 있는 지식에 현상을 맞추려는 경향이 있다. 교사 역시 놀이 상황에 대해 자신의 이해 범주 내에서 그것을 개념화하고 분류하여 제한된 의미로 묶어두려고 할지도 모른다. 이러한 태도는 진정한 의미에서의 귀 기울이기를 방해한다. 영유아가 놀이하는 것을 보고, 교사가 가진 발달지식이나 교육과정 지식에 준하여 교육적이라고 생각하는 범위 내에서만 놀이를 허용하고 지지하는 것은 놀이에 귀 기울이는 태도라고 보기 어렵다. 교사는 자신이 생각하는 교육적 상황의 테두리에 한정하지 않고 영유아 놀이를 받아들이는 태도를 가질 필요가 있다.

(2) 영유아의 유능함을 신뢰하기

놀이를 지원하는 교사는 영유아가 놀이하면서 배우는 유능한 존재임을 믿는다. 교사가 신뢰하는 유아의 유능함은 '스스로 배울 수 있는 힘이 있는 유아', '스스로의 방식으로 배우는 유아'이다(교육부, 보건복지부, 2019b). 이러한 신뢰를 바탕으로 교사는 영유아를 교육과정 구성의 파트너로 존중할 수 있게 된다.

- 교사는 영유아가 스스로 배울 수 있는 힘을 가지고 태어남을 신뢰한다. 영유아는 태어나면서부터 세상에 관심을 갖고, 세상과 소통하고, 세상에 대해 배운다. 영유아가 타고난 호기심으로 세상을 탐색하는 과정은 매우 능동적이고 주도적이다. 놀이에서 나타나는 이와 같은 능동성과 주도성이 배움의 잠재적인 힘이 된다.
- 교사는 영유아가 스스로의 방식으로 배운다는 것을 신뢰한다. 놀이에는 개별 영유아의 특성이 반영되기 때문에, 놀이는 언제나 다채로운 모습으로 펼쳐진다. 영유아는 개별적이고 고유한 존재로서, 자신의 경험을 바탕으로 놀이하며, 이를 통해 각자의 방식대로 배운다.

연욱이의 모래놀이

연욱이는 매일 혼자서 같은 놀이를 반복한다. 교사는 '연욱이는 왜 매일 흙만 팔까?' 생각하며, 연욱이의 놀이를 사진으로 기록하며 따라가 보았다.

연욱이가 숟가락으로 흙을 파서 물을 조금 붓고 발로 밟는다. 물을 조금씩 더 부으면서 발로 흙을 밟는 것을 반복한다. 거의 흙탕물이 될 정도로 물을 붓고 신발 바닥으로 물 표면을 다양한 강도로 밟았다 떼어본다. 옆으로 조금 옮겨가서 마른 흙에 물을 조금 붓고는 발로 밟는다.

연욱: 선생님, 물을 많이 부으면 덜 찐득이에요.
물을 조금만 부으면 많이 찐득이에요. 이것 보세요!

〈유아의 유능함 발견하기〉

유아는 모래에 관심을 가지고 모래를 탐구하는 과정에 즐겁게 참여한다. 그리고 젖은 모래와 마른 모래의 특성을 자연스럽게 탐색한다. 유아는 촉촉하게 젖은 흙을 만지고 밟으며 냄새, 촉각, 색 등을 탐색하고 그 느낌을 말로 표현하였다. 그리고 모래의 성질을 탐색하는 과정에서 친구들과 함께 놀이하는 즐거움을 느낀다.

출처: 교육부(2020b; 13).

2) 교사의 역할

교사는 영유아를 교사와 함께 교육과정을 구성해 가는 주체로 인정하고, 놀이에 대한 진지한 고민과 자신의 교수 실천에 대한 성찰을 통해 영유아에게 놀이를 통한 의미 있는 배움이 일어나도록 지원하는 역할을 해야 한다(임부연 외, 2021). 누리과정의 변화에 맞춰 놀이를 잘 운영하기 위해 교사가 수행해야 하는 역할은 다음과 같다(교육부, 보건복지부, 2019c).

- 영유아·놀이 중심 교육과정을 이해하고 실천하는 역할
- 놀이를 통한 영유아의 배움을 지원하는 역할
- 놀이와 배움을 기록하고 평가하는 역할
- 함께 배우며 성장하는 역할

이러한 교사의 역할 중에서, '놀이를 통한 영유아의 배움을 지원하는 교사의 역할'을 위해 교사는 영유아 놀이의 진행, 영유아의 요청, 교사의 판단 등 놀이 상황에 따라 정서적, 언어적, 환경적 차원에서 놀이를 지원한다.

- **정서적 지원:** 놀이에 직접 참여하지 않고 격려, 미소, 공감의 표정을 보이거나 칭찬과 격려의 말 건네기
- **언어적 지원:** 배움이 일어나도록 질문이나 제안을 건네기
- **환경적 지원:** 심미적·창의적 감수성을 키워줄 수 있도록 공간 구성을 바꾸어 주거나 새로운 자료를 제공하기

2 놀이 지원을 위한 교수방법

1) 귀 기울이기 및 존중 · 경청하기

■ 관찰하기

교사는 영유아의 놀이에 즉각적으로 개입하기보다는 영유아가 놀이에서 보이는 감정의 상태, 궁금해하는 것, 흥미를 보이고 탐색하는 것 등을 주의 깊게 살피고 관찰한다. 이는 영유아의 놀이 지원 방안을 구체화하기 전에 우선되어야 하는 과정이다. 관찰하기를 통해 교사는 영유아의 배움이 일어나도록 상호작용하기에 적절한 순간과 방법을 결정하게 된다. 관찰하기는 귀 기울이기의 첫걸음이지만, 놀이의 전 과정에서 나타나는 지원방법이다.

■ 따라가기

영유아의 놀이를 따라간다는 것은 교사의 생각과 다르게 놀이가 흘러간다 할지라도 영유아가 매 순간 무언가를 창조해 내는 가운데 있다는 것을 믿고 지켜보는 것을 말한다. 영유아의 놀이는 맥락이자 흐름이며, 복합적으로 유지되고 변화하는 특성을 가지고 있다. 무엇보다도 놀이는 영유아가 세상에 대해 알고 있는 것을 표현하는 방식이며, 세상에 대해 알아야 할 내용에 대한 배움 그 자체이다(교육부, 보건복지부, 2019b). 교사는 놀이가 단순한 반복 그 이상임을 이해하고, 놀이가 충분히 무르익을 수 있도록 지켜보고 따라가면서 놀이의 의미를 발견하려고 노력하는 것이 필요하다.

정우의 개구리 접기

정우가 색종이 색깔대로 개구리를 접더니, A4용지로 왕개구리도 접고, 접기 방법을 조금 바꿔서 날씬한 개구리도 접는다.

한 봉지 가득 개구리를 접은 정우는 개구리마다 이름을 지어준다. 그리고 개구리들이 잘 뛰나 손가락으로 튕겨보다가 어느 개구리가 가장 멀리 뛰나 시합을 한다. 멀리뛰기 기록도 하고 시상대를 만들어 그날의 1,2,3등 순위도 매긴다. 개구리 접기로 시작된 놀이는 며칠 동안이나 이어진다.

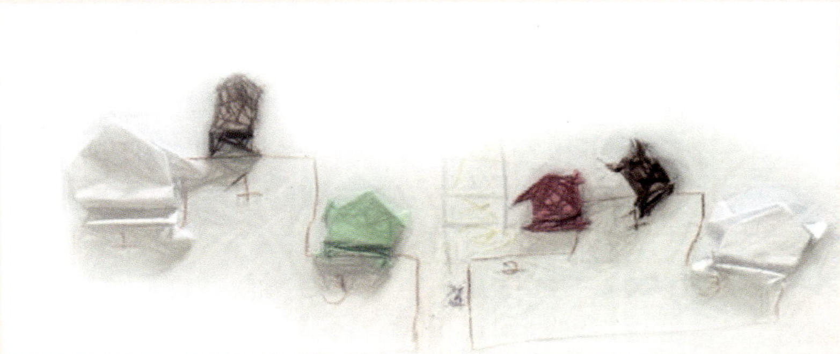

이렇게 놀이가 깊어지고 확장될 수 있었던 것은 "그만해라", "이제 치우자", "개구리 말고 다른 것도 접어봐" 하지 않고, 개구리 놀이가 충분히 무르익을 수 있도록 기다려 주었기 때문이다.

출처: 교육부(2020e).

2) 함께하기

■ 공동놀이자로 참여하기

교사는 영유아의 놀이에 공동놀이자로 참여할 수 있다. 영유아와 함께 놀이하면서 진정한 공감과 소통을 하게 되기 때문에 교사는 영유아의 놀이를 더 잘 이해하게 될 것이다. 그러나 교사가 놀이에 함께하는 동안 놀이에서 주도적인 역할을 하는 것은 영유아이다. 미용실 놀이에서 미용사는 영유아가 맡고, 교사는 손님 중 한 명이 되는 것과 같이, 영유아는 놀이를 이끌고 실행하는 주체이고, 교사는 놀이를 따라가는 소극적인 역할에 머무른다. 놀이 중 교사가 아이디어를 제시할 수도 있지만, 이는 놀이 참여자 한 사람의 의견일 뿐 이를 수용하는 것은 함께 놀이하는 영유아들의 결정에 달려 있다.

■ 정서적 지원하기

정서적 지원하기는 영유아가 놀이를 통해 성취감을 경험할 수 있도록 감탄하고 격려하는 언어적 상호작용과 미소, 끄덕거림, 공감의 표정 등과 같은 비언어적 상호작용을 하는 것이다. 영유아가 놀이를 하다 보면, 때때로 좌절감, 걱정, 불안 등의 부정적인 정서를 경험하기도 한다. 이때 교사는 영유아에게 관심을 기울이면서 위로와 격려 등을 제공한다. 교사의 정서적 지원은 영유아가 존중받는 느낌을 갖게 하며, 새로운 놀이를 시도할 수 있도록 지지하는 역할을 한다.

■ 영유아의 스스로 해결책을 마련하도록 격려하기

영유아는 놀이 중에 부딪히는 문제에 대해 교사에게 해결책을 요구할 수도 있다. 함께하는 교사는 이와 같은 요구에 대해 직접적인 지원을 제시하기보다는 가능하면 영유아 스스로 해결책을 마련해 볼 수 있도록 기회를 제공한다. 영유아가 필요한 자료를 교재실에서 직접 찾아서 가지고 오도록 한다거나, 놀이 실행 중 겪는 어려움을 극복하기 위한 시도를 해볼 수 있도록 격려하는 것이다.

주호, 노력할 거예요.

주호는 만4세 유아이다. 다른 친구가 비행기를 접는 모습을 지켜본다. 우성이는 미니카를 접는다. 주호는 우성이를 바라보고 있다. 우성이는 다른 친구들에게 미니카를 접어주느라 바쁘다.

주호: 주호는 미니카 못 접는데…. (계속 중얼거린다.) 주호도 미니카 갖고 싶어.

우성: 안 돼. 이제 그만 접을래.

주호: 힝. (삐진다.) 선생님, 주호는 미니카 못 접어요. 접어주세요.

교사: 나도 미니카는 못 접는데, 어떡하지?

주호: 힝. (실망한 듯 보인다.) (다른 친구가 비행기 접는 모습을 본다.) 주호도 비행기 필요한데…. 선생님, 비행기 접어주세요.

교사: 주호야, 네모로 한 번 접을 수 있지? 주호는 할 수 있어. 한 번 해보자.

주호는 평소 색종이 접기를 할 때 "못한다"라는 말을 반복적으로 하면서 친구들이나 교사에게 해달라고 조르며, 새로운 것에 대한 시도를 두려워하는 모습을 보인다. 교사는 주호에게 자신감이 필요하다는 것으로 판단하고, 처음 한 가지 쉬운 것을 시도하도록 용기를 주고 구체적인 방법을 제시한다.

출처: 전라남도유아교육진흥원(2021; 12).

3) 개입하기

■ 질문하기

질문하기는 영유아의 생각이 유연하게 흐르는 것을 돕기 위한 방법으로, 영유아의 사고가 확장되고 스스로 새로운 문제를 찾아낼 수 있도록 하는 즐거운 대화이다. 교사는 영유아의 놀이를 지켜보거나 함께하면서 놀이가 정체되거나 단순한 반복에 머무르는 등 답보상태가 관찰되었을 때 놀이 흐름이나 영유아의 관점을 전환시키는 질문을 할 수 있다. 이때, 단답형의 답이나 교사가 기대하는 답을 염두에 둔 질문보다는 "선생님은 이런 생각이 드는데, 너는 어떻게 생각해?", "그것도 좋은 방법인데, 무겁지 않을까?"와 같이 능동적으로 생각을 나눌 수 있는 질문이 바람직하다.

복도로 나간 놀이터 - 만5세, 2학기 초반

유아는 복도 중앙에서 레고 놀이를 하면서 긴 벽면을 이용해 스카이레일 구조물을 만들기 시작하였다. 여러 유아가 함께 구성하며 놀이하는 가운데, 놀이를 주도하는 유아가 있었다. "윤우야! 이거 더 길게 만들자.", "어, 그거 거기에 기둥 세워야 해.", "근데 이거 기둥이 자꾸 쓰러지는데, 어떻게 해?", "이거 더 길게 만들자.", "선생님, 근데요, 이거 롤러코스터는 만들었는데 구슬이 다 안 가고 중간에 떨어져요."

교사는 영유아가 만든 다양한 경사로의 형태에 따라 구슬이 굴러가는 모습이 달라질 수 있다는 것을 알아차릴 수 있도록 질문한다. 예를 들어, 교사는 곡선의 레일을 만든 후, 구슬이 굴러가기 시작하는 높이에 따라 구슬이 도착하는 지점을 예측해 보도록 질문할 수 있다. "구슬을 굴리면 어디에 도착할까?"

출처: 교육부, 보건복지부(2020a; 257).

■ 제안하기

제안하기는 영유아의 흥미와 관심, 안전이나 교육적 가치 등에 기반하여, 진행 중인 놀이가 지속될 수 있도록 지원하는 방법이다. 예를 들어, 함께 놀이하면서 지켜야 하는 약속과 규칙이 있어야겠다고 판단될 때, "다른 친구에게 방해되지 않으려면 어떻게 하면 좋을까?"와 같이 영유아가 규칙의 필요성을 느끼면서 적절한 규칙을 만들어 보도록 제안하는 것이다. 제안하기는 신중해야 한다. 교사는 새로운 놀이자료를 일방적으로 제안하거나 새로운 놀이 방법을 교사 주도적으로 이끌기보다는 공간, 자료, 시간 측면에서 어떻게 지원하는 것이 좋을지를 고민하고, 영유아가 어떻게 받아들이는지 살펴볼 필요가 있다.

4) 확장하기

■ 놀이시간 확장하기

교사는 영유아가 몰입하고 의미 있는 배움의 기회를 가질 수 있도록 충분한 놀이시간을 편성한다. 「2019 개정 누리과정」과 「4차 표준보육과정」에서는 놀이시간을 일과 중 가장 길게, 우선 편성·운영하도록 하며, 바깥놀이를 포함하여 2시간 이상 확보하도록 명시하고 있다. 교사는 놀이의 흐름이 중단되었을 때 중요한 배움의 순간을 놓칠 수 있다고 판단되면 놀이시간을 연장할 수 있고, 놀이의 흐름을 위해 필요하다면 놀이 중간에 잠깐 모여서 활동을 실시하고 다시 놀이로 연결할 수도 있다.

도토리와 겨울잠 – 만3세, 2학기 초반

도토리가 겨울을 준비하는 청설모에게 필요한 먹이라는 것을 알게 된 유아는 다음 산책부터 도토리를 교실 내로 가져가지 않고 밖에서 신나게 놀이하고 두고 오기로 자발적으로 결정했다. "나는 오늘 도토리를 주워서 놀다가 다시 내려놓고 손 털고 교실로 돌아갈 거야.", "도토리 이제 교실에 안 가져가니까 지금 재미있게 놀면 되지."

유아는 도토리를 교실에 가져가 놀이하는 대신 바깥에서 다양한 방법으로 놀이하기 시작했고, 주변의 자연물을 함께 활용하여 기차놀이, 미끄럼틀 놀이, 낚시놀이, 골프놀이 등 더욱 풍부하고 창의적인 놀이를 하였다.

도토리를 찾고 수집하는 단순한 놀이에서 도토리를 활용한 다양한 놀이가 발현되기 시작하였다. 이를 지켜본 교사는 영유아들이 도토리를 가지고 바깥에서 충분히 놀이할 수 있도록 산책 시간을 평소보다 길게 가졌다.

출처: 교육부, 보건복지부(2020a; 48-49).

■ 놀이공간 확장하기

교사는 놀이의 방해 요소를 관찰하고 영유아의 의견을 반영하여 놀이공간의 경계를 허물고 재구성한다. 여기에서 놀이공간은 기관의 실내·외, 지역사회 공간 등을 모두 포함한다. 영유아 스스로 찾아낸 공간, 우연히 발견한 공간, 복도, 현관 입구, 교실과 교실 사이, 계단 밑 등의 공간도 안전을 확보한 뒤 놀이공간으로 활용할 수 있다. 교사는 기존의 영역 구분이 놀이공간을 지나치게 협소하게 만들지 않는지 점검하고 영유아의 놀이를 따라가면서 자연스럽게 공간을 배치하거나 변경하는 융통성을 발휘하여 실내·외 전체 공간을 다양하게 활용하도록 한다.

■ 놀이자료 확장하기

교사는 영유아가 사물에 대한 탐색, 심미적인 경험, 또래와의 상호작용, 성취감 등을 얻을 수 있도록 놀이자료를 자신만의 방법으로 재창조하는 과정을 지원한다. 놀이자료에는 교사가 준비한 자료뿐 아니라 일상의 사물, 자연물, 자연 현상, 디지털 매체 등 다양한 자료가 포함될 수 있으며, 때로는 자료 없이 영유아 자신의 몸을 이용해 놀이해 보도록 격려할 수도 있다. 교사는 새로운 자료를 내어줄 때 자료 활용에 대한 교사의 기대가 있다 하더라도 자신의 계획으로 이끌기보다는 자료가 어떻게 놀이의 매개가 되는지 지켜보고 영유아가 스스로 선택한 방법 속에서 배움이 일어나도록 지원하도록 한다.

소풍을 떠나자 - 만3세, 2학기 초반

소풍 관련 그림책을 보던 한 유아가 "저, 여기로 소풍갈 거예요!"라고 말하며 역할놀이 영역이 아닌 다른 곳에 돗자리를 펴고 모형 음식을 차리기 시작했다. 그리고 친구들에게 "여기는 바다야. 오고 싶은 사람은 와도 돼."라고 이야기했다. 다른 유아도 책과 자신의 경험을 바탕으로 다양한 장소로 소풍을 떠나기 시작했다. "우리는 저기로 소풍갈 거예요.", "저번에 갔던 서울숲 갈건데, 같이 갈래?" 산, 숲, 바다, 계속 등으로 소풍을 떠난 유아는 역할놀이 영역에서 했던 소풍 놀이처럼 여전히 모형 음식을 차리고 먹는 놀이를 반복적으로 하였다.

교사는 반복되는 놀이 형태가 언제 변화하는지를 관찰한다. 놀이의 변화가 발생하는 시점에 적절하게 지원하기 위함이다. 그리고 음식 모형을 차리고 먹는 놀이와 관련하여 개방적인 놀잇감인 천을 제공하여 다양한 놀이에 활용할 수 있도록 지원한다.

출처: 교육부, 보건복지부(2020a: 98).

■ 활동으로 연계하기

교사는 놀이 중에 잠시 영유아들을 모아 이야기를 나누거나 동화 듣기, 게임, 노래 부르기, 게임, 요리하기, 미술 등의 활동을 연계함으로써 놀이를 심화시킬 수 있다. 놀이를 확장하기 위해 교사가 계획한 활동을 실행하는 방법은 9장에서 보다 자세하게 다루고 있다.

| 표 8-1 | 영유아 놀이 지원을 위한 교수방법

귀 기울이기 / 존중 · 경청하기	함께하기	개입하기	확장하기
• 놀이를 주의 깊게 살피고 관찰한다. • 영유아 가까이에서 놀이를 지켜보고 있는 그대로 따라간다. • 놀이에 끼어들거나 방해하지 않는다.	• 공동놀이자로 참여하지만, 놀이를 주도하지는 않는다. • 영유아가 놀이에 대한 성취감을 가질 수 있도록 정서적으로 지원한다. • 영유아가 도움을 요구할 때는 직접적인 지원을 제공하기보다는 영유아 스스로 해결해 볼 수 있도록 격려한다.	• 놀이 흐름이나 영유아의 관점을 전환시키는 질문을 한다. • 놀이가 잘 지속될 수 있는 방법을 제안한다. • 놀이 중 안전과 관련한 문제가 보일 때 규칙의 필요성을 제안한다. • 놀이 정체, 놀이의 단순 반복 등 놀이 진행의 어려움이 있을 때 효과적이다.	• 놀이에 몰입할 수 있는 충분한 놀이시간을 확보한다. • 실내 · 외, 지역사회 등 놀이공간을 융통성 있게 활용한다. • 놀이자료를 자신만의 방법으로 재창조할 수 있도록 지원한다. • 놀이 실행 과정에서 놀이의 확장을 돕는 활동을 계획하여 실행한다.

3 놀이 관찰 및 기록하기

1) 관찰 및 기록의 이해

누리과정에서 관찰은 교육과정 실행의 기초라 할 수 있다. 이제는 교사가 선계획하여 '계획-실행-평가'로 이어지던 기존의 선형적 과정을 지양한다(교육부, 보건복지부, 2019c). 교사는 영유아의 놀이, 일상생활, 활동을 주의하여 살펴봄으로써 영유아와 놀이의 특성, 의미 등을 이해하고 이에 대한 지원 방안을 수립한다. 교사의 계획은 관찰에 근거하는 것이며, 교사의 지원과 영유아의 놀이, 일상생활, 활동이 함께 어우러져 교육과정을 구성해 간다.

관찰은 관찰하는 사람의 시선이 머물러 살피는 과정이므로, 같은 사물이나 현상에 대한 것이라도 관찰하는 사람에 따라서 서로 다른 모습으로 나타날 수 있다. 그러므로 교사의 관찰 결과 역시 정해진 정답이란 없으며 얼마든지 다양할 수 있다.

관찰 및 기록은 교사를 지속적으로 사고하게 만든다. 기록 작업은 영유아와 교사가 함께 새로운 사고를 할 수 있도록 하는 매우 중요한 방법이다(Davies, 2020). 영유아들의 놀이는 논리적이고 선형적인 방식으로 일어나지 않는다. 영유아의 놀이는 예측할 수 없는 방향으로 전개되기도 하고, 지금까지 진행되어 온 놀이의 방향에 역행하는 것처럼 보일 때도 있다(Reggio Children, 2013). 관찰과 기록 작업을 통하여 교사는 영유아의 놀이에 대해 더 깊이 이해하게 되고, 영유아가 보이는 창조성에 감탄하면서 적절한 놀이 지원의 내용과 방법을 알아차릴 수 있게 될 것이다.

2) 관찰 및 기록의 방법

(1) 언제

교사는 언제 영유아의 놀이에 주목하게 되고 놀이의 의미를 읽기 시작하게 되는가? 영유아의 놀이를 따라가면서 관찰하다가 문득 '어제도, 오늘도 같은 놀잇감을 가지고 놀이하네?', '같은 놀이인데, 놀이하는 영유아는 바뀌네?', '이런 것도 놀이라고 할 수 있을까?', '왜 혼자 놀이할까?' 등의 궁금증이 일고 알고 싶어질 때, 관찰은 시작된다. 또 교사가 생각하지 못한 방식으로 놀이가 흘러가고 있거나, 영유아의 놀이 방식이 잘 이해되지 않을 때도 관찰이 시작될 수 있다. 교사가 영유아 놀이에 관한 질문을 던지고 그 의미를 찾고자 하는 경우를 살펴보면 다음과 같다(교육부, 보건복지부, 2019b).

- 영유아의 놀이가 짧게 끝나고, 다른 놀이로 옮겨 가서
- 영유아가 관심과 흥미를 보여서
- 영유아에게 놀이자료를 제공한 후 놀이 과정이 궁금해서
- 영유아가 혼자 놀아서
- 영유아가 바깥 놀이에서 무엇을 배우는지 궁금해서

- 영유아가 하는 놀이의 규칙을 이해할 수 없어서
- 영유아가 한 가지 놀이만 해도 배울 수 있는지 궁금해서
- 영유아가 교사의 생각(계획)과 다르게 놀이해서
- 영유아 사이에 갈등이 일어날 것 같아서
- 영유아가 주제와 관련되지 않은 놀이를 해서
- 교사가 제안한 놀이를 영유아가 어떻게 주도해 가는지 궁금해서

뛰고 잡고, 또 뛰고 잡고 - 만5세, 바깥놀이시간

〈관찰 · 기록을 통한 의미 읽기의 계기〉

유아는 왜 뛰고 잡고 노는 경찰과 도둑 놀이를 좋아할까? 이 놀이에도 규칙이 있을까? 바깥놀이시간에 매일 잡기 놀이를 하는 유아를 보면서, '이러한 놀이도 괜찮을까?' 하는 의문으로 놀이를 관찰하기 시작하였다.

바깥 놀이터에 7명의 유아가 모인다. 준우가 갑자기 뛰기 시작하고 동민이와 현상이가 따라 뛴다. 동민이와 현상이가 준우를 잡고 놀이터 한쪽 의자로 데려간다. 잠시 후, 동민이가 앉아 있는 준우의 팔을 당기자 준우가 "오케이, 터치" 하며 자리에서 일어나 다시 뛰어간다.

준우: (동민이 등을 치고) 잡았다.
(놀이터 한쪽 의자를 가리키며) 저쪽으로 들어가.
동민: 나도 경찰 하면 안 돼?
준우: 안 돼. 저쪽으로 들어가.
(동민이가 들어가려 하자) 나 도둑이지롱!
교사: 좀 전에 경찰이었는데, 이젠 도둑이야? 터치하면 살아나는 거야?
(…)
교사: 얘들아, 나는 이 게임의 규칙을 잘 모르겠어.
준우: 경찰이 도둑을 잡으면 저기 들어가고, 도둑이 도둑을 잡으면 부활.
교사: 도둑이 도둑을 살릴 수 있는 거야? 그런데 아까 경찰이 살려주기도 하던데?
준우: 네? 아니에요. 걔 도둑이에요.
교사: 누가 경찰이고 누가 도둑인지 어떻게 알아?

유아는 교사의 질문을 뒤로 하고 다시 뛰기 시작한다. 잠시 후, 도둑도 경찰도 모두 달려와 의자에 앉는다. 잠시 쉬던 유아는 모두 다시 뛰기 시작한다.

출처: 교육부, 보건복지부(2019b; 166-171).

(2) 무엇을

영유아의 놀이, 일상생활, 활동 등 기관에서의 모든 시간을 기록하는 것은 불가능한 일일 것이다. 교사는 영유아의 놀이를 중심으로 일과를 관찰·기록하되, 관찰한 모든 것을 기록해야 한다는 부담감을 내려놓도록 한다(교육부, 2020b). 영유아를 지켜보면서 다음과 같은 내용에 주목하여 관찰을 실시한다(교육부, 보건복지부, 2019a; 교육부, 2020b).

- 놀이, 일상생활, 활동에서 영유아가 가장 즐기고 잘하는 것
- 영유아의 특성
- 흥미와 관심
- 행위의 반복과 변화
- 놀이시간의 지속과 단절
- 친구 관계
- 공간과 영유아의 관계
- 놀이를 이어가기 위한 자료의 활용

교사는 시간을 두고 충분히 주목하고 천천히 살피면서, 관찰한 자료를 남겨두고 돌아볼 필요가 있다고 느낄 때, 영유아 이해 및 놀이 지원에 중요하고 의미 있다고 판단되는 자료를 선별하여 기록한다(교육부, 2020b). 교사가 기록하는 내용은 다음과 같다(이현주 외, 2020).

- 같은 자료를 어떻게 다르게 활용하여 놀이했는지
- 누구와 놀이했는지
- 놀이에 대해 어떠한 새로운 아이디어를 제시하였는지
- 놀이 가운데 나타난 의미 있는 말은 무엇인지
- 누가 놀이를 이끌었고, 누가 그것에 협력했는지

친구와 함께하는 놀이에 대한 관찰 · 기록의 예

놀이 시작과 동시에 수민이와 지은이는 아이스크림 마을을 어떻게 만들지에 대해 이야기를 나눴다.

전체적인 형태와 색의 사용, 각 공간의 쓰임 등에 대해 정하고 검정색 테이프로 전체적인 형태를 먼저 만들었다.

수민: 과자는 한 칸이 집이야. 가족들이 사는 집이니까 작게 만들어야 해. 그래야 아파트가 되거든.
지은: 그건 아니지 않아? 여기에다 해야지. 여기에 아파트를 하기로 했잖아.
수민: 그래도 과자에 작은 네모가 있으니까 더 아파트 같지 않아? 잘 봐. 여기 아이스크림 네모 칸 있지?
(서로 마주보며 침묵)
지은: 우리 계획이랑 달라지기는 하는데…. 그래. 과자가 더 아파트 같기는 하겠다. 그러면 여기는 빨간색 엘리베이터야. 초록색 말고.
수민: 알았어. 그렇게 하자.

수민이는 아이스크림 마을을 완성하기 위해 전체적인 건물의 형태, 위치와 방향에 더한 의미를 부여하며 놀이를 진행하였다. 지은이는 의견이 일치하지 않을 때는 자신의 생각을 먼저 이야기하기보다는 상대방의 이야기를 먼저 들어주는 모습을 관찰할 수 있었다. 수민이와 지은이는 맡은 공간에 대한 역할을 나누고 서로 의견을 물으며 공간을 구성해 나갔다.

출처: 교육부, 보건복지부(2019c; 109).

(3) 어떻게

관찰·기록의 방법은 교사가 자율적으로 정한다. 관찰 내용을 간략하게 메모지에 기록하기, 간략히 기록한 메모 내용을 바탕으로 추후에 내용을 자세히 기록하기, 유아의 작품과 구성물 사진을 찍어두었다가 사후에 기록하기 등 다양한 방식으로 기록할 수 있다.

관찰·기록은 결과가 아닌 과정에 주목한다(교육부, 보건복지부, 2019c). 놀이 과정에 주목한다는 것은 놀이의 흐름을 있는 그대로 담아내는 것이며, 이를 위해서는 놀이를 둘러싼 맥락을 살피는 것이 중요하다.

사진 8-1 사진, 메모 등의 방법을 활용한 관찰·기록의 예

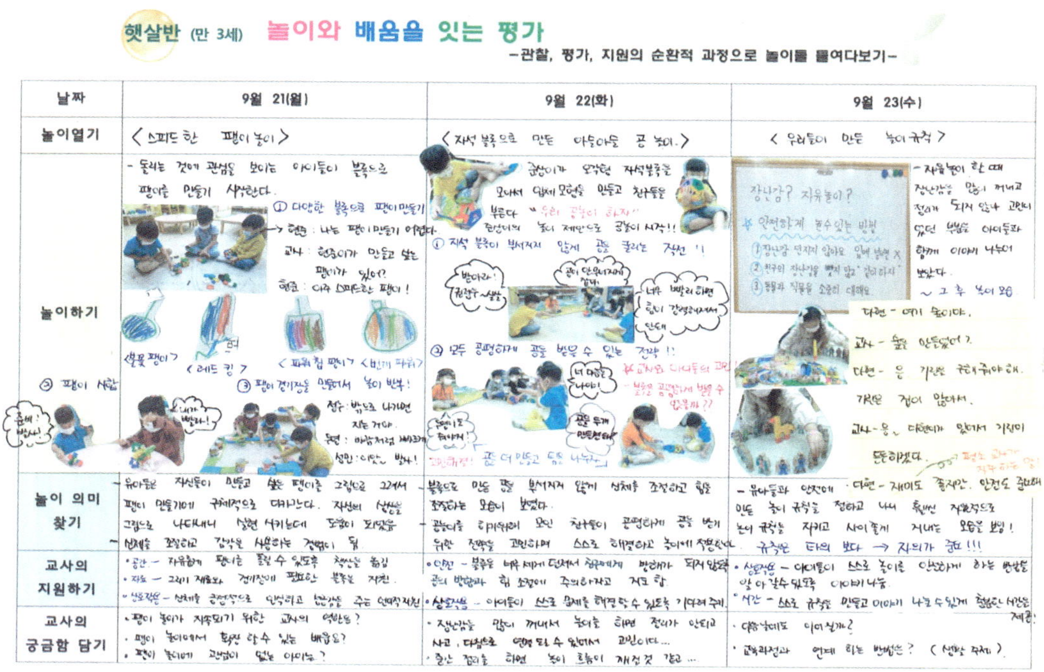

출처: i-nuri(2022년 12월 20일 인출).

3) 관찰 및 기록의 활용

(1) 영유아 이해

관찰·기록의 자료는 교사가 영유아를 온전하게 이해하는 데 활용된다. 관찰·기록의 과정에서 교사는 영유아의 놀이를 따라가게 되는데, 이를 통해 영유아와 놀이에 대한 교사 자신의 관점을 성찰하는 기회를 가지기도 한다. 즉, 교사는 관찰·기록을 통해 영유아의 세계로 더 가까이 감으로써 놀이에 대한 영유아와 교사의 시선이 어떻게 다른지를 깨닫게 된다. 예를 들어, 교사는 단지 '모래를 뿌리고 흙만 파는 아이'라고 생각했던 영유아의 놀이를 관찰·기록하면서 영유아가 장시간 놀이에 집중하는 모습을 발견하게 되고, 놀이 가운데 나타나는 실험, 발견, 기쁨, 놀라움 등에 공감하면서 영유아의 행동을 진정으로 이해할 수 있는 기회를 갖게 된다.

'연욱이의 모래놀이' 관찰·기록에 나타난 교사의 성찰

처음에는 연욱이의 신발이 젖지 않을까 걱정이 되어 아이 발만 보았다. '청결'이라는 시선을 잠시 내려두고 아이들의 놀이에 집중해서 따라가 보니 매일 같은 흙 파기 놀이가 아니었다.

…

교사인 나는 청결과 발이 젖으면 양말을 벗겨야 하는가 등을 생각하지만, 유아는 그것과 상관없이 놀이한다. 교사인 나의 입장과 유아들의 놀이가 참 다르다.

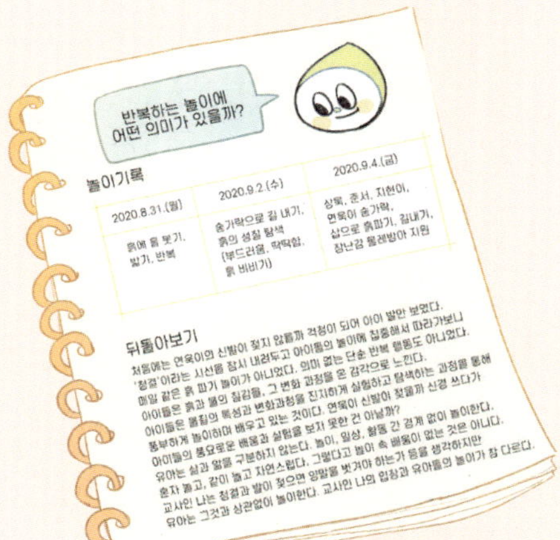

출처: 교육부(2020b; 13).

(2) 교육과정 개선

관찰·기록은 교육과정이 어떻게 실행되고 있는지를 보여준다. 즉, 관찰·기록은 교사의 교육적 행위와 같다(교육부, 보건복지부, 2019b). 관찰·기록 자료를 기초로 교사는 누리과정의 5개 영역이 영유아에게 어떻게 경험되고 있는지를 분석할 수 있다. 이는 곧 영유아 놀이에 대한 지원계획으로 반영됨으로써 놀이를 심화·확장시켜 누리과정 운영의 질을 개선하는 데 기여하게 된다.

아이들에게 새로운 관심사가 생겼다

어제 인형 만들기 재료를 찾으러 나간 정원에서 유아들이 가장 관심 있게 찾았던 재료는 '돌'이었다. 정원에 있는 벤자민 화분 속 색깔 돌들과 정원의 크고 작은 돌들이 그것이었다. 여기저기 주머니 가득 주워 온 돌은 다른 유아들에겐 부러움의 대상이 되었다. 귀가 전 가방 속에도, 주머니 속에도, 유아들의 작은 손 안에도 한두 개씩 돌이 들려 있었다. 유아들이 함께 할 수 있는 새로운 놀이가 시작된 듯하다. 다음 주, 유아들과 바깥놀이에 나가서 돌을 좀 더 수집하고 자료실에 있는 화분 돌도 제시해 보면 어떨까 싶다.

출처: 교육부, 보건복지부(2019c; 133).

(3) 부모의 놀이 이해

교사의 놀이 관찰·기록 자료는 부모 면담의 자료로 활용되어, 영유아를 위한 지원 계획으로 이어진다. 또 일정 기간마다 가정으로 보내는 놀이소식지로 제작되기도 한다. 부모의 놀이 이해는 영유아·놀이 중심 교수학습 실행의 핵심적 요인이다. 교사는 부모가 놀이에 대해 어떤 생각을 가지고 있는지 파악하고, 부모와 소통하고 협력하여 그들이 능동적으로 교수학습에 참여할 수 있도록 지원할 필요가 있다. 영유아가 좋아하는 놀잇감을 가지고 부모가 직접 놀이해 보는 경험을 갖도록 한다거나, 가정통신문이나 알림장, 홈페이지, 어플리케이션 등을 통해 교실에서의 놀이와 일과를 공유하는 등 영유아의 놀이를 통한 경험과 배움에 대한 부모의 이해를 돕도록 한다(교육부, 보건복지부, 2019c).

사진 8-2 관찰 · 기록 자료를 바탕으로 만든 놀이소식지

햇살이들의 밝은 웃음 빛나는
7월 놀이이야기

신나는 여름, 즐거운 '물' 놀이

햇살은 쨍쨍! 빗방울도 뚝뚝! 덥기도 하고 촉촉하기도 한 여름이 왔어요. 햇살반 친구들은 여름에 가장 많이 접하게 되는 '물'과 친구가 되어 여러 가지 놀이를 하며 물에 대해 탐구해보았습니다.

세차장놀이를 해요

'물'로 할 수 있는 일에 대해 이야기 나누었어요. 우리 친구들은 엄마, 아빠와 함께 가본 세차장 놀이를 해보기로 했습니다. 세차 호스로 물도 뿌리고, 거품 스폰지로 구석구석 차를 깨끗하게 닦아요.

궁금한 물, 재미있는 물!

물은 손으로 잡을 수 있을까요? 물은 어디로 갈까요? 궁금함을 해결하려 물놀이를 해 보았습니다. 손수건 빨래놀이를 하며 증발실험도 해 보고, 여러 모양 그릇에 옮겨 담으며 물에 모양이 있는지 관찰도 해봅니다.

야! 비온다!!

야! 비온다!!
바깥놀이를 하다가 갑자기 소나기가 내립니다.
얘들아, 우리 빗속에서 놀아보자! 우비 입고, 신발 벗고 빗소리를 들으며 찰방찰방 비를 탐색하고 신나게 놀이합니다.

물은 왜 아래로 내려가요?

물에 떠 있는 둥둥 오리 잡기 놀이를 하다가 친구들에게 궁금한 것이 생겼어요. "물은 왜 아래로 내려가요?" 정말 아래로 내려가는지 구멍 뚫린 그릇에도 담아보고 여러 가지 방법으로 물을 탐색하더니, "아하! 물은 작아서 아래로 내려가요!"라고 합니다.

함께 놀며 즐겁게 배우는 사북어린이

출처: i-nuri(2022년 12월 10일 인출).

생각해 보기

교사가 영유아의 놀이를 관찰하고 지원하다 보면 어떤 것이 옳은 방법일까 하는 고민을 하게 되는 순간이 있습니다. 다음의 사례를 읽고 어떤 방법으로 지원할 수 있을지 생각을 모아보세요.

사례 1

만3세 유아들이 '캠핑 놀이'를 하고 있다. 유아들은 텐트를 표현하기 위해 책상을 3개 이어 붙인다. 교사는 유아들이 책상을 오르내리며 책상 위에 누워서 잠을 자는 등 안전이 염려되는 모습을 보게 된다. 놀이와 안전 사이에서 교사는 어떻게 지원하는 것이 좋을지 고민이 된다.

출처: 교육부(2020f; 55).

사례 2

만5세 유아들이 교실의 넓은 공간에서 수영장을 구성하고 볼풀공을 물이라고 상상하며 가득 채워 놀이하고 있다. 수영장 놀이는 재미있게 진행되었지만, 교실을 가득 메운 큰 수영장으로 인해 전체 유아들이 모여 앉을 공간이 부족하게 되었다. 교사는 유아들의 놀이, 활동, 일상생활을 조화롭게 운영할 수 있는 방안에 대해 고민하게 된다.

출처: 교육부(2020f; 59).

제 9 장 활동 및 실행

1 활동에 대한 이해

놀이중심 유아교육과정 교수학습에서 교사는 종종 유아의 놀이를 존중하기 위해 활동을 하지 말아야 한다는 오해를 가질 수 있지만, 활동은 유아의 놀이에서 배움을 확장해 가기 위하여 교사가 활용할 수 있는 중요한 교수방법 중에 하나이다. 즉, 과거에 유아교육과정은 유아의 놀이와 무관하게 생활주제에 기반하여 교사가 계획한 활동을 중심으로 일과를 운영하였다면, 놀이중심 교육과정에서 '활동'은 놀이와 연계하여 유아가 즐겁게 배울 수 있도록 지원하는 다양한 방법으로 운영해 갈 수 있다.

본 장에서는 놀이중심 교수학습에서 활동의 유형과 방법, 활동과 관련한 교사의 역할을 중점적으로 살펴보고자 하며, 이를 먼저 놀이를 확장해 가기 위한 활동과 교사가 계획한 활동 두 가지 방식으로 나누어 구체적 예시를 중심으로 설명해 보고자 한다.[4]

■ 영유아교수학습에서 활동

1. 놀이를 확장해 가는 활동
2. 교사가 계획한 활동

---

4) 본 장에서 소개하는 예시와 활동의 방법은 특정한 맥락에서 이루어지는 놀이 사례이므로 모형이나 고정된 방법이 아니며, 교사는 자율성과 전문성을 가지고 변형적으로 활용할 수 있다.

2 놀이를 확장해 가는 활동

놀이중심 교육과정에서 교수학습은 교사가 활동의 의미와 방법을 잘 이해하고 실행해 가는 것이 필요하다. 놀이중심 교육과정을 실행하는 과정에서 교사는 유아의 놀이를 관찰하고, 놀이가 활발하게 이루어질 수 있도록 지원하는 과정에서 필요한 경우 이야기 나누기, 노래, 동화, 게임 등 적절한 유형의 활동을 연결하여 운영할 수 있다. 활동은 교사가 계획하여 제안할 수도 있고, 유아가 다른 유아들과 공유하기 위해 준비할 수도 있다. 활동에 참여하는 유아는 학급 전체가 될 수도 있고 관심 있는 소집단의 유아가 될 수도 있다. 일과 중 활동 시간은 교사가 계획하여 실시하거나 놀이의 흐름을 위해 필요하다면 놀이 중간에 잠깐 모여서 활동을 실행하고 다시 놀이로 연결할 수 있다(교육부, 보건복지부, 2019c).

이러한 활동은 교사가 의도한 교육목표와 내용이 유아의 놀이 주체성과 가장 조화롭게 만나는 지점에서 즐거운 배움으로 나아갈 수 있도록 놀이의 성질을 최대한 활용할 수 있어야 한다(임부연, 2018). 그러므로 교사가 유아의 놀이를 지원하기 위해 다양한 활동을 계획했더라도 이는 유아의 관심과 흥미에 따라 얼마든지 수정할 수 있다. 유아의 흥미나 관심 등을 고려하지 않고 미리 정해진 생활주제에 따라 활동을 진행하기보다는 유아가 주도해 가는 놀이와 연계하여 활동을 진행하는 것이 바람직하다(교육부, 보건복지부, 2019a).

1) 흙 속에 숨은 색깔: 이야기 나누기, 동화, 미술[5)]

(1) 놀이의 배경

새싹반은 만3세 유아 13명이 모여 있는 학급으로, 기관 옆에는 모래 놀이터로 갈 수 있는 오솔길이 있고 그 오솔길을 자주 산책한다. 새싹반의 '흙 속에 숨은 색깔' 놀이는 비 오는 날 오솔길을 산책하며 젖은 흙에 대해 생긴 유아들의 관심에서 시작되었다. 비 오는 날 산책 중 흙의 다양한 색을 경험한 유아들에게 어떤 새로운 놀이가 시작될까?

5) 출처: 교육부, 보건복지부(2019c; 123-133).

(2) 놀이와 활동의 흐름

■ 놀이의 흐름과 놀이 지원을 위한 활동

그림 9-1 흙 속에 숨은 색깔 놀이와 활동의 흐름

(3) 놀이와 활동의 지원 과정

가. 관심의 시작 : 비 오는 날의 산책

비가 오는 날, 새싹반 유아들은 우산을 쓰고 오솔길 산책을 나섰다. 산책길에 유아들은 흙의 촉감이 평소와 다름을 발견했다.

"흙이 왜 푹신푹신한 느낌이지?" "여기에 있는 흙 색깔도 변했어."
"내 신발에 물이 튀었어. 어, 흙 색깔이네?"

유아들은 촉촉하게 젖은 흙을 만지고 밟으며 냄새, 촉감, 색 등을 탐색하고 그 느낌을 말로 표현했다. 교사가 지켜보다가 젖은 흙의 특성을 잘 느낄 수 있도록 질문을 했다.

"밟으니까 젖은 흙은 마른 흙과 어떻게 다른 것 같아? 꾹꾹 밟아볼까?"
"손으로 만져보니까 느낌이 어때? 정말 운동화에 묻은 것처럼 손에도 흙물이 묻었네."

비 오는 날 산책하는 유아들이 젖은 흙에 지속적인 흥미와 관심을 보이는 것을 관찰할 수 있었다.

나. 활동 : 흙 관련 동화를 듣고 이야기 나누기

흙에 대한 유아의 관심을 확장하기 위해 적절한 교육적 지원을 고민하다가, 다음 날 흙과 관련된 동화 듣기 활동을 진행했다.

진흙과 관련한 동화를 듣고 유아들과 흙으로 할 수 있는 놀이에 대해 이야기를 나누었다. 유아들은 동화에 나온 것처럼 진흙을 이용하여 놀이하고 싶다고 했다.

"동글동글 만들어서 던지고 놀래요."
"흙이랑 물이랑 넣고 이렇게, 손으로 이렇게 이렇게 하면서 놀고 싶어요."
"그럼 물감처럼 돼요?"
"흙을 두 번, 세 번…. 이렇게 더 많이 넣으면 진짜 흙 같은 색깔이 만들어질 것 같아요."
"책이랑 똑같은 인형은 만들고 싶어요."

흙과 물을 섞어 흙 물감을 만들고, 인형을 만들어 놀이하고 싶다고 했다. 유아들의 제안을 반영해 다음 날 정원에서 흙 놀이를 진행하기로 했다.

다. 놀이 : 흙과 물 섞어보고 탐색하기

흙에 대한 작은 관심이 자연스럽게 지속될 수 있도록 바깥 놀이시간에 색깔이 선명한 황토를 제공했다. 비에 젖은 흙을 경험하고 진흙 놀이에 대한 동화를 들은 유아들은 자연스럽게 물을 달라고 요청하였고, 직접 물을 부어보았다. 황토에 물을 부어 섞으면서 물의 양에 따른 황토물 농도의 변화, 촉감과 색을 경험했다.

"흙이 녹으면 물감이 되죠?"
"선생님, 물 더 부어주세요."

"눈 감아봐. 미끌거리지?"
"와아~ 간지러워. 미꾸라지 같아."

유아들이 흙의 변화와 느낌을 언어로 표현하기 시작하는 것을 보고 교사는 질문을 하였다.

"무엇을 만지는 것 같아? 어떤 느낌이니? 마른 흙과는 어떻게 다른 것 같아? 물을 더 넣으면 어떻게 될까?"

물의 양에 따른 색의 변화를 탐색해 볼 수 있도록 상호작용했다. 유아들은 물과 섞인 흙의 질감에 즐거워하며 오랜 시간 몰입하여 놀이했다.

라. 활동 : 흙물에 천 염색하기

흙물이 완성되자 유아들은 동화를 듣고 이야기했던 것처럼 흙물로 천을 염색해 보기를 원했다. 광목을 흙물에 넣어 색깔이 달라지는 것을 경험했다.

"와~선생님, 흙이랑 색깔이 똑같아졌어요."

"너 거랑 달라. 너무 흐리잖아?"

"언제 다 마를까? 서진이 건 다 말랐는데 내 건 아직 축축해."
"진짜 신기해. 색깔이 달라졌어."

흙물이 든 광목을 건조대에 널어 마르기를 기다리면서 유아들은 흙물이 마르면서 보이는 변화에 관심을 가지고 관찰했다.

마. 놀이 : 흙 인형 만들기

바싹 마른 광목을 털어내면서 책 속에서 본 흙 인형을 만들자며 신이 났다. 몇몇 유아들은 처음과 색깔이 달라졌다며 신기해했다. 유아들은 바깥 놀이에서 수집한 나뭇잎, 가지, 열매, 돌멩이를 재료로 인형을 만들었다. 각자의 생각대로 인형의 머리카락을 붙이고 옷에 단추를 달아주며 즐거워했다.

유아들이 만든 재미있는 흙 인형이 완성되자, 카펫에 모여 흙 인형으로 상상 놀이가 시작되었다. 다음 날 유아들은 흙 인형 만들기 재료를 찾아 정원으로 나갔다. 정원에서 유아들이 가장 관심 있게 찾던 재료는 '돌'이었다. 크고 작은 돌을 가득 주워 온 유아는 다른 유아들에게는 부러움의 대상이 되었다. 교실로 돌아와 유아들은 돌로 여러 가지 놀이를 시작했다.

- 비 오는 날 오솔길을 산책하던 유아들이 물에 젖은 흙 색깔에 관심을 보이는 것에서 놀이가 시작되었다.
- 젖은 흙 색깔에 관심을 보이는 유아의 놀이를 지원하기 위해 교사는 흙과 관련된 동화를 들려주었다.
- 동화를 듣고 흙으로 하고 싶은 놀이가 흙 물감 만들기, 천 염색하기, 흙 인형 만들기 놀이로 확장되었다.

2) 꿀벌처럼 : 동화, 동요, 미술, 동작, 이야기 나누기[6)]

(1) 놀이의 배경

하늘반은 만3세 유아 13명이 모여 있는 학급이다. 유아들은 바깥 놀이터에서 놀이하다가 바닥에 힘없이 널브러져 있는 벌을 발견하게 되었다. 움직이지 않는 벌을 발견한 유아들의 놀이는 어떻게 확장되었을까?

(2) 놀이와 활동의 흐름

■ 놀이의 흐름과 놀이 지원을 위한 활동

그림 9-2 꿀벌처럼 놀이와 활동의 흐름

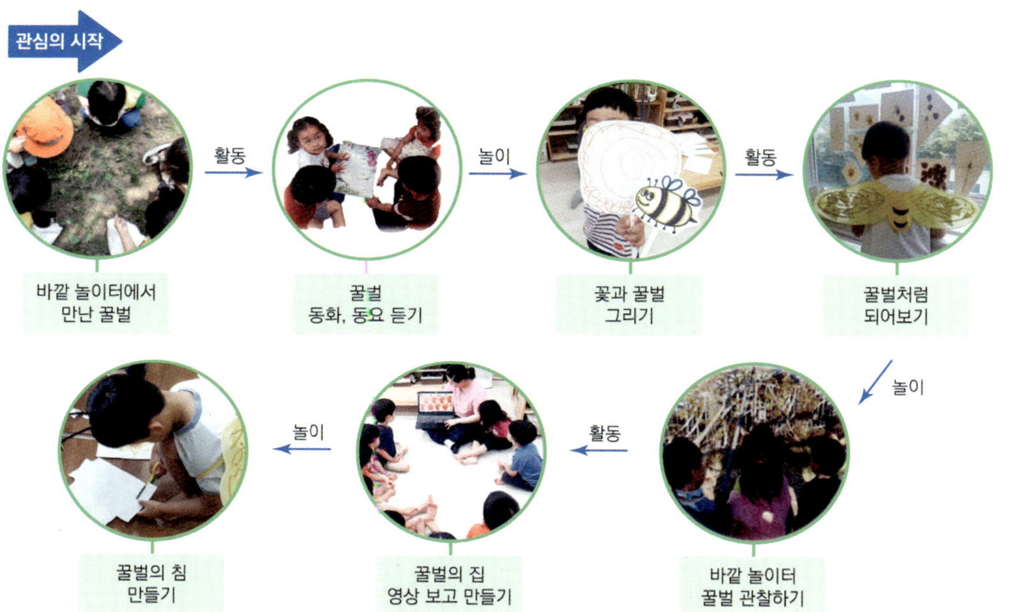

6) 출처: 교육부, 보건복지부(2019a; 109-112).

(3) 놀이와 활동의 지원 과정

가. 관심의 시작 : 바깥 놀이터에서 만난 꿀벌

유아들은 바깥 놀이터에서 바닥에 힘없이 널브러져 있는 벌을 발견했다.

"아! 여기 벌이 있어. 죽었나 봐!"

유아의 외침에 화단에서 곤충을 찾던 유아들이 모여든다. 그때, 죽은 듯이 움직이지 않던 벌이 바르르 떨며 꿈틀거렸다.

"으악! 도망쳐!"

유아들은 벌떡 일어나 사방으로 흩어져 달아났다.

나. 활동 : 꿀벌 나무 동화 듣고 이야기 나누기

교사에게 「꿀벌 나무」 그림책을 읽어달라고 했고, 유아들이 모여들었다.

그림책을 읽은 뒤, 유아들은 호기심을 가지고 질문을 했다.

"선생님 꿀벌들은 말도 못 하는데, 어떻게 그렇게 집으로 잘 돌아가요?"

교사가 "사람은 목소리로 이야기하는데 꿀벌은 어떻게 말을 할까?" 묻자, 유아들은 "엉덩이로 말해요." 하며 엉덩이를 좌우로 흔들었다. 교사도 "이렇게?" 하며 유아를 따라 몸을 움직였다.

교사는 점심 식사 시간에 〈꿀벌의 여행〉 동요를 들려주었다. 밥을 먹으며 유아들은 제자리에서 엉덩이를 흔들며 까르르 웃었다.

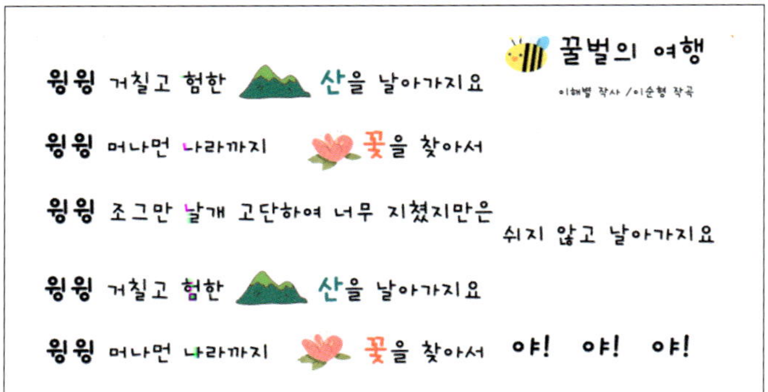

출처: pocomusic.modoo.at

다. 놀이 : 꽃과 꿀벌 그림 그리기

교사가 〈꿀벌의 여행〉 동요를 다시 들려주었다. 유아들은 꿀벌처럼 두 팔을 벌려 날갯짓하며 친구의 옷, 사진, 화초, 꽃무늬, 창문에 전시한 압화, 물병 등에서 꽃을 찾아다녔다. 꿀벌이 된 유아들이 교실에서 더 이상 꽃을 찾기 어려워지자 이야기했다.

"선생님. 꿀벌은 꽃이 있어야 해요."
"붕붕이가 배고파서 꿀을 먹어야 해요."
"그럼 어떻게 하면 좋을까?"
"우리가 꽃을 그려 줘요."

유아들은 미술 영역으로 가서, 제 나름대로 꽃을 그리고 색을 칠하고 오리고 수수깡을 붙여 꽃자루를 만들었다.

교사는 유아들이 꽃을 만드는 동안 꿀벌을 그리고 오려서 수수깡을 붙여주었다. 벌을 유아들의 꽃에 살포시 얹어 꿀을 빨아 먹는 시늉을 하며 함께 놀이하였다.

과학 영역에서 자석 놀이하던 유아가 "이거 재미있는데" 하며 꿀벌 놀이에 참여하였다. 유아들은 "꿀을 많이 먹어서 이젠 좀 쉬어야겠다. 히히." 하며 교실 바닥에 드러누웠다.

라. 활동 : 꿀벌처럼 되어보기

교사는 꿀벌에 많은 관심과 흥미가 있는 유아를 관찰하면서 이 흥미를 재미있게 지속시키고 싶었다. 그래서 꿀벌 머리띠와 꿀벌 날개를 만들 계획을 했다. 그러나 여러 가지 고민 끝에 꿀벌 머리띠와 꿀벌 날개는 구매하기로 하고, 꿀벌 날개가 햇빛에 비칠 때 반짝거리는 느낌을 꾸미는 활동으로 계획을 변경했다.

교사는 아이들에게 꿀벌 머리띠와 꿀벌 날개를 어떻게 전달하고 소개해야 꿀벌 활동을 놀이처럼 즐겁고 재미있게 지속할 수 있을까 고민했다.

교사: (택배 상자를 보여주며) 얘들아, 우리가 꿀벌을 좋아한다고 붕붕이가 꿀벌 머리띠를 선물해 줬어.
유아들: 와! 붕붕이가 우리한테 선물해 줬대. 붕붕아, 고마워.
교사: 우리 붕붕이에게 고맙다고 인사해야 하는데, 어떻게 인사를 하지?
유아: 엉덩이춤으로 말해 줘요.

유아들은 창문 밖에 꿀벌이 있는 듯, 꿀벌을 향해 엉덩이를 흔들어 주었다. 붕붕이가 보내준 선물로 유아들은 꿀벌 머리띠와 날개 꾸미기 활동을 했다.

유아들은 완성된 꿀벌 머리띠와 날개를 달고 바깥 놀이터로 나가 꿀벌을 찾으러 다니기도 하고, 흙을 파고 지렁이와 개미, 공벌레를 찾아 탐색하기도 하고, 자전거 타기를 하기도 했다.

마. 놀이 : 바깥 놀이터에서 꿀벌 관찰하기

바깥 놀이터에 피어 있는 노란 민들레꽃 위에 벌이 내려앉았다. 벌은 민들레꽃 위에서 방향을 바꾸며 엉덩이를 흔든다. 유아들은 꿀벌이 빨아먹고 있는 꿀 맛에 대해 이야기 나누며 벌을 관찰했다. 그리고 민들레 옆에서 기어가고 있는 송충이를 발견하고 서로 이야기를 주고받으며 오랫동안 관찰했다.

바. 활동 : 꿀벌의 집 만들기

오전 시간, 곤충 그림책을 읽었다. 그림책에는 육각형으로 그려진 벌집 그림이 그려져 있었다. 유아들은 교사에게 벌집에 관해 물었다. 유아의 궁금증을 해소하고자 벌과 벌집에 대한 영상을 감상했다.

"벌집이 노란색이에요."
"사진 더 크게 해서 안에 보여주세요."
"와~ 신기하다."
"어떻게 저렇게 집을 잘 지어요?"

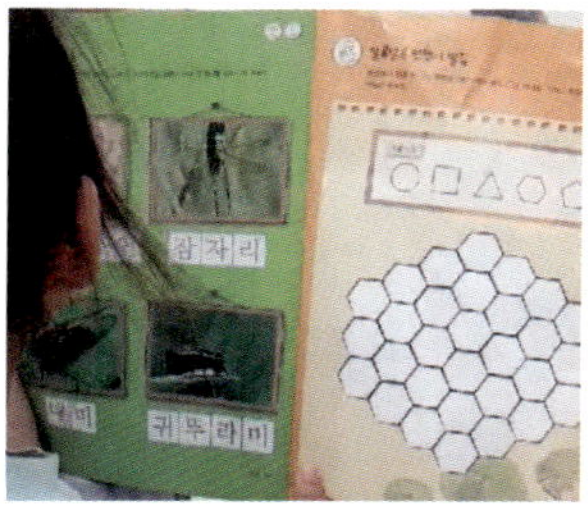

벌과 벌집을 감상한 유아들은 붕붕이가 놀러 올 수 있도록 벌집을 만들자고 했다. 벌집을 어떻게 만들지 이야기를 나누자, 벌집 모양을 닮은 뽁뽁이를 이용하자고 했다. 유아들과 뽁뽁이를 노란 물감에 묻혀 종이에 찍고 육각형 모양으로 잘라서 벌집을 만들었다.

"붕붕이가 우리 교실에 오겠죠?"

"맛있는 꿀이 있어요."

사. 놀이 : 꿀벌의 침 만들기

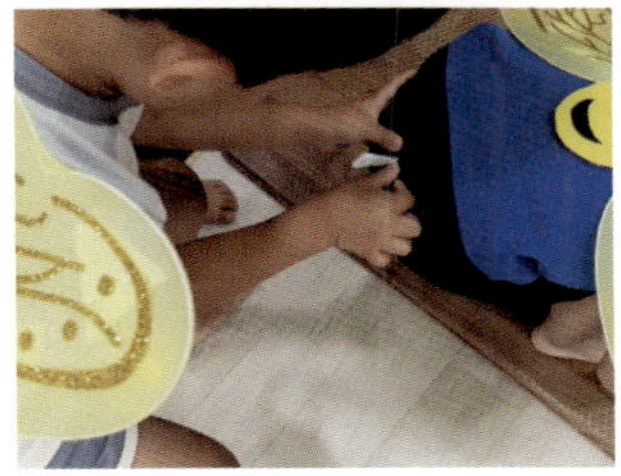

유아들은 꿀벌 머리띠와 꿀벌 날개를 달고 교실의 이곳저곳에 있는 꽃, 꽃을 닮은 무늬를 찾아다니며 놀이했다. 유아가 갑자기 놀이를 멈추고 미술 영역으로 가더니, A4용지, 가위, 투명테이프를 활용하여 벌의 '침'을 만들어 엉덩이에 붙여 달라고 했다.

유아들은 교실에서 꿀벌 머리띠를 쓰고 꿀벌 그림책을 읽으면서 놀이한다. 창가에 앉아 날아가는 벌을 목격하면서 외쳤다.

"얘들아! 붕붕이야~ 붕붕이가 날아가고 있어!"

- 바깥 놀이터에서 꿀벌을 발견하면서 유아의 놀이가 시작되었다.
- 꿀벌에 대한 유아의 관심은 『꿀벌 나무』 그림책 읽기, 〈꿀벌의 여행〉 동요 듣기, 꿀벌 머리띠와 날개 만들기, 벌과 벌집에 대해 알아보기와 만들기 등 교사의 놀이 지원 활동으로 확장되었다.
- 이후 유아들의 놀이는 교실에서 꿀벌이 되어 꽃 찾기, 꽃 만들기, 바깥 놀이터에서 꿀벌 찾기, 곤충 그림책 읽기로 확장되었다.

3 교사가 계획한 활동

놀이중심 유아교육과정에서도 교사는 다양한 활동을 통해 교수학습을 실행해 갈 수 있다. 활동은 앞에서 살펴본 놀이를 지원하거나 확장하기 위하여 활용하는 방법 이외에 교사가 자율적 판단에 의해 주제를 중심으로 하는 활동을 실행해 갈 수도 있다. 전통적으로 유아교육과정에서 활동은 이야기 나누기, 동화, 음악, 미술, 게임과 요리 등의 활동을 교사가 활용할 수 있도록 제안하고 있다. 이를 차례로 살펴보면 아래와 같다.

1) 이야기 나누기

이야기 나누기는 교사와 유아가 함께 모여 앉아 하루의 일과를 계획하거나, 새 소식, 새로운 교육 및 교재를 소개하고 주제에 대한 이해와 토의, 활동에 대한 평가의 시간으로 구성된다. 이야기 나누기 시간에는 선정된 주제에 관련된 지식과 정보를 제공하거나 서로 교환하기도 하고, 서로의 생각을 들어보거나 의사 결정하기 등의 활동이 이루어진다. 특히 이 시간에는 유아들이 자신의 생각이나 느낌, 경험을 말로 표현하는 의사소통 능력과 다른 사람의 이야기를 경청하는 태도를 기르게 된다.

이야기 나누기의 주제는 일반적으로 하루의 일과 계획 및 평가, 날씨나 계절의 변화, 주변 사물이나 사회 현상, 일상생활에 관련된 것과 진행 중인 주제에 따른 이야기 나누기, 경험 나누기, 보여주고 말하기, 토의하기 등으로 구분할 수 있다. 유아가 자신이 하는 놀이를 친구들에게 소개하기, 놀이 규칙 정하기, 특정 관심사에 대해 함께 알아보기 등 상황에 따라 이야기를 나누는 것도 가능하다(교육부, 보건복지부, 2019a).

사진 9-1 유아와 교사의 이야기 나누기

출처: 교육부, 보건복지부(2020b; 43, 52).

(1) 이야기 나누기의 내용

가. 일과 계획 및 평가하기

일과 계획과 평가는 하루를 시작하는 첫 시간과 마지막 시간에 이루어진다. 출석을 부르거나, 날짜와 요일, 날씨에 대해 알아보고, 하루 일과를 계획하거나 하루 일과가 끝난 후 함께 평가하는 중요한 활동이다. 그러나 집단 활동으로 매번 일과 계획을 반복한다면 유아들이 상당히 지루해할 수 있으므로 다양한 방법으로 변화를 주는 것이 필요하다.

나. 주제에 따른 이야기 나누기

유아들이 관심과 흥미를 갖는 주제를 중심으로 서로의 의견이나 정보 공유가 필요할 때 이야기를 나눌 수 있다. 이야기 나누기는 참여하는 유아의 수에 따라 대집단과 소집단으로 실행할 수 있다. 교사는 자연스러운 놀이상황에서 여러 유아들이 또래끼리 이야기 나누기를 시작하는 지점에서 시작할 수도 있고, 놀이 주제와 관련한 이야기 나누기 내용을 계획해서도 실행할 수 있다. 이때 교사는 유아의 흥미를 고려한 활동이나 이야기 나누기에 필요한 그림 자료, 사진 자료, 책, 화보, 비디오 자료 등을 미리 준비하여 전달하고자 하는 정보를 효율적으로 제공해 주며, 유아들의 의견이 자유롭게 공유되는 데 초점을 두고 진행한다.

역할놀이에서 시작된 코로나 이야기

하은이가 블록놀이를 하고 있다.

하은: 야, 그거 바이러스 이름이 뭐지?
지효: 아~ 그거~? 근데 생각이 안 난다.
선생님 바이러스 이름 뭐예요?
교사: 코로나바이러스?
하은: 맞다. 맞다. 코로나.

하은이는 인형에게 종이를 붙이면서 말한다.

하은: 이건 마스크야. 밖에 나갈 때는 마스크를 써야지.
지효: 손도 씻어야 된다. 손소독하고.

그 모습을 지켜보던 교사가 코로나19 관련 뉴스를 찾아 영상을 틀어주자, 유아들이 영상에 관심을 갖는다.

지효: 그래, 맞아. 기침할 때도 가리고.
하은: 응, 마스크 쓰는 거랑 기침할 때 가리는 거랑.
교사: 그치. 선생님도 오늘 마스크 쓰고 왔어.

출처: 이조은, 소애제, 김상희(2020: 24).

다. 경험 나누기

경험 나누기 활동은 유아들이 놀이를 시작하기 전 전날의 놀이 경험을 회상하면서 놀이를 계획하거나, 놀이가 끝나고 자신이 경험한 놀이를 친구들에게 공유하거나, 주말에 가족과 함께 경험한 일이나 친척집을 방문한 일, 동생이 생긴 이야기 등 주말을 지낸 이야기나 새로운 소식 등 유아들이 일상생활 속에서 겪은 자신의 경험과 생각을 이야기하는 것이다. 이때 교사는 유아들이 경험한 놀이 사진, 경험의 결과물을 제공하여 유아들의 경험이 공유되는 데 초점을 두고 진행한다.

라. 토의하기

하루 일과 중 발생한 특별한 사건, 즉 놀이 규칙을 지키지 않은 경우, 놀잇감으로 친구를 때리는 경우, 친구를 놀이에 끼워 주지 않는 경우 등과 같이 교사나 유아 자신들이 문제상황이라고 느끼는 경우에 공통의 이슈를 가지고 서로가 토의하는 시간을 가진다. 토의는 교사가 주도적으로 미리 주제 및 활동을 준비해서 진행하는 경우도 있고 우발적인 유아의 행동으로 사전에 계획 없이 진행될 수도 있다.

산책지에서 술래를 정하고 잡기 놀이를 하던 어느 날

너무 오랫동안 술래를 하던 아이의 불만이 폭발하면서 갈등이 시작되었다. 돌아오는 길에 아이들은 얼음땡 놀이 규칙에 대한 이야기 나누기의 필요성을 이야기하였다. 교실에 돌아온 유아들은 이야기 나누기를 통해서 '타임'을 어떤 경우에, 얼마 동안, 하루에 몇 번 쓸 수 있는지 정하고 다 함께 자발적인 규칙을 만들어서 놀이에 실행해 보자고 의견을 나누었다.

준서: 근데 누가 자꾸 '타임'을 써요.
미나: 저는 다른 애들이 자꾸 술래가 잡았다 하기 전에 '타임 타임'이래요.
정혁: 그럼 '타임' 말고 '얼음' 하면 되잖아.
지석: '타임' 없다고 해요.
미나: 그럼 타임 없는 건 너무해. 쉬는 시간이 없잖아.
석준: '타임'도 규칙을 정하자요. '타임'은 힘들 때만 하기.
현아: 근데요. 타임도 몇 번 쓸 수 있는지 정하면 되잖아요.
미나: 저는 타임을 쓸 때는 '물먹을 때와 잠바 벗을 때나 선생님에게 이야기할 때' 그럴 때만 정해서 타임을 쓰면 될 것 같아요. 만약에 그 사람이 술래가 잡았다 하기 전에 타임을 하면 너무 이상하잖아요.

산책을 돌아오는 길에

석준: 안 되겠다. 우리 토론 좀 해야겠어요!

출처: 이조은, 소애제, 김상희(2020: 26).

(2) 실행하기

이야기 나누기를 운영하면서 고려해야 할 점은 다음과 같다.

- 유아의 연령과 활동의 내용과 특성을 고려하여 이야기 나누기 집단 크기를 달리 운영할 수 있다.
- 학기 초나 연령이 낮을수록 집단 크기를 작게 하는 것이 유아의 참여를 높일 수 있다.
- 유아의 주의와 흥미를 고려하여 이야기 나누기 시간을 계획할 수 있다.
- 유아의 요구, 흥미, 상황에 따라 이야기 나누기 시간을 융통성 있게 운영할 수 있다.
- 조용하고 안정된 장소를 선택하고 유아의 시선이 교실 출입구나 창문을 향하지 않는 곳을 선택하여 이야기 나누기에 집중할 수 있도록 할 수 있다.
- 고정된 장소보다는 이야기 나누기의 주제에 따라 놀이공간, 실외 공간, 계단이나 복도 등 다양한 장소를 선택할 수 있다.
- 유아와 교사, 유아와 유아가 서로 마주 볼 수 있는 원이나 반원 형태로 앉아서 진행할 수 있다.
- 흥미를 유발할 수 있는 다양한 교수 매체(실물이나 표본, 인형, 그림과 사진, 영상자료 등)를 활용할 수 있다.
- 유아가 자유롭게 생각을 표현할 수 있도록 수용적인 분위기를 제공할 수 있다.
- 교사 주도가 아니라, 유아의 참여로 흥미가 지속될 수 있도록 할 수 있다.
- 유아들의 이해 수준을 고려하여 바르고 정확한 언어를 사용하고, 표정, 시선, 몸짓 등의 비언어적 측면도 고려할 수 있다.
- 유아들의 사고를 자극할 수 있도록 수렴적 발문과 확산적 발문을 다양하게 활용할 수 있다.

- 유아들에게 질문 후 답하기까지 충분한 시간을 주고, 유아의 이야기를 주의 깊게 듣고 중요한 내용은 요약하여 들려줄 수 있다.
- 유아들이 골고루 참여하도록 다양한 방법을 사용할 수 있다.
- 유아들의 질문에 완벽하게 대답해야 한다는 부담감을 가지기보다는 '선생님도 궁금한데, 함께 찾아보자'와 같이 솔직하게 이야기해 주거나 또래들이 대답할 수 있는 기회를 줄 수 있다.

2) 동화

동화는 유아를 대상으로 한 문학으로 유아의 경험을 풍부하게 하고 상상력을 키우고 사고력과 창의력을 길러주기 위한 좋은 매체이다. 유아들은 동화를 즐기는 가운데 글과 그림을 구분하고 동화가 담고 있는 의미를 이해하면서 문해력이 발달한다.

특히 유아를 위한 동화는 글과 그림이 결합하여 이야기를 엮어가는 책으로(이대균 외, 2021). 일반적인 동화와는 다른 특성이 있다. 글의 내용을 내포하는 그림을 통해 동화의 내용을 더 잘 이해할 수 있게 되고, 그림책 속에 담긴 예술적인 단어와 시각적인 이미지를 통해 아름다운 상상 속으로 안내하기도 한다. 또한 유아의 상상력을 풍부하게 확장하면서 다양한 정서적 경험을 할 수 있도록 도와준다.

(1) 계획하기

영유아의 발달 수준과 진행되는 놀이 주제, 특별한 날, 계절 등의 경험을 고려하여 동화를 선정한다. 때로는 일상생활이나 놀이에서 발생하는 갈등을 해결하거나, 놀이를 지원하기 위해 동화를 선택하기도 한다. 교사는 동화 선정할 때 다음과 같은 점을 고려해야 한다.

- 동화의 내용이 유아의 수준에 적절한가?
- 유아의 주변 세계와 관련 있는 친근한 이야기인가?
- 흥미와 관심을 끌 수 있는 내용인가?

- 유아가 이해할 수 있는 단어나 어휘로 표현되어 이해하기 쉬운가?
- 쉽고 반복적이며 리듬이 있는 언어로 구성되어 있는가?
- 글과 그림이 조화로운가?
- 선명한 주제를 나타내는가?
- 인물 구성이 적절한가?
- 재미있는 이야기인가?
- 예술적인 그림을 포함하는가?
- 놀이나 토의 등과 같은 놀이와 활동에 쓰일 수 있는 내용인가?

(2) 실행하기

유아에게 동화 들려주기는 개인적인 경험과 집단적 경험으로 나눠 볼 수 있다. 개인적 경험은 유아가 자유 놀이 시 동화를 접하게 되는 경우로 자신의 생각, 흥미, 관심에 따라 자유롭게 그림과 이야기를 경험할 수 있다. 필요하다면 교사가 동화를 들려줄 수도 있다. 집단적 경험은 자유 놀이 중에 소그룹으로 모이거나 또는 대그룹으로 전체 학급을 대상으로 교사가 동화를 들려주는 경우이다. 교사는 모든 유아에게 그림책이 잘 보이도록 들고 읽어주어야 하며, 다양한 매체를 사용하여 그림책의 분위기와 내용을 살려서 동화를 들려주도록 한다.

사진 9-2 동화를 듣는 유아들

출처: 교육부 외(2019; 87, 2020a; 219).

동화를 들려줄 때 고려해야 할 점은 다음과 같다.

- 전래동화, 환상동화, 생활동화 등 동화의 장르를 다양하게 선택할 수 있다.
- 동화 내용을 사전에 충분히 숙지하고, 편안한 마음으로 동화를 들려준다.
- 동화를 잘 듣고 볼 수 있도록 자료의 높이와 위치, 유아의 자리를 고려할 수 있다.
- 표지 탐색하기, 그림의 한 장면 미리보기, 이야기 거꾸로 보기 등 유아들과 다양한 방법으로 동화를 탐색하여 동화에 대한 흥미를 높일 수 있다.
- 동화의 특성에 맞춰서 융판, 앞치마, 막대, 그림자 동화 등의 다양한 매체를 활용할 수 있다.
- 동화를 들려주기 전에 기자재를 점검하거나 자료의 그림이 순서대로 정리되어 있는지 살핀다.
- 유아들이 알아듣게 천천히, 정확하게 동화를 들려준다.
- 동화의 클라이맥스에서는 긴박감을 느끼도록 약간 빠르게 진행한다.
- 동화를 들려주는 동안 유아들의 눈을 보며 반응을 살핀다.
- 동화 듣기가 끝난 후 다시 한번 이야기 없이 그림을 보며 이야기를 회상해 보는 시간을 가질 수 있다.
- 유아의 흥미에 따라 필요한 경우 주인공에게 편지쓰기, 동화의 단어로 끝말잇기, 뒷이야기 만들기, 동극 대본 작성하기, 동극 놀이 등 확장된 놀이를 할 수 있다.

3) 게임

게임은 두 명 이상의 유아가 일정한 규칙에 따라 놀이하면서 공동목표를 향해 즐거움을 느끼는 활동이다. 게임을 통해 유아들은 몸을 매우 활동적으로 움직이면서 신체를 조절하며 운동능력을 발달시키고 긍정적인 에너지를 발산하게 된다. 그리고 집단의 일원으로서 규칙을 지키면서 조절력을 기르고, 같은 편의 유아들과 협력하는 기회를 통해 협동심을 기르며 올바른 운동 정신을 가지게 된다. 나아가 상대방의 입장에서 생각해 보는 경험을 통해 배려, 공감 능력을 기를 수 있다.

(1) 계획하기

좋은 게임은 유아의 흥미를 지속시키며 능력을 최대한 개발시킬 수 있어야 한다. 게임을 계획할 때 고려해야 할 점은 다음과 같다.

- 유아의 발달 단계와 게임 경험의 정도를 고려하여 게임을 선택한다.
- 유아의 인원수에 따라 게임을 선택한다.
- 게임에 따라 놀이공간을 선택한다.
- 편 이름, 게임 신호, 점수 매기는 방법, 게임 시 지켜야 할 규칙 등을 유아와 함께 선택한다.
- 긍정적이고 성공적인 경험을 할 수 있도록 단순한 게임에서 복잡한 게임을 선택한다.
- 모두가 참여할 수 있는 게임을 선택한다.
- 게임의 승패보다 게임의 규칙을 공정하게 지키면서 참여할 수 있는 게임을 선택한다.

(2) 실행하기

게임은 집단 구성에 따라 원 게임, 자유대형 게임, 편 게임으로 구분할 수 있다. 유아의 연령이 어린 경우나 학기 초에는 단순한 내용의 게임이나, 규칙과 지시가 적은 원 게임 또는 자유대형 게임을 하고, 유아들이 게임의 규칙에 익숙해진 이후에는 편 게임을 실시한다. 게임의 유형별 특성을 살펴보면 다음과 같다.

가. 원 게임

원 게임은 둥글게 앉거나 서서 하는 게임으로 규칙과 지시가 적어 게임에 익숙하지 않은 어린 유아나 학기 초에 쉽게 할 수 있는 활동이다. 원 게임은 이기고 지는 결과가 뚜렷하지 않아 유아들이 참여하는 과정에 성취감과 즐거움을 느낄 수 있다. 예를 들어 수건돌리기, 오뚝이 맞추기, 공 돌리기 등이 있다.

원 게임의 예	
활동명	수건돌리기
활동자료	수건 또는 손수건
활동방법	① 달팽이집 노래를 부르면서 유아들이 큰 원 대형으로 앉는다. ② 게임 방법을 설명한다. - 원으로 앉아 음악에 맞추어 수건을 옆 친구에게 전달한다. - "반대!" 하는 신호를 보내면 수건을 반대 방향으로 돌린다. - 노래가 끝날 때 수건을 받은 사람이 술래가 된다. - 술래에게는 모두가 의논해서 만든 가볍고 즐거운 벌칙을 준다. (엉덩이로 이름 쓰기, 노래 부르기, 춤추기 등) ③ 교사 또는 한두 명의 유아가 시범을 보이고, 함께 연습한다. ④ 게임에 참여한다. ⑤ 게임을 평가한다.
유의점	① 수건이 옆 친구에게 잘 전달될 수 있도록 한다.

나. 자유대형 게임

자유대형 게임은 대형에 상관없이 자유롭게 서 있다가 음악이나 지시에 맞추어 움직이는 게임이다. 많은 유아들이 한꺼번에 움직이므로 넓은 공간을 확보해야 한다. 게임 시작 전에 게임 방법과 규칙을 충분히 이해해야 즐겁게 참여할 수 있다. 예를 들어 술래잡기, 보물찾기, 색깔 찾기, 짝짓기, 의자 뺏기, 꼬리 밟기, 소리 듣고 찾기 등이 있다.

자유대형 게임의 예	
활동명	숫자대로 짝짓기
활동자료	1~5 숫자 카드, 호루라기
활동방법	① 유아들이 자유롭게 움직일 수 있는 넓은 공간을 확보한다. ② 게임 자료를 탐색하며 방법을 예측한다. ③ 게임 이름과 방법을 소개하고 시범을 보인다. - 1~5까지 숫자 카드를 소개한다. - 제시한 숫자 카드에 맞춰 짝짓기 하는 방법을 알아본다. - 교사가 호루라기를 불어 숫자 카드를 보이고, 유아들이 짝을 짓는다. ④ 유아들과 함께 게임의 규칙을 협의한다. - 숫자 카드와 맞지 않는 친구들은 어떻게 할까? - 짝을 짓지 못한 친구들은 어떻게 할까? ⑤ 게임에 참여한다. ⑥ 게임의 종료를 알리고 평가한다.
유의점	① 짝을 지으면서 유아들끼리 부딪치지 않도록 한다. ② 짝을 짓지 못한 채 서 있는 유아들이 없도록 한다.

다. 편 게임

편 게임은 양편으로 나누어서 하는 게임으로 승자와 패자라는 결과가 있는 놀이이다. 편 게임을 효율적으로 운영하기 위해서는 먼저 같은 편에 대한 소속감을 느낄 수 있는 활동을 경험한 후에, 전체가 동일한 동작을 하는 편 게임을 하며 마지막으로 출발선에서 출발하는 일대일 게임과 릴레이 게임으로 단계적으로 경험하는 것이 좋다. 편 게임은 경쟁이라는 요소가 강하므로 교사가 평가에 대한 공정한 태도를 가져야 하며 유아들은 성공과 실패를 수용하는 태도와 함께 협력을 통해 즐거움을 나눌 수 있는 경험을 할 수 있어야 한다.

편 게임의 예

활동명	시장 보기
활동자료	일회용품과 일회용품이 아닌 그림 카드, 바구니
활동방법	① 준비된 활동자료와 공간을 탐색하면서 어떤 게임인지 예측해 본다. - 어떤 물건이 준비되어 있나요? - 이것을 이용해서 어떤 게임을 할 수 있을까? ② 양 팀으로 나누고 인원을 확인한다. - 공을 뽑아서 노란 공이 나오는 친구는 노란 선에 파란 공이 나오는 친구는 파란 선에 앉아볼까요? ③ 팀 이름과 응원 방법을 정한다. - 팀 이름은 무엇으로 할까요? - 응원은 어떻게 하면 좋을까요? ④ 게임 방법을 안내한다. - 각 편에 바구니 한 개를 준비한다. - 교사의 출발 신호에 따라 각 편에서 유아가 바구니를 들고 뛰어나간다. - 통 속에서 일회용 물건이 아닌 그림 카드를 꺼내 바구니에 담고 돌아온다. - 출발선에서 다음 친구와 손을 치고 바구니를 건넨다. - 그 다음 친구가 뛰어가서 동일한 방법으로 한다. - 일회용품이 아닌 그림 카드를 가지고 온 팀이 이긴다. ⑤ 시범을 보이고 게임에 필요한 약속, 태도에 대해 알아본다. - 각 팀에서 두 명씩 나와서 친구들에게 시범을 보여줄까요? - 이 게임을 하기 위해 우리가 지켜야 할 약속이 있을까요? ⑥ 구호를 외치고 게임을 시작한다. ⑦ 게임 결과를 확인한다. ⑧ 게임에 대한 평가를 한다. - 어떤 점이 재미있었나요? - 다음에 게임을 한다면 어떻게 하면 좋을까요?
유의점	① 한 번에 한 장의 그림 카드를 가져오도록 제한을 둔다. ② 게임의 방법과 규칙에 대해 유아들에게 먼저 시범을 보이게 함으로써 정확한 방법을 알려준다.

4) 노래 부르기

노래 부르기는 유아들이 가장 좋아하는 음악 활동 중의 하나이다. 교사가 의도적인 노래 부르기 활동을 실행하지 않더라도 유아들은 일상생활 속에서 자연스럽게 노래를 듣고 부르기를 즐긴다. 그러므로 노래를 정확히 부를 수 있도록 지도하는 것도 중요하지만 무엇보다 유아들이 생활 속에서 노래를 즐겨 듣고 부르도록 하는 데 중점을 두어야 한다.

(1) 계획하기

새 노래 부르기를 계획할 때 고려할 사항은 다음과 같다.

- 유아들의 놀이와 관련하여 흥미와 경험을 확장시켜 줄 수 있는 곡을 선정한다.
- 유아가 편안하게 부를 수 있는 음역의 노래를 선정한다. '도~라' 사이의 음역이 적당하다.
- 유아에게 친숙한 주제의 노래를 선택한다. (예 이 닦는 노래, 생일 노래)
- 멜로디와 리듬이 단순한 곡을 선정한다.
- 가사가 반복되어 쉽게 익힐 수 있는 곡을 선정한다. (예 머리·어깨·무릎·발, 엄지 어디 있어?)
- 교사가 먼저 새 노래를 불러 보면서 가사와 음을 충분히 익힌다.
- 새 노래를 부르기 위한 지도 방법을 계획한다.
- 교수 매체를 활용하여 유아들이 노래에 친숙해질 수 있도록 계획한다.
  (예 가사를 전달할 수 있는 그림 카드, 인형, 가사판 등)

(2) 실행하기

새 노래 부르기를 실행할 때 고려할 점은 다음과 같다.

- 유아들이 노래에 익숙해질 수 있도록 등원시간, 전이시간, 점심시간 등에 미리 틀어 둔다.
- 노래와 관련된 다양한 매체(동화, 동시, 수수께끼, 노랫말 그림 자료, 인형 등)를 활용하여 흥미 유발을 돕는다.
- 유아를 모두 모아 놓고 동시에 가르치려고 하기보다는 자연스럽게 모이는 대로 시작한다.
- 노랫말과 관련된 이야기를 나누면서 노래 가사에 대한 이해를 돕고 유아들의 경험과 연결한다.
- 교사가 반주 없이 노래 전체를 불러 주거나 녹음된 노래를 들려준다.
- 멜로디를 들으면서 허밍 하거나 '라', '아' 등 한 음절로 노래를 부르며 멜로디를 익힌다.
- 노래를 아는 유아가 앞에 나와서 불러 보거나, 노래를 나누어 부르는 등 유아가 적극적으로 노래 부르기에 참여한다.
- 한 소절씩 나누어 가르치면 전체의 의미를 잃게 되므로 되도록 전체적으로 노래를 불러본다.
- 노래가 익숙해지면 다양한 방법으로(강약, 셈여림 등 다르게 부르기, 반복되는 단어 박수치며 부르기, 개사하기 등)이나 창의적인 활동(율동, 악기 연주, 극놀이 등)을 시도하여 흥미와 즐거움을 더한다.

사진 9-3 노래 부르기와 악기를 연주하는 유아들

출처: 교육부, 보건복지부(2020a; 29).

노래 부르기 활동의 예

<table>
<tr><td>활동명</td><td>숲속의 합창</td></tr>
<tr><td>활동자료</td><td>그림 자료, 막대 인형, 가사판, 음원</td></tr>
<tr><td>활동방법</td><td>① 지난 시간의 놀이 경험을 이야기 나눈다.
- 봄 숲에 다녀와서 그림을 그렸어요. 그림을 한번 볼까요?
- 새싹 친구가 하늘반에게 하고 싶은 이야기가 있대요. 한 번 들어볼까요?
② 노래를 들어본다.
③ 노랫말에 대해 이야기 나눈다.
- 노래에서 누가 나왔어요? 산새요. 새싹이요. 시냇물이요.
- 산새(새싹, 시냇물)가 뭐라고 이야기했어요? 봄이 왔대요.
- 봄이 왔다고 이야기했구나.
④ 전체 노래를 다시 들어본다.
⑤ 노래를 다양한 방법으로 부른다.
- 한 음으로 부르기, 허밍으로 부르기, 콧소리로 부르기
- 유아-교사, 유아-유아 나누어 부르기
- 빠르기, 셈여림 등 음악적 요소를 고려하여 부르기
⑥ 노래가 익숙해지면 창의적인 활동에 참여한다.
- 신체로 표현하기
- 리듬악기로 연주하기
- 개사하기
⑦ 활동을 평가한다.
- 노래를 부르면서 가장 재미있는 부분은 어느 곳이니?
- 다음에는 노래를 부르면서 무엇을 해 볼까요?</td></tr>
<tr><td>유의점</td><td>① 유아들이 노래에 충분히 익숙해지고 자유롭게 노래를 부를 때 다양한 방법이나 창의적 활동을 시도한다.</td></tr>
</table>

5) 미술

미술은 인간의 감정과 사고를 표출할 수 있는 시각적 표상 활동으로 인간의 생활과 밀접하게 관계를 맺고 있는 예술의 한 영역이다. 유아를 위한 미술활동은 유아들을 미술가로 키우거나, 특수한 재능과 미적 기능을 발달시키기 위한 것이 아니다. 모든 유아들이 자신의 생각과 느낌을 색, 형태, 질감 등의 미술적 요소를 활용하여 자유롭게 표현해 봄으로써 즐거움을 느끼고, 내적 갈등을 해소하며, 창의적으로 표현하는 과정을 즐기면서 미적 감수성을 발달시키는 것이다. 즉, 미술활동은 개별 유아의 창의적 능력을 확장시키고, 심미감 발달을 돕는다. 교사는 유아들이 자연과 주변의 사물에서 예술적 요소를 발견할 수 있도록 지원하고 자유롭고 창의적인 방법으로 표현할 수 있는 다양한 기회를 제공해야 한다.

(1) 활동 내용

가. 자연과 생활에서 아름다움 찾아보기

자연과 생활에서 아름다움 찾아보기는 유아가 자신의 주변에서 만나는 자연, 공간, 사물 등의 아름다움을 풍부하게 느끼고 즐기며, 색이나 형태, 질감 등과 같은 미술적 요소에 관심을 가지고 발견하는 경험을 한다.

사진 9-4 자연에서 아름다움 찾아보기

벚꽃이 바람을 타고 눈처럼 휘날린다. 유아들이 "저것 봐! 눈이 오는 것 같아. 분홍색 눈이야. 정말 예쁘다!" 하며 감탄한다. 유아들은 하늘을 향해 고개를 들고 두 팔을 벌리며 흩날리는 벚꽃잎을 맞기도 하고, 바람결에 날아가는 벚꽃잎을 쫓아다니기도 한다. 그리고 땅에 떨어진 벚꽃잎을 조심스럽게 다루며 한 잎 한 잎 줍기도 한다.

출처: 교육부, 보건복지부(2019a; 94).

나. 창의적으로 표현하기

창의적으로 표현하기는 유아가 자연과 생활에서 발견한 다양한 재료와 도구를 활용하여 여러 가지 방법으로 자유롭게 표현하는 과정을 즐기는 것에 중점을 둔다. 특히 자신의 경험, 느낌, 생각 등을 창의적으로 표현하는 과정을 즐기도록 하는 것이다. 또한 음악, 움직임과 춤, 조형 활동, 극놀이를 통합적으로 경험하면서 창의적으로 표현하는 과정을 즐기도록 한다. 창의적으로 표현하기에는 미술 장르에 따라 평면활동과 입체활동, 재료에 따라 표현하기, 주제에 따라 표현하기, 조형 요소로 표현하기 등이 있다. 미술 장르에 따른 활동 중에는 평면활동으로 그림그리기, 데칼코마니, 콜라주, 몽타주, 마블링, 스크래치, 모자이크, 불기그림, 물감 흘리기, 판화 찍기 등이 있고, 입체활동으로 조소, 꾸미기와 만들기가 있다.

사진 9-5 물감으로 창의적으로 표현하기

「생상스의 동물의 사육제」 선율이 흐른다. 음악이 흘러나오자 유아들은 몸을 움직이며 넓게 펼쳐진 큰 종이로 뛰어든다. 유아들은 넓은 도화지 위에 들려오는 음악의 높낮이에 따라 소리의 강약에 따라 붓을 든 손이 새로운 움직임을 만들어 간다.

현승: 밤에 산책하는 거야.

연선: 나무가 점점 자라나는 것처럼 느껴졌어!

로운: 별이 떨어지는 것 같이 느껴져서 이렇게 표현했어.

동인: 음이 높아졌다가 낮아졌다가 하는 거야!

출처: 교육부, 보건복지부(2020b: 120).

다. 예술 감상하기

감상하기 유아가 자신과 또래의 작품이나 미술작품 및 자연과 생활 속의 아름다움, 우리 전통 예술에 유아가 관심을 가지고 즐기도록 하는 것이다. 감상하기에는 미술작품 감상하기, 자연 및 주변 환경 감상하기 활동을 할 수 있으며, 미술작품 감상은 작가들의 작품뿐만 아니라 유아들의 작품을 감상하는 활동으로 구성할 수 있다. 유아들은 다양한 예술을 감상하며 자유롭게 상상하고, 서로 다른 예술표현을 존중하며 전통예술에 관심을 가지고 친숙해지는 경험을 한다.

(2) 실행하기

미술활동은 자유놀이 시간에 개별적으로 이루어지거나 교사와 함께 대·소집단 활동으로 운영된다. 교사는 유아의 놀이 경험과 미술활동의 종류나 내용을 고려하여 적절한 활동 형태를 선택하여 지도하는 것이 필요하다.

가. 자유놀이에서 이루어지는 미술활동

유아들이 자유놀이를 하면서 교실에 마련된 다양한 재료를 이용하여 자유롭게 표현하고 이를 감상하는 활동을 하거나 또는 교사가 계획한 미술활동에 유아들이 참여하도록 지원하기도 한다. 자유놀이에서 이루어지는 미술활동을 실행할 때 고려할 점은 다음과 같다.

- 다양한 재료를 유아의 놀이 주제와 계절 등을 고려하여 준비하고, 유아들이 충분히 재료를 탐색해 보는 시간을 가질 수 있도록 한다.
- 특정한 활동을 계획한 경우에는 직접 설명을 해주거나, '미술활동 순서표'를 만들어 유아들이 잘 보이는 곳에 배치해 둔다.
- 다른 영역에서도 미술활동이 일어날 수 있도록 격려한다. 예를 들어, 소방관 놀이를 하는 경우 소방관 놀이에 필요한 소화기, 산소통, 방독면 등 물건들을 미술 영역에서 만들어 놀이할 수 있도록 한다.
- 유아들이 만든 작품을 소중하게 다루고, 보관하거나 전시할 수 있는 공간을 마련해 준다.

- 유아들이 작품을 끝까지 완성할 수 있도록 격려한다. 시간 안에 완성하지 못한 경우에는 다음 날 계속 완성할 수 있도록 지원한다.
- 미리 활동이 끝날 시간을 알려주고, 쓰레기통이나 빗자루 등을 제공하여 유아들이 쉽게 정리할 수 있도록 배려한다.

자유놀이에서 미술활동의 예

넓게 펼쳐진 찰흙 덩어리 위에 유아들은 공이 굴러가는 길, 터널, 집, 건물, 에펠탑, 강, 아파트, 케이크, 만두 등 자신이 원하는 것을 만든다.

여행 가서 본 내가 좋아하는 에펠탑이야.

세상에서 제일 큰 변기

케이크야. 나는 10층 케이크를 만들어야지. 여기는 빵집이야. 지금 친구가 올 때까지 기다리고 있어. 친구가 와서 같이 케이크를 먹어.

OHP 숲 배경을 올려놓고 놀이하는 유아들은 불꽃 사진을 발견하고 OHP 기기 위로 올려놓는다. 평화롭던 숲이 순식간에 화재현장으로 바뀌면서 "으악 불이 났어! 나비 숲에 불이야! 불을 꺼야 해~ 소화기를 만들어야 해!" 유아들은 교실에 있는 소화기를 자세히 탐색하면서 소화기를 만든다.

시경: 나는 소화기가 빨간색이니까 빨간색 종이를 붙였고, 검정색 손잡이도 만들었어! 너는 어떻게 만들 거야?

영후: 잘 봐, 이쪽이 호스라서 이렇게 잡고 불을 꺼야해.

출처: 교육부, 보건복지부(2020b; 77, 141).

나. 대·소집단에서 이루어지는 미술활동

교사는 유아의 놀이를 지원하거나 확장하기 위해 대소집단 또는 소집단으로 미술활동을 진행하는 것으로 일반적으로 교사가 제안한 2~3종류의 미술활동 중에서 유아들이 선택하여 진행한다. 대·소집단 미술활동에서 고려해야 할 점은 다음과 같다.

- 유아의 놀이 경험과 흥미를 고려하여 미술활동을 계획한다.
- 미술활동을 수준별로 준비하고 하루에 새로운 활동을 모두 제시하기보다는 익숙한 활동 두 개에 새로운 활동 한 개를 추가하는 것이 좋다.
- 새로운 미술활동을 시작하기 전에 대그룹으로 모여서 미술활동 방법에 대해 구체적으로 설명한다.
- 유아들이 원하는 활동을 선택하게 한 후 재료가 마련된 책상으로 이동한다.
- 집단 활동에서 이루어진 미술활동을 자유놀이에 내주거나 또는 자유놀이 에 이루어진 미술활동을 집단 활동으로 운영할 수 있다.
- 다른 활동과 병행하여 미술활동이 이루어질 수 있다. 예를 들어 발표회를 위한 무대 꾸미기 활동에서 무대 소품을 만들고, 무대 배경을 만드는 등의 미술활동을 계획할 수 있다.
- 소그룹으로 협동 작업을 계획할 수 있다.
- 유아들이 활동하는 동안 음악을 틀어주는 것도 좋다.

대집단 또는 소집단에서 미술활동의 예

구분	내용
활동명	노을 진 가을하늘
활동자료	아기 거위 인형, 광목천, 왕소금, 물감(빨강, 노랑, 파랑), 붓, 편지지, 여러 가지 그리기 도구, 노을 진 가을 하는 사진, 영화 아름다운 비행

활동방법

① 선생님이 아기 거위를 만난 사연에 대해 이야기 나눈다.

> 선생님이 어제 퇴근하다가 노을 지는 가을 하늘이 너무 아름다워서 감상을 하고 있었어. 붉은색이 비치면서 색이 점점 짙어지고 하늘의 구름도 주변의 산도 신비스럽게 느껴져 감상하고 있는데 어디선가 아기 거위의 우는 소리가 들려 아기 거위에게 가서 왜 우는지 물어보았단다.

② 아기 거위의 이야기를 듣는다.

> (아기 거위 인형) 노을 진 가을하늘이 너무 아름다워 구경하다가 그만 엄마를 잃어버렸어요. 추운 겨울을 따뜻한 곳에서 지내려고 먼 곳에서 날아와 이곳을 지나고 있었는데... 엄마를 다시 만나 아름다운 가을 하늘을 함께 날고 싶어요.

- 하늘반 친구들아, 어떻게 하면 좋을까?
- 아기 거위를 도와줄 방법에 대해 이야기 나누고 아기 거위가 날아온 노을 진 가을하늘을 소개한다.

③ 노을 진 가을하늘 이미지를 함께 본다.

- 선생님이 어제 아기 거위를 만났을 때 봤던 하늘이야.

- 너희들도 이런 하늘을 본 적 있니?
- 가을 하늘을 보고 나니 어떤 느낌이 드니?

  "이렇게 아름다운 하늘이라면 아기 거위처럼 하늘을 감상하다가 엄마를 잃어버렸을지도 몰라요."

④ 노을 진 가을하늘을 표현한다.

- 아기 거위가 바라보다 엄마 거위를 잃게 된 하늘을 어떻게 표현할 수 있을까?
- 엄마 거위가 아기 거위를 찾을 수 있게 노을 진 가을하늘을 그려보자.

[활동방법]

- 물에 적신 광목천을 준비한다.
- 바닥에 신문지를 깔고 그 위에 코르크판을 놓는다.
- 준비된 물감(삼원색)으로 노을 진 가을하늘을 표현한다.
- 왕소금을 뿌려두면 마르면서 햇빛이 반사되어 보석처럼 빛난다.

⑤ 노을 진 가을하늘 작품을 전시한다.

- 엄마 거위가 잘 볼 수 있도록 노을 진 가을하늘 작품을 전시한다.

"엄마 거위가 잘 볼 수 있도록 교실 밖에 전시해요."

"밖에 걸어 놓고 바람과 구름에게 보여줘요. 하늘이 엄마 거위에게 전해 줄지도 모르잖아요."

⑥ 엄마 거위에게 보낼 편지를 쓴다.

- 엄마 거위에게 아기 거위를 찾아와 달라는 마음을 담아 편지를 적는다.

"선생님, 우리 엄마 거위에게 편지를 보내요. 아기 거위를 찾아와 달라고 편지를 보내면 훨씬 더 잘 찾아올 수 있을 거예요."

⑦ 엄마 거위와 아기 거위의 만남의 이야기를 나눈다.

- 교사는 엄마 거위와 아기 거위가 만난 이야기를 들려준다.

"얘들아, 아기 거위는 엄마 거위를 만났을까?"

- 영화 '아름다운 비행' 마지막 장면을 보면서 하늘에서 만난 거위 가족의 이야기를 전한다.

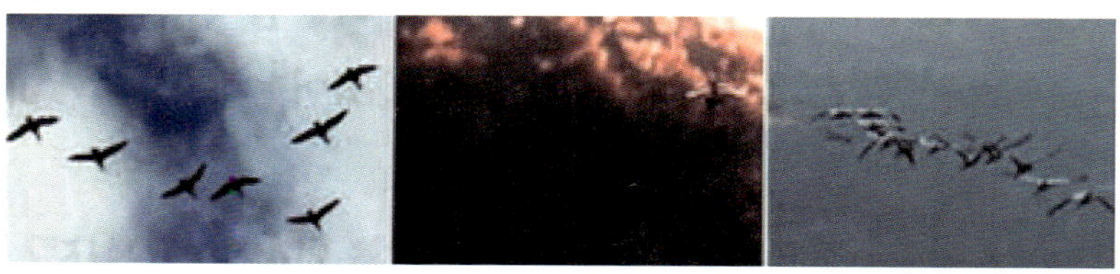

(영화 '아름다운 비행' 마지막 장면)

"엄마 거위는 편지를 받고 아기 거위를 찾으러 왔고, 아기 거위는 엄마 거위를 만나 하늘로 날아갔단다."

출처: 임부연 외(2018; 98-123).

6) 요리

요리는 유아들이 매우 즐겁게 참여하는 활동이다. 요리할 음식을 선정하고, 재료 준비와 조리 및 정리까지 유아가 주도적으로 참여하게 된다. 유아들은 요리에 참여하면서 여러 재료의 특성을 파악하고, 요리 방법에 따라 재료가 변화하는 과정과 변화된 모습을 경험하게 된다. 그리고 재료를 나누고 수를 세며 양을 비교하고, 분류하는 과정에서 수량화, 순서, 측정 등을 경험하게 된다. 또한 친구와 함께 요리하면서 사회생활을 경험하며, 음식을 만들고 식탁을 차리면서 다양한 표현의 기회와 바른 식생활을 경험할 수 있다.

요리 활동은 불의 사용 유무에 따라 요리의 종류를 나눌 수 있다.

| 표 9-1 | 요리의 종류

불을 이용하지 않는 요리	불을 이용하는 요리
과일샐러드, 화채, 샌드위치, 카나페, 과일주스, 소떡소떡, 주먹밥, 김장 등	계란요리, 떡볶이, 팝콘, 피자, 핫케이크 등

(1) 계획하기

교사들은 유아들의 놀이 경험과 연계된 요리를 계획하여 놀이를 지원할 수 있다. 요리를 계획할 때 고려사항은 다음과 같다.

- 요리는 유아의 일상과 놀이 경험을 고려하여 이를 지원할 수 있는 활동으로 선정한다.
- 계절을 고려하여 구하기 쉬운 재료와 요리 방법이 간단하여 유아와 함께 만들기에 적합한 음식으로 선정한다.
- 유아의 발달 수준과 인원수를 고려하여 재료, 도구 등 요리 활동에 필요한 것들을 미리 준비해 둔다.
- 유아들이 요리의 재료와 도구를 알아보고, 요리과정을 예측할 수 있는 요리 순서표를 준비한다.
- 요리 활동 시 시행착오를 줄일 수 있도록 교사가 음식을 미리 만들어 보면서 구체적인 계획을 세운다.
- 불이나 칼 등을 사용하는 경우 안전 규칙을 예상해 본다.

(2) 실행하기

요리는 유아들이 흥미로워하는 활동이지만, 재료를 자르거나 익히는 과정에서 위험성을 가지고 있다. 교사는 요리 활동을 실행하면서 다음과 같은 점을 고려해야 한다.

- 요리와 관련된 유아의 사전경험을 이야기 나눈다.
- 요리 재료와 도구를 탐색하면서 요리 활동에 대해 이야기 나눈다.
- 요리 순서에 대해 이야기 나누면서 유아와 의논한다.
- 요리 활동 시 지켜야 할 약속을 유아와 함께 정한다.
- 요리에 참여는 유아들이 재료의 변화과정을 경험할 수 있도록 상호작용한다.
- 완성된 음식의 형태와 색, 냄새를 관찰하고 재료의 변화를 관찰한다.
- 완성된 음식은 나누어 먹고, 사용한 도구와 자리를 정리한다.
- 요리 활동을 마무리하고 평가한다.

사진 9-6 요리 활동을 경험하는 유아들

시금치 무침 요리 활동 중에, 교사는 유아가 데친 시금치를 맛보고 싶다고 하여 맛보게 한다. 유아들이 "맛있어?", "맛없지?", "난 시금치 안 좋아해. 안 먹을래."라고 말하며 인상을 찌푸린다. 교사가 "시금치에 양념 옷을 입혀 맛있게 변신시켜 줄까?" 하고 말한 후, 유아들에게 직접 깨소금, 참기름 등의 여러 양념을 넣고 손으로 무쳐 보게 한다. 유아들은 "우와! 좋은 냄새 난다.", "맛있겠다!", "저도 주세요."라고 말한다.

출처: 교육부, 보건복지부(2019a; 66).

요리 활동의 예	
활동명	옥수수와 팝콘
활동자료	주말지낸이야기 스케치북 동화, 동화(옥수수 아줌마와 팝콘 도깨비), 옥수수, 주걱, 팝콘 요리도구, 옥수수 및 옥수수 축제 사진, 웰컴투 동막골 영상
활동방법	① 강원도 홍천 할머니 댁에 다녀온 교사의 주말 지낸 이야기를 나눈다. - 지난 주말에 무엇을 하면서 지냈나요? 선생님은 지난 주말에 무엇을 했는지 이렇게 그림일기를 적어왔어요.

생일 축하합니다. 생일 축하합니다. 할머니의 생일을 축하합니다.

지난 일요일 선생님 할머니의 90번째 생신이었어. 선생님은 할머니께 드릴 선물을 준비해서 강원도 홍천으로 향했어. 할머니 댁은 너무 멀어서 5시간이나 차를 타고 갔어요. 차를 타고 가는 동안 조금 심심했지만, 강원도의 산과 들을 감상하다 보니 할머니 댁에 도착했단다.

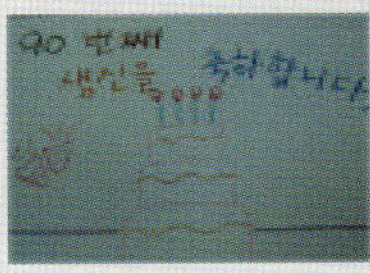

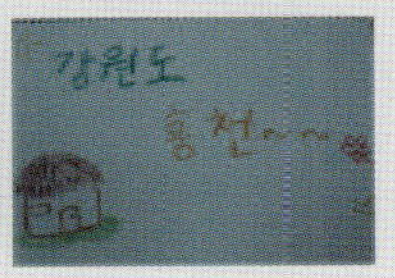

② 아름다운 옥수수와 옥수수 축제 사진 자료를 감상하면서 이야기를 나눈다.

- 선생님은 강원도 홍천은 어떤 곳일까? 하고 둘러보다가 하늘반 친구들에게 보여주고 싶어서 카메라로 찰칵 찍어 왔어요.
- 정말 옥수수들이 많았어. 그리고 옥수수밭에는 할머니들이 모여 옥수수를 따서 말리고 계셨어요.

- 할머니들은 강원도 홍천에는 매년 여름에 옥수수 축제가 열린다고 이야기해 주셨어. 선생님은 옥수수 축제에 다녀왔어요.

- 옥수수 축제에 갔더니 옥수수 쌓기 게임, 옥수수 껍질 빨리 까기 게임, 옥수수 재미있게 먹기 게임도 하고 옥수수 요리대회도 열렸어요.

③ 할머니가 보내주신 옥수수를 탐색하고 옥수수로 놀이한다.

- 할머니가 돌아오는 길에 하늘반 친구들과 나누어 먹으라고 옥수수를 보내주셨어. 한번 볼까요?
- 옥수수를 탐색하고 옥수수 쌓기 놀이, 옥수수 껍질 벗기기 놀이를 한다.

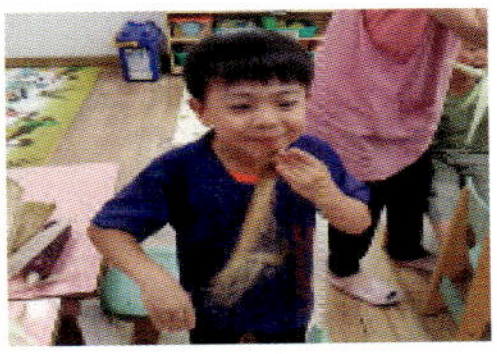

④『옥수수 아줌마와 팝콘 도깨비』 동화를 듣는다.

- 할머니가 보내주신 옥수수를 가지고 놀이를 했지요?
- 이 옥수수를 삶아서 먹어도 맛있지만 더 맛있게 먹을 수 있는 방법이 있다고 해요. 옥수수를 더 맛있게 먹으려면 어떻게 하면 좋을까요?
- 옥수수를 더 맛있게 만드는 옥수수 아줌마 이야기를 한 번 들어볼까요?

<동화 – 옥수수 아줌마와 팝콘 도깨비>

옛날 어느 마을에 옥수수 농사를 짓는 아줌마가 살았어. 어느 날 아줌마가 옥수수 요리를 하려고 큰 솥에다 옥수수를 넣는데, 옥수수가 통통 튀어 도망을 가버렸어. 제일 먼저 통통 튀어간 옥수수를 따라 다른 옥수수들도 줄줄이 도망을 가는 거야. 아줌마가 얼른 옥수수를 쫓아갔지. 그랬더니 옥수수는 집 앞 마당의 갈라진 틈새로 쏙쏙 들어가는 거야. 아줌마는 옥수수를 놓칠세라 얼른 틈새로 따라갔어. 옥수수는 한줄 기차를 하고 어느새 지하 나라로 들어가 버렸어. 아줌마는 옥수수를 따라 도깨비들이 사는 마을까지 가게 됐어. 도깨비들 마을에 도착해 보니, 장난꾸러기 아기도깨비가 "떽떼굴 떽떼굴 굴러라 옥수수 얍!" 주문을 걸어 놓아서 아줌마의 옥수수들이 아기도깨비의 커다란 망태로 굴러가고 있는 거야. "이놈들, 내 옥수수가 다 어디 갔나 했더니, 도깨비, 니놈이 다 가져갔구나!" 아줌마가 옆에 있던 도깨비 방망이로 아기도깨비를 혼내주었어. 그랬더니 아기도깨비가 잘못했다고 싹싹 빌면서 이렇게 말했어. "아줌마, 아줌마! 한 번만 용서해 주세요." "안돼. 아기도깨비라도 잘못하면 혼나야지. 이 옥수수들을 키우느라 얼마나 고생했는데, 허락도 없이 가져가?" 아줌마는 분이 삭지 않았어. "아줌마, 아줌마, 다시는 안 그럴게요. 한 번만 용서해 주세요. 대신 맛있는 팝콘을 만들 수 있는 이 요술 주걱을 선물로 드릴게요." "참! 이 요술 주걱은 제가 알려드리는 '나와라~ 옥수수! 터져라~ 팝콘!' 주문을 꼭 외워야 맛있는 팝콘이 만들어져요. 꼭 기억하세요! 아줌마." 요술 주걱을 받아 집으로 돌아온 아줌마는 삶은 옥수수만 먹어본 터라, 팝콘의 맛이 너무도 궁금해서 요술 주걱으로 팝콘을 만들어 먹었는데 너무 맛있는 거야. 그 이후로 아줌마는 요술 주걱으로 팝콘을 많이 만들어 동네 아이들에게 나누어 주는 일을 하셨대.

동화 옥수수 아줌마와 팝콘 도깨비는 '별나게 웃음 많은 아줌마' 동화를 개작한 내용임

⑤ 동화를 듣고 이야기를 나눈다.

- 선생님도 요술 주걱으로 만든 팝콘 맛이 너무 궁금해서 옥수수 아줌마 가게에 찾아가서 팝콘을 먹어봤어요.
- 선생님이 옥수수 아줌마에게 요술 주걱을 한 번만 빌려달라고 부탁을 했지. 그랬더니 짠~ 요술 주걱을 빌려주셨어요.

⑥ 팝콘 재료를 탐색하고 요술 주걱으로 팝콘을 만든다.

- 요술 주걱으로 팝콘을 만들어 볼까요?
- 팝콘을 만들려면 어떤 재료가 필요할까요?
- 재료를 한 번 살펴볼까요?
- 팝콘을 만들려면 어떻게 해야 할까요?
- 팝콘 만들기를 할 때 주의할 점은 무엇일까요?

활동방법

- 선생님 팝콘 먹으면서 영화 보고 싶어요.
- 그럼 맛있는 팝콘을 먹으면서 영화 볼까요?

⑦ 아름다운 팝콘 영상을 감상한다.
- 지난 시간 요술 주걱으로 맛있는 팝콘 만들기를 했는데.
  팝콘 눈이 내리는 마을이 있다고 해요. 우리 그 마을로 함께 떠나볼까요?

아름다운 팝콘 이미지(영화 웰컴투 동막골)

- 우와~ 눈이다. 팝콘 눈이다. 팝콘 눈!
- 정혁이랑 소민이가 나와서 팝콘을 한 번 잡아볼까?

팝콘을 먹어야지~ 냠냠!
팝콘을 바구니에 담아야지.

하하하하~ 맛있겠다!
하늘에서 팝콘이 떨어져~
먹어보자~
아~ 냠냠! 맛있다.

⑧ 옥수수와 팝콘 활동에 대한 느낌을 나눈다.
- 가장 재미있었던 활동이 무엇이었나요?
- 팝콘 눈이 내리는 마을로 가봤는데 기분이 어땠어요?
- 하늘에서 내리는 팝콘을 먹어 본 기분이 어땠어요?
- 그럼 우리 교실에 팝콘 눈이 내리면 어떨지 내일 그림으로 그려보도록 해요.

출처: 임부연 외(2018: 116-149).

생각해 보기

교사는 유아의 놀이가 활발하게 이루어질 수 있도록 지원하는 과정에서 필요한 경우 이야기 나누기, 노래, 동화, 게임 등 적절한 유형의 활동을 연결하여 실행할 수 있습니다. 다음의 놀이 사례를 살펴보고, 유아의 놀이가 활발하게 이루어질 수 있도록 교사가 지원할 수 있는 '놀이 지원 활동'을 계획해 보세요.

큰 전지로 놀기

교사는 수영장처럼 만들어 달라는 유아의 요청에 따라 큰 전지를 바닥에 깔아주고 유아에게도 전지를 제공한다. 유아는 큰 전지를 온몸으로 흔들거나 구기거나 찢으며 놀이한다.

혜연: 민우야, 너 이거 찢어.
교사: 오!
혜연: 소리가 완전 천둥 번개다!
서진: 완전 천둥 번개야!
혜연: 선생님, 옛날이[1] 됐어요.
이 종이 정체가 옛날이!
교사: 그 종이 정체가 옛날이었어?
영준: 구겨 가지고. 으….
민욱: 이불 같아요.
영준: 종이나라 패배했다.
선생님, 종이나라가 패배했어요.
교사: 종이나라가 패배했어?
영준: 네. 다 찢어졌어요.
서진: 태풍이 분다. 완전 신나요!

1) '옛날이'는 유아가 종이 특성을 살피며 붙인 이름으로서, '구김지'가 할아버지처럼 쭈글쭈글해서 '옛날이'라는 이름을 지었다.

출처: 교육부, 보건복지부(2019b: 99-100)

제 10 장 교육계획안 및 평가

1 영유아·놀이중심 교수학습 계획 이해하기

1) 계획하기의 의미

일반적으로 교수학습에서 계획하기는 교사가 교육적 상황에서 무엇을 어떻게 해야 하는지를 알려주는 지침이다. 교수학습을 건물에 비유한다면, 계획하기는 짓고자 하는 건물의 외관, 용도, 재료, 건축방식 등을 구상하는 설계와 같다고 할 수 있다. 이처럼 교수학습 계획하기는 교육의 방향성에 따라 이를 수행하기 위한 구체적인 방법을 마련하는 것으로 이해할 수 있다. 영유아교수학습에서 계획하기는 다음과 같은 특성을 갖는다.

- 영유아의 흥미와 요구, 생활을 반영한다.
- 영유아의 조화롭고 균형적인 발달을 위해 통합적으로 계획한다.
- 영유아 놀이 및 활동에서 나타나는 상황에 대해 융통성을 갖는다.

영유아·놀이중심 교수학습에서 계획하기는 교사가 영유아의 놀이를 통한 배움을 지원하기 위하여 교육과정 내용과 시간을 조직하는 것이다(교육부, 보건복지부, 2019c). 계획안에는 교사가 영유아의 놀이를 지원하기 위해 필요한 사항을 미리 생각하여 준비하는 모든 과정이 포함될 수 있다(교육부, 보건복지부, 2019a). 그러나 놀이 지원을 미리 생각하여 준비한다고 하여, 목표설정에서 평가에 이르는 전 과정을 선조직하여 교사가 설정한 지점에 영유아가 얼마나 정확하게 도착하였는가를 목표로 삼는 것은 적절하지 않다. 계획하기는 교사가 영유아의 흥미, 어려움, 요구 등을 관찰하고 놀이를 통한 배움을 어떻게 지원하였으며, 또 어떻게 지원할 것인지에 대한 교사 개인 및 동료 교사와의 협의 내용 등을 반영하는 것이다.

누리과정에서는 만들어진 교육과정이 아니라 만들어 가는 교육과정을 강조하고 있으므로, 계획하기 역시 교사와 영유아가 함께 만들어 가는 과정으로 이해할 필요가 있다.

함께 만들어 가는 과정이라는 것은 계획하기가 교수학습 실행 과정에서 지속적으로 변형될 수 있다는 것을 의미한다. 고정된 계획안은 영유아의 흥미와 놀이 실제, 학급의 특이성과 맥락이 들어갈 여지가 부족하다. 따라서 계획하기는 영유아의 놀이 주제, 발현 시기, 지속 기간 등을 즉각적으로 반영하여 추가, 삭제, 수정될 수 있는 역동적인 과정이 되어야 한다.

영유아·놀이중심 교수학습에서는 영유아의 놀이, 관심, 일상 등이 교수학습 계획에 포함되며, 이외에도 영유아의 삶을 둘러싼 다양한 맥락이 녹아든다. 교수학습 계획하기에 반영될 수 있는 내용을 제시하면 다음과 같다(교육부, 보건복지부, 2019c).

- 전체 또는 개별 영유아의 놀이상황
- 영유아의 생활 속에 나타나는 크고 작은 관심사
- 영유아의 일상생활을 편안하게 유지하기 위한 경험
- 계절, 날씨 등의 자연적 현상
- 기관의 특별한 행사

2) 계획하기의 유형

(1) 기관 수준 계획안 : 연간계획

연간계획은 누리과정에서 추구하는 인간상, 기관의 철학 등을 고려하여 일 년간의 영유아의 경험 및 일정을 계획한 것이다. 연간계획은 기관 차원에서 자율적으로 수립하고 검토하는 것으로, 일 년간의 중요한 경험을 포함하여 기관의 모든 구성원이 공유한다.

놀이 주제를 중심으로 계획한 연간계획은 영유아의 놀이 진행에 따라 즉각적으로 반영될 수 있도록 융통성 있게 작성한다. 월별 주제에 따른 소주제 및 교육내용을 상세하게 조직하는 방식은 영유아의 놀이상황을 반영하기 어려울 수 있으므로, 영유아의 놀이가 반영될 수 있도록 여유로운 연간계획을 수립하는 것이 좋다. 연간계획을 수립할 때에는 영유아의 흥미와 요구를 우선적으로 반영하되, 이 외에도 다음의 내용을 고려할 수 있다.

- 계절 및 명절
- 사회적 이슈 및 국가적 행사

- 지역사회 문화
- 기관 행사(현장학습, 가족 행사 등)
- 기관 적응 및 진급

| 표 10-1 | 연간계획의 예

예상되는 시기	예상되는 놀이 주제	유아가 경험해야 할 내용	미리 그려보는 놀이	함께 만들어 간 주제 놀이 실행 결과
3~4월	나와 친구	• 나에 대해 관심을 갖고 소중함을 느낀다. • 친구와 사이좋게 놀이한다. • 약속과 규칙의 필요성을 알고 지킨다. • 말이나 이야기를 관심 있게 듣는다.	• 나와 친구의 어린 시절 사진 찾기 • 친구 이름 빙고 • 7살 챌린지 도전하기 • 짝꿍 놀이 해보자!	
5~7월	가족과 이웃 · 환경과 생활	• 가족의 소중함을 알고 사랑을 표현한다. • 우리 동네의 모습에 관심을 갖는다. • 다양한 직업을 알아본다. • 물체의 특성과 변화를 여러 가지 방법으로 탐색한다. • 계절의 변화를 생활과 관련짓는다. • 관심 있는 동식물을 탐색한다. • 동식물을 소중히 여기는 마음을 갖는다.	• 결혼식을 올려요 • 블록으로 만든 우리 집 • 마트 놀이 • 직업 역할 놀이	
9~10월	도구 문화 경험	• 도구와 기계에 대해 관심을 가진다. • 사물로 간단한 리듬을 만들어 본다. • 다양한 문화에 관심을 가진다. • 우리나라 문화에 친숙해진다.	• 상상 노트북 - 컴퓨터로 뭐 해요? • 컵 놀이 대회 • 우리나라 춤추기 • 세계 여러 나라 음식 알아보기	
11~2월	놀이 배우기	• 궁금한 것을 탐구하는 과정에 즐겁게 참여한다. • 이동운동, 제자리 운동, 도구를 이용한 운동을 한다. • 내가 할 수 있는 것을 스스로 한다.	• 생각 신호등 토론 놀이 • 선생님이랑 강당놀이 해보자! • 선생님이랑 교실놀이 해보자! • 우리반 기억력 게임 만들기	

출처: 부산광역시교육청(2021; 45).

(2) 교실 수준의 다양한 계획안 : 월간, 주간, 일일계획

기존의 월간계획은 한 달 동안 진행되는 생활주제를 명시하였다. 월간계획 안에는 일주일 단위로 구성된 3~4개의 소주제가 있으며, 보통 하나의 소주제를 1주 내지는 2주 동안 진행하였다. 교사는 요일별로 매일의 목표, 자료, 활동 순서 등을 계획한 주간계획의 소주제에 따라 일과계획을 세우고, 그날의 주제와 목표는 물론, 하루의 일과를 시간대별로 정리하여 일일계획으로 제시하였다. 그러나 이러한 촘촘한 계획 과정은 놀이 실제와의 유연한 흐름으로 이어지기 어려워, 영유아의 흥미와 무관한 교사의 계획을 실행하거나, 또는 영유아의 놀이와 무관한 평가를 작성해야 하는 '계획 따로, 실제 놀이 따로' 현상을 낳기도 하였다(임부연, 손연주, 안정은, 2020).

영유아·놀이중심 교수학습에서 월간, 주간, 일일계획은 사전 계획을 최소화하면서 영유아의 실제 놀이를 근간으로 한다. 교사는 학급(반)의 실제적인 경험을 반영하여 영유아의 놀이와 배움을 관찰하고 구체적으로 기록함으로써 자신의 학급에 적합한 교육계획을 수립해 나간다. 영유아의 놀이는 예측하여 계획하기 어렵기 때문에 교사는 놀이 흐름에 가장 적합한 교육적 지원이 무엇인지를 상황에 따라 판단하고 실천해야 한다(교육부, 보건복지부, 2019a). 그렇게 함으로써 영유아의 놀이와 계획안이 상호작용하며 교실의 목소리가 살아 있는 계획안이 되는 것이다.

| 표 10-2 | 학급의 실제적 경험을 반영한 일일계획의 예

3세 바다반 일일교육계획안			
일자	20**년 *월 *일 *요일	수업일수	○○○/○○○일
일과 시간표	09:00~ 등원 09:10~ 실내놀이 10:10~ 오전간식 10:40~ 바깥놀이 ~~11:40~ 화장실 다녀오기~~ 12:10~ 화장실 다녀오기 ~~11:50~ 이야기 나누기 '주말 지낸 이야기'~~ ~~12:05~ 점심식사~~ 12:20~ 점심식사 ~~13:05~ 동화 '구름'~~ 13:25~ 귀가지도 및 하원		

누리과정 운영평가	• 나뭇가지를 탐색하고, 스카프를 활용하여 놀이하는 시간이 길어져서 바깥놀이 시간을 연장함. • 계획해 둔 이야기 나누기와 동화 활동은 반드시 진행하지 않아도 되는 활동이라고 판단함. • 점심식사 시간을 여유 있게 계획해 두었기 때문에 식사 시작 시간을 늦추어도 무리가 없다고 판단함.

출처: 교육부, 보건복지부(2019c; 96).

2 영유아·놀이중심 교수학습에서 계획하기

1) 자율적·통합적 형식으로 계획하기

교사는 계획안의 종류, 형식, 분량 등을 학급(반)의 특성에 적합한 방식으로 자율적으로 조정하여 작성할 수 있다(교육부, 보건복지부, 2019a). 영유아가 실제 놀이한 내용과 이를 지원하는 내용을 포함하는 자율적인 형식으로 기술하는 것이다. 이와 같은 계획하기는 기존의 방식에 비해 사전 계획을 최소화하여 계획을 수립한다는 특징이 있다.

자율적인 형식의 최소화된 계획하기라 하더라도 교육계획안에 일반적으로 포함되는 날짜, 시간, 반 이름 등의 기본적인 항목은 포함된다. 또한 안전교육과 같이 꼭 필요한 내용은 계획안 형식에 포함된다. 따라서 사전 계획을 최소화한다는 것은 계획안을 작성하지 않는다는 의미가 아니라, 교사의 계획은 영유아의 놀이를 기초로 이루어져야 하고 교사가 계획한 것이라도 영유아의 흥미와 관심에 따라 탄력적으로 운영될 수 있어야 한다는 의미로 이해해야 할 것이다.

교사는 월간, 주간, 일일계획을 모두 수립해야 하는 것은 아니며, 이 중에서 하나만 선택하여 작성할 수 있다. 또 월간, 주간, 일일계획을 따로 세우기보다는 월간과 주간을 통합하거나 주간과 일안을 통합하여 계획할 수도 있다. 간략한 계획안 수립을 위해 일일계획에 매일 진행된 놀이를 기록하고 다음 날 지원할 내용을 간단히 계획할 수 있으며, 혹은 매주 놀이 주제에 맞추어 지원 계획을 수립할 수도 있다(교육부, 보건복지부, 2019c).

| 표 10-3 | 자율적 형식의 주간계획안 예시

<table>
<tr><th colspan="3">즐거운 새싹반의 한 주 이야기 기간: 20○○. ○. ○.(월) ~ ○. ○.(금)</th></tr>
<tr><td rowspan="3">새싹반
이번 주 경험</td><td rowspan="2">놀이</td><td colspan="2">여러 가지 돌과 흙 탐색하기
광목 흙 인형 놀이</td></tr>
<tr><td colspan="2">비 오는 날 산책하기 흙이랑 놀아요 모래놀이 텃밭 가꾸기</td></tr>
<tr><td>활동</td><td colspan="2">함께 놀아요, 흙이랑 (동화)
던지면 안 돼요 (이야기 나누기)</td></tr>
<tr><td>놀이 사진</td><td colspan="2"></td><td>
</td></tr>
<tr><td rowspan="2">이번 주
유아들의
관심</td><td colspan="2">• 흙이 서로 달라요.
• 흙에도 색깔이 있어요.</td><td>• 돌은 여러 가지 종류가 있어요.
• 돌로 여러 가지 놀이를 할 수 있어요.</td></tr>
<tr><td colspan="3">• 이번 주가 끝나갈 즈음 우연히 채색한 투명 통을 창가에 올려놓은 유아들이 창가로 들어오는 빛을 통해 만들어진 무지개를 보며 '빛'에 대해 관심을 갖게 되었음. 유아들은 채색된 통과 그렇지 않은 통을 올려놓고 보는 사람의 눈높이에 따른 빛을 관찰하며 즐거워했음.</td></tr>
<tr><td rowspan="2">다음 주
예상 관심과
놀이</td><td colspan="3">• 빛은 예쁜 색깔이 있어요. | • 무지개 빛이 궁금해요. | • 빛은 왜 다 달라요?</td></tr>
<tr><td colspan="3">• 다음 주에는 새싹반 유아들과 반짝이는 '빛'에 대해 탐색하고 놀이할 것으로 예상됨. 한 주간 햇살처럼 반짝이는 유아들의 즐거운 시도가 가득하길 기대해 봄.</td></tr>
<tr><td>학부모님과
함께 할
내용</td><td colspan="2">• 집 주변에서 볼 수 있는 흙과 돌에 관심을 가질 수 있도록 학부모님이 함께 놀이해 주실 수 있도록 안내하기
• 흙과 돌과 관련된 재미있는 놀이나 경험을 한 유아가 있다면 클래스팅에 관련 사진과 이야기를 올려주시도록 안내하기, 다른 유아들과 함께 보며 자신의 경험을 즐겁게 나눌 것임에 대해 안내하기
• 흙과 돌, 빛과 관련된 도서 및 자원을 기관으로 보내주시도록 안내하기</td><td></td></tr>
</table>

출처: 교육부, 보건복지부(2019c; 132).

2) 놀이 주제를 중심으로 계획하기

영유아·놀이중심 교수학습에서는 놀이 주제를 중심으로 계획한다. 기존의 계획안 형식에 포함되었던 생활주제, 목표, 누리과정 관련 요소, 자유선택활동, 대·소집단 활동 등은 놀이를 중심으로 바뀐다. 놀이를 중심으로 한 계획하기는 자율화된 계획안 양식에 다양한 놀이 중심 언어를 사용한다. 표 10-4의 예에서 보는 바와 같이, 생활주제는 '오늘의 놀이', '예상되는 놀이'로, 자유선택활동은 '자유놀이', '실내놀이', '맘껏놀이'로 바꿔볼 수 있으며, 대·소집단 활동은 '교사가 제안하는 놀이', '함께 놀이'와 같은 명칭을 붙여볼 수 있다.

| 표 10-4 | 생활주제 중심에서 놀이 주제 중심으로 계획안 용어를 바꾼 예

생활주제 중심	→	놀이 주제 중심
생활주제	→	오늘의 놀이, 예상되는 놀이
자유선택활동	→	자유놀이, 실내놀이, 맘껏놀이
대·소집단 활동	→	교사가 제안하는 놀이, 함께 놀이

영유아·놀이중심 계획하기에서는 생활주제나 주제를 영유아가 경험하는 친근한 주제의 놀이로 바꾼다. 세시풍속이나 절기, 국경일 등 영유아를 둘러싼 맥락에서 자연스럽게 경험하게 되는 변화나 문화와 관련된 주제를 놀이로 계획할 수 있다. 이 외에도 악기, 블록, 도토리, 막대기, 털실, 곤충, 편지, 우연한 상황 등 놀이 주제는 매우 다양해질 수 있다.

놀이 주제를 중심으로 계획한 주간계획안 예시를 살펴보자. 표 10-5에서 놀이 주제는 '유치원과 친구'이다. 교육목표 대신 '미리 그려보는 배움'이라는 용어를 사용하여 교사가 목표로 하는 내용이 아닌 놀이를 통해 기대되는 영유아의 배움을 기술하였다. '자유놀이'에는 흥미 영역의 운영 방식 자율화에 따라 고정된 흥미 영역의 개수, 유형, 운영 방식 등을 개선하여 영유아의 자유로운 놀이에 기초한 놀이로 구성하고 있으며, '유아가 만드는 놀이'는 영유아의 즉흥적이고 예측 불가능한 놀이 실제를 반영할 수 있는 여지를 남겨두고 있다. '함께 놀이'는 교실 공동체의 일원이자 공동놀이자인 교사가 계획한 것으로, 영유아의 놀이를 지원하고 확장하기 위하여 교사가 제안하는 활동을 기술한다. 이와 같은 형식의 계획안은 놀이 주제를 중심으로 기술할 수 있는 다양한 형식 중 하나이며, 영유아 교사는 자신의 학급(반)의 특성에 맞게 자율적으로 변화시킬 수 있다.

| 표 10-5 | 놀이 주제에 따른 계획안의 예

<table>
<tr><td colspan="2">놀이주제</td><td colspan="6">유치원과 친구</td></tr>
<tr><td colspan="2">예상기간</td><td colspan="2">4월 3주 ~</td><td colspan="2">대상</td><td colspan="2">만3세</td></tr>
<tr><td colspan="2">미리 그려보는 배움</td><td colspan="6">• 친구에게 관심을 갖고, 함께 놀이해 본다.
• 나와 친구는 생각과 표현이 다를 수 있음을 이해한다.
• 친구와 즐겁게 놀이를 한다.</td></tr>
<tr><td colspan="2">안전교육</td><td colspan="6">• 친구를 놀리지 않아요.</td></tr>
<tr><td colspan="2">일과 / 요일</td><td colspan="2">20일(월)</td><td colspan="2">~</td><td colspan="2">24일(금)</td></tr>
<tr><td colspan="2">맞이하기</td><td colspan="6">• 우리만의 인사 나누기 (유아가 만든 신체 인사)</td></tr>
<tr><td rowspan="4">자유놀이</td><td>역할 · 쌓기놀이</td><td colspan="6">• 친구와 만든 집에서 소꿉놀이해요</td></tr>
<tr><td>탐색 놀이</td><td colspan="3">• 친구 얼굴을 찾아요</td><td colspan="3">• 누구의 뒷모습일까요?</td></tr>
<tr><td>예술 놀이</td><td colspan="3">• 친구 얼굴을 꾸며요</td><td colspan="3">• 친구와 함께 춤을 춰요</td></tr>
<tr><td>유아가 만드는 놀이</td><td colspan="6"></td></tr>
<tr><td rowspan="2">함께놀이</td><td rowspan="2">교사가 계획한 놀이</td><td colspan="2">소곤소곤 놀이
(이야기 나누기)</td><td colspan="2">몸 놀이
(게임)</td><td colspan="2">신바람 놀이
(신체, 음률)</td></tr>
<tr><td colspan="2">친구와 함께 하는
인사 만들기</td><td colspan="2">우리 함께 힘을 모아요</td><td colspan="2">친구와 함께
율동을 해요</td></tr>
<tr><td colspan="2">바깥놀이</td><td colspan="6">• 친구와 함께 놀아요(그림자놀이, 기차놀이, 공놀이 등)
- 놀이 매체: 공, 줄넘기, 훌라후프</td></tr>
<tr><td colspan="2">점심</td><td colspan="6">맛있는 점심 · 이 닦기 · 책보기</td></tr>
</table>

출처: 임부연, 손연주, 안정은(2020; 51).

3) 계획~놀이~관찰~지원[7]의 흐름 계획하기

영유아·놀이중심 교수학습에서는 계획하기가 놀이 실행과 교사의 지원 그리고 다시 확장되고 새롭게 출현하는 놀이 실행으로 흘러간다. 이러한 흐름을 반영하는 계획안은 놀이 실행 및 관찰, 놀이 이해 및 지원 계획 등 놀이기록과 영유아 관찰 등을 함께 기록

7) '~' 기호는 Sellers(2018)의 '어린이의 교육과정 되기' 저서에서 처음 사용되어, 현재 다수의 유아교육관련 연구물에서도 사용되고 있다. 이는 어느 한 쪽에서 다른 쪽으로 나아가는 직선적이고 분리된 관계를 넘어서는 표기이다. '~' 기호는 계획과 놀이, 관찰과 지원이 서로 끝없이 이어지며, 얽혀 있는 덩어리적이고 복잡한 관계에 있어 서로 영향을 주고받음을 뜻한다.

할 수 있도록 작성한다.

계획~놀이~관찰~지원의 흐름을 담을 수 있도록 한 계획안 양식의 예시를 살펴보자. 표 10-6을 보면, 교사는 '미리 그려 본 교사의 놀이'에서 영유아의 놀이를 예상하여 최소한의 계획을 세워본다. 영유아의 놀이가 어떻게 펼쳐질지 정확하게 예측하기는 어렵지만, 교사는 영유아의 흥미와 요구를 예상하여 놀이를 계획한다. 또 이미 진행되고 있는 놀이의 특성을 반영하여 놀이 자료, 공간, 방법 등을 심화·확장하거나 변형할 수 있도록 계획한다.

실제 교실에서 진행되는 영유아 놀이의 내용은 '놀이 흔적'에 기록한다. 교사는 영유아의 놀이에 참여하거나 관찰하면서 어떠한 놀이가 발생하고 있는지, 놀이가 어떤 방향으로 흘러가고 있는지 기록한다.

마지막 항목인 지원 사항에서는 '놀이를 통한 배움'을 위해 지원해야 할 부분에 대한 계획을 반영할 수 있다. 이 내용은 다음날 혹은 이후의 하루일과에 어떻게 반영되었는지 기록될 것이다.

| 표 10-6 | 계획~놀이~관찰~지원의 흐름을 담은 계획안 양식의 예

반 이름 (연령)		날짜	
미리 그려 본 교사의 놀이			
오늘의 놀이			
놀이 기대			
안전교육			
하루일과	<계획> 등원 자유 놀이 간식 및 정리정돈		<실제> 등원 자유 놀이 간식 및 정리정돈
놀이 흔적			
놀이 해석			
지원 사항			

출처: 임부연, 손연주, 안정은(2020: 22).

영유아의 흥미는 교사의 계획이나 예측을 벗어나는 경우가 많다. 따라서 교육계획에 영유아의 흥미에 따라 발현되는 놀이 주제를 반영할 수 있도록 한다. 이때 발현된 놀이는 이미 진행되고 있던 놀이와는 전혀 다른 새로운 놀이일 수 있는데, 이러한 경우에는 동시에 두 개의 놀이 주제가 실행되기도 한다.

| 표 10-7 | 유아의 흥미에 따라 발현된 놀이 주제를 반영한 계획안의 예

주		5월 1주	5월 2주	5월 3주	5월 4주
놀이 (바깥 놀이 포함)	봄	• 봄꽃 만들기 • 모형꽃, 화분으로 놀기 • 산책 사진으로 만든 책	• ~~꽃가게 꾸미기~~ • ~~꽃씨 마라카스~~ • 씨앗 그림책	• ~~꽃가게 놀이~~ • ~~꽃모양 막대인형~~	• ~~티슈로 나비 만들기~~ • 봄의 곤충 그림책
	유아의 흥미에 따라 새로운 주제 '반짝이끈'이 시작되었고, 이를 반영함				
	반짝이끈	• 반짝이끈 가지고 나가 놀기 • 반짝이끈 나뭇가지에 묶기 • 반짝이끈으로 만든 도구로 운동하기			
활동		유아의 흥미에 따라 새로운 주제 '반짝이끈'이 시작되었고, 이를 반영함			
		• 우리 교실에는 어떤 장난감이 있으면 좋을까? • 상자와 반짝이끈으로 어떻게 놀이할 수 있을까? • 놀이의 진행과정에 따라 문제해결 의견 나누기			
		• 동화 '우리 가족', 동화 '봄소풍'			
		• 노래 '봄에 피는 꽃'	• ~~봄꽃 찾아오기 게임하기~~ • 반짝이끈으로 신체 표현하기	• ~~노래 '씨앗이 자라서'~~ • 반짝이끈으로 게임하기	• ~~노래 '개미'~~ • 애벌레 신체 표현하기
필요한 경우 활동을 통해 유아의 놀이를 지원함					
행사일정		5일- 원내 어린이날 행사 / 8일- 원내 어버이날 행사 & 포토존 22일- 원내 손씻기 교육 / 29일- 급식도우미 활동			

출처: 교육부, 보건복지부(2019c: 120).

3 영유아·놀이중심 교수학습에서 평가하기

1) 영유아 평가

영유아 평가는 영유아의 일상생활과 놀이 등에서 나타나는 배움에 기반하여 영유아의 고유한 특성과 시간의 흐름에 따른 변화를 이해하고자 하는 것이다. 교사는 전개된 놀이와 일상생활, 활동에 대한 누적된 기록을 총체적으로 고려하여 각 영유아를 종합적으로 평가한다(교육부, 보건복지부, 2019c; 이현주 외, 2020). 이를 통해 배움이 나타나는 또래 간의 놀이나 활동 등 영유아들이 일상에서 놀이하며 배우는 자연스러운 상황에서 영유아의 특성과 변화를 이해하는 평가를 실행할 수 있다(교육부, 보건복지부, 2019a). 영유아를 이해하는 평가를 위해 교사가 유의할 사항은 다음과 같다(교육부, 보건복지부, 2019c; 임부연 외, 2021).

- 영유아 놀이에 대한 기록을 기반으로 평가한다. 기록 자료는 영유아 놀이 모습을 담은 계획안이나 일지, 놀이 결과물, 작품, 사진, 동영상, 메모지 등을 다양하게 활용한다.
- 영유아의 흥미와 관심, 놀이 선호, 또래와의 상호작용 등의 변화 정도를 평가한다.
- 누리과정 5개 영역의 내용이 어떻게 경험되고 어떤 배움이 일어나는지 살펴본다. 이때, 5개 영역 59개 내용을 성취 기준으로 잘못 인식하여, 영유아의 놀이에서 59개 내용이 나타나는지의 여부만을 체크하지 않도록 한다.
- 평가는 단순하게 영유아의 놀이 상황을 적는 것이 아니라, 영유아의 배움에 대한 교사의 이해와 해석이 포함되어야 한다. 놀이의 의미를 찾기 위해서는 영유아가 놀이하는 하나의 장면만을 보고 판단해서는 안 되며, 영유아들이 구성하고 만들어 내는 놀이의 흐름을 보고 그 총체적 의미를 읽어야 한다.
- 교사는 영유아가 사회적 존재임을 기억한다. 개별 영유아의 발달 정도를 평가하기보다는 또래, 교사, 환경과의 관계 속에서 평가하도록 한다.

| 표 10-8 | 관찰·기록에 기반하여 실시한 영유아 평가의 예

놀이관찰 기간	학기 초	대상 유아	김주호(남)
반	4세반	생년월일	2016. 5.

관찰1) 2021. 3. 23.

주호는 다른 친구가 색종이로 비행기 접는 모습을 지켜본다. 주호는 미니카를 접는 우성이를 바라본다. 우성이는 다른 친구들의 미니카를 접어주느라 바쁘다. 주호는 "주호는 미니카 못 접는데…"를 중얼거리다가 우성이에게 "주호도 미니카 갖고 싶어"라고 말한다. 우성이가 거절하자, "선생님, 주호는 미니카 못 접어요. 접어주세요."라고 말한다.

주호 스스로 색종이를 접어보려는 노력이 필요해 보인다. 주호가 할 수 있는 부분은 접을 수 있도록 하고, 힘든 부분은 설명과 함께 도와주면서 색종이 접기에 대한 두려움을 없애고 자신감을 가지도록 도와주어야 할 것 같다.

관찰2) 2021. 4. 5.

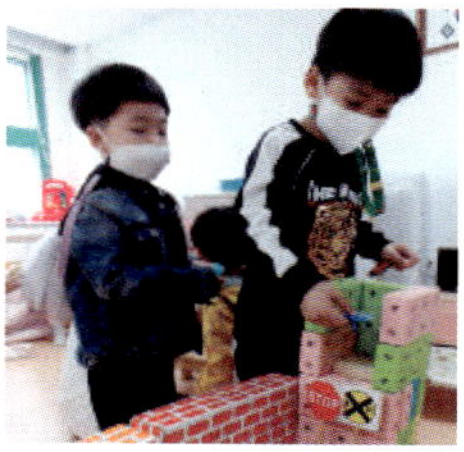

주호는 재현이를 계속 따라다닌다. 그러나 재현이는 주호하고 떨어져서 앉으려고 한다. 주호가 "선생님, 재현이는 주호 싫대요. 주호는 재현이가 좋은데." 라고 말한다. 재현이에게 왜 주호가 싫다고 말했는지 물어보니, " 주호가 계속 따라다녀서요. 나는 싫은데…"라고 한다. 재현이가 주호를 싫다고 말한 이유를 주호가 알 수 있도록 재현이가 직접 설명하도록 하였다.

주호는 따라다니는 것이 다른 사람에게는 불편할 수 있다는 것을 아직 이해하지 못하는 것 같다. 동화를 들려주고 동극을 통해 각각의 역할을 해봄으로써 서로 다른 친구의 입장을 경험하고 이야기 나누어 볼 계획이다.

관찰3) 2021. 4.15.

주호가 민준이처럼 낚싯대를 만들고자 한다. 미술방 여기저기를 뒤져 낚싯대 만들기에 필요한 물건을 찾는다. 휴지 심을 찾아 가위로 오리다가 잘 되지 않자 도움을 요청한다. 실을 잘라 달라고 하고, 실 끝에 점토를 붙인다. 아이스크림 막대와 사인펜, 색연필을 연결하는 것은 민준이 낚싯대와 비슷하지만, 점토를 붙인 것은 민준이의 것과 다르다.

민준이의 작품을 모방하여 낚싯대를 만들었지만 주호의 새로운 생각이 포함되었다. 주호가 놀이에 몰입하고 새로운 발견을 해내는 모습을 볼 수 있었다. 스스로 했다는 자부심과 성취감을 느낄 수 있는 경험이었다고 생각한다.

[지원이 필요한 내용]
- 새로운 것을 시도하거나 스스로 문제를 해결하는 데 다소 어려움을 보임
- 친구들을 좋아해서 계속 따라다니는 행동으로 인해 오히려 어울리지 못함
- 스스로 노력하다가 힘들면 교사에게 도움을 요청함

출처: 전라남도유아교육진흥원(2021; 12-19).

| 표 10-9 | 영유아의 경험을 누리과정 5개 영역의 내용과 연계하여 평가한 예

영역	내용
신체운동 · 건강	• 신체를 움직이며 힘을 조절하고, 도구를 이용하면서 안전하게 놀이하는 방법을 경험함.
의사소통	• 자신의 생각을 말하고 다른 사람의 의견을 듣는 기회가 많아 바르게 말하고 듣는 태도 형성에 도움이 됨. • 교사의 도움으로 탐구 결과를 기록하는 방법에 관심을 가지고 이름과 숫자를 글자로 표현하는 경험을 함.
사회관계	• 게임으로 함께 놀이하는 상황이 많아 친구들의 서로 다른 감정과 행동을 존중하고 소통하면서 문제를 해결해 봄.
예술경험	• 지렛대 관련하여 그림으로 표상하는 유아도 일부 있었으나, 예술경험과 관련한 경험이 다소 부족하게 이루어짐. 다른 놀이에서 음률 및 조형 관련 경험을 충분히 할 수 있도록 지원해야겠음.
자연탐구	• 물체의 길이와 무게, 받침대와 받침점의 위치 및 방향, 거리에 대한 탐구과정에 즐겁게 참여하고 풍부하게 경험함.

출처: 교육부, 보건복지부(2019c; 147).

[참고] 영유아 발달에 대한 믿음을 다시 생각하기

1. 영유아 발달 개념은 직선적인 인간 변화를 전제로 한다. 인간이 한 단계에서 다음 단계로 진보한다고 가정하면, 인간은 항상 완성에 미치지 못한 상태로 남아 있게 된다. 특히 영유아의 경우에는 미완성된 존재, 어떤 결함을 가진 존재, 현재 상태로는 불충분한 존재로 남아, 언제나 무언가 새로운 것을 배우면서 진보하면서 성인에 가까워지길 시도하는 가장 열등한 단계, 앞으로 되어갈 장래 모습의 그림자로 인식될 뿐이다.
2. 영유아 발달 개념은 모든 인간에게 적용되는 보편적인 진리로 간주된다. 발달 개념이 '정상적인' 상태의 기준을 정해 이 기준에 적합하지 않은 사람을 '비정상적인' 상태로 규정하면서, 우리는 영유아가 발달 기준에 부응하면서 살아가길 원하게 된다. 어린 인간 존재는 전 세계적으로 동일하다는 생각은 다양한 문화적 가치, 여러 문화권에서 서로 다른 영유아의 위치, 영유아에게(가) 미치는 힘의 문제 등 영유아의 삶에 관련된 다양한 현실의 중요성을 부인한다.

출처: Cannella(2002).

2) 누리과정 운영 평가

누리과정 운영 평가는 기관 및 학급의 특성을 반영하여 실행된 교육과정 및 보육과정을 평가하는 것이다. 일반적으로 일일 또는 주간, 월간계획안의 제일 아래에 '평가' 항을 넣어, 교사가 뒤돌아본 내용을 기술하는 방식을 가장 많이 활용한다. 일일계획안에는 하루 일과 되돌아보기, 교사의 성찰, 유아와 함께하는 일과 평가 등을 기술할 수 있다. 또 주간계획안이나 월간계획안에는 누리과정 운영과 영유아에 대한 평가를 통합적으로 기술할 수 있다(임부연 외, 2021). 누리과정 운영 평가를 위해, 교사는 다음과 같은 질문을 할 수 있다(교육부, 보건복지부, 2019c).

- 일과 구성이 적절하였는가?
- 일상생활이나 활동이 놀이를 지원하는 방식으로 진행되었는가?
- 놀이를 통해 어떤 경험이 일어났는가?

| 표 10-10 | 한 주 동안의 누리과정 운영을 평가한 예

<table>
<tr><th colspan="2">기간</th><th colspan="5">5월 2주</th><th></th></tr>
<tr><th colspan="2">요일</th><th>월</th><th>화</th><th>수</th><th>목</th><th>금</th><th></th></tr>
<tr><td rowspan="2">놀이</td><td>봄</td><td colspan="5">• 꽃가게 놀이 확장(조화, 포장지, 끈, 화분, 가위, 테이프, 다양한 종이 등)
꽃가게가 구성되면 자연스럽게 놀이가 진행되도록 지원함. 필요에 따라 놀이그룹 또는 학급전체의 놀이진행상황을 공유하기 위한 이야기 나누기를 진행함.</td><td></td></tr>
<tr><td>반짝이끈</td><td colspan="5">• 그림책 〈빨간 끈〉
반짝이끈 놀이의 진행에 따라 적절한 시기에 그림책을 제공함. 그림책에 대한 관심을 많이 가져 활동을 통해 전체 유아와 함께 읽고 반짝이끈 놀이와 연계하였음.
• 반짝이끈과 상자 놀이
반짝이끈 속에 몸을 숨기던 유아들이 이제는 놀잇감을 숨기고 찾기 놀이를 함.
유아들 스스로 놀이 규칙을 만드는 과정을 지원함.
• 반짝이끈과 상자로 상상놀이하기
반짝이끈과 상자를 이용하여 만들고 싶은 것을 만들었고 결과물을 활용하여 상상놀이가 전개됨.</td><td>계획에 없었지만 진행된 놀이의 기록</td></tr>
<tr><td colspan="2" rowspan="4">활동</td><td colspan="5">• 이야기 나누기 '놀이에서 생긴 문제를 어떻게 해결할까?' 갈등상황 해결하기 위해 활동으로 진행</td><td rowspan="4">월안에서 계획했던 내용을 실제 놀이를 반영하여 융통성 있게 실행</td></tr>
<tr><td colspan="5">• 동화 '빨간 끈' ppt동화로 진행함</td></tr>
<tr><td colspan="5">• 노래 '씨앗이 자라서' 꽃가게 놀이 경험과 연계하여 진행함</td></tr>
<tr><td colspan="5">• ~~반짝이끈 게임~~ 진행되지 않음</td></tr>
<tr><td colspan="2">바깥놀이</td><td colspan="5">• 풀 찧어 소꿉놀이하기/반짝이끈 나뭇가지에 묶기</td><td></td></tr>
<tr><td colspan="2">인성교육</td><td colspan="5">• 친구에게 친절하게 말하기</td><td></td></tr>
<tr><td colspan="2">일일 기록 및 지원</td><td>• 반짝이끈 속성을 이용한 놀이로 전개되기 시작함
• 꽃가게를 열기 위해 꽃다발 만들기에 관심을 가짐</td><td>• 반짝이끈과 상자를 같이 활용하여 숨기, 보물찾기 놀이를 함</td><td>• 반짝이끈을 활용하여 상상놀이를 함
• 바깥놀이 동안 풀에 대한 관심을 많이 표현함</td><td>• 반짝이끈 놀이 공간에 대한 갈등상황이 발생하여 이야기 나누기를 진행</td><td>• 반짝이끈 정리하기
• 풀에 대한 관심을 교실로 확장해 보고자 함</td><td rowspan="2">일일 및 주간으로 놀이내용과 지원계획에 대해 간단히 기록</td></tr>
<tr><td colspan="2">주간 기록 및 지원</td><td colspan="5">• 반짝이끈으로 놀이하고 정리도 유아가 스스로 할 수 있도록 함. 정리 시 반짝이끈을 비닐에 담아 공이 되었고, 바깥놀이 시 신체활동 소품으로 활용해 보았음. 유아들이 즐겁게 활용하며 놀이하여 반짝이끈 공 굴리기 게임 및 바깥놀이 시 자유롭게 공놀이하는 자료로 활용해 볼 것임.
• 실내놀이에서 지난 2주간 제공하였던 조화와 유아들이 만든 꽃이 어우러져 꽃가게 놀이로 진행됨. 교사가 놀이를 기본적으로 제공하였지만 유아들 사이에서 자발적으로 가게에 필요한 공간구성과 놀이자료를 스스로 만들기 위해 노력하고 의사소통이 활발하게 일어남.
• 바깥놀이에서 풀을 뜯어 소꿉놀이, 찧기 등이 나타나며 봄의 식물에 대한 탐구와 심미적 감상이 활발하게 이루어짐. 교실에서 풀과 관련된 놀이가 이어질 것으로 예상됨.</td></tr>
</table>

출처: 교육부, 보건복지부(2019c; 121).

[참고] 누리과정 운영 평가를 위한 교사의 학습공동체

교사의 책무성과 자율성이 강조되고 있는 영유아·놀이중심 교수학습 과정에서 교사는 '내가 실행하고 있는 누리과정 운영 방식이 옳은가?'에 대한 의구심과 부담을 가질 수 있다. 이러한 경우에 누리과정 운영 개선을 위해 교사가 실행할 수 있는 하나의 방안으로, 동료 교원과 함께하는 학습공동체를 들 수 있다. 학습공동체는 교사들이 함께 교육과정과 수업을 연구하고 성찰하고 실천하기 위한 것으로, 개인의 전문성 신장과 더불어 공동체가 함께 성장하며 교육 실행력을 제고하기 위한 것이다. 교수학습 실행 과정에서 경험하는 고민을 기관의 구성원들과 함께 공유하고 해결방안을 모색하는 것이다.

학습공동체는 기관의 동일 연령 학급의 교사 모임, 여러 연령 학급의 교사 모임, 기관 내 원장, 원감, 특수교사가 참여하는 모임, 여러 기관의 교사 모임 등 목적에 따라 다양한 네트워크를 형성하여 운영할 수 있다. 모임의 주제는 교수학습 과정에서 발행하는 문제, 특히 놀이지원과 관련한 고민 및 그 해결방안을 중심으로 한다. 교사들이 누리과정 운영 평가와 관련하여 자유롭게 주제를 선정하고 의견을 나눔으로써 교사 스스로 문제를 해결해나가는 능력을 함양할 수 있을 것이다(교육부, 보건복지부, 2019c).

생각해 보기

놀이중심의 계획안은 주제중심 교수학습에서 사용하던 용어가 아닌, 영유아의 놀이를 잘 드러내는 용어를 사용합니다. 다음에 제시된 주제중심의 용어를 놀이중심의 용어로 변형하기 위한 다양한 아이디어를 모아보세요.

주제중심의 용어	놀이중심의 용어
목표	
생활주제	
자유선택활동	
대・소집단 활동	

제 11 장 환경구성 및 지원

1 놀이환경

1) 놀이환경의 중요성

유아교육기관에서 놀이환경은 그 자체만으로 교육적 의미를 전달할 수 있는 교육매체로서 역할을 한다. 유아에게 스스로 배울 수 있는 맥락을 제공하고 경험과 배움의 질을 결정하는 중요한 요소가 바로 놀이환경이다. 유아가 보고 듣고 만지며 자유롭게 표현할 수 있는 놀이환경은 유아의 놀이가 활성화되는 배경이자 유아가 다양한 배움을 경험하는 원천이 된다.

교사가 유아의 놀이를 이해하면서 놀이환경을 지원하는 것은 놀이가 자연스럽고 유의미하게 확장되는 데 중요한 요인으로 작용하게 된다. 특히 놀이환경을 지원할 때 교사의 놀이환경에 대한 철학과 고민, 교육과정과 유아의 놀이에 대한 이해가 고스란히 반영되기에, 교사는 교육과정을 실행하면서 놀이환경에 대한 개념, 역할과 변형 가능성에 대해 폭넓게 이해할 필요가 있다(임부연 외, 2021).

유아교육기관의 놀이환경은 유아가 놀이하는 실내외 모든 공간과 놀이자료를 포함한다. 교사는 다양한 실내외 놀이환경과 풍부한 놀이자료를 제공하여 유아의 놀이가 활성화되도록 지원한다.

사진 11-1 유아교육기관의 실내외 환경

출처: 교육부, 보건복지부(2020b; 44, 45, 95, 225), 교육부 외(2019; 15, 55).

2) 놀이환경의 구성원리

놀이환경은 유아의 흥미와 관심, 개별특성을 존중하며 유아의 다양한 놀이와 경험을 지원할 수 있어야 하고, 건강하고 안전한 놀이환경을 유지하는 것도 중요하다.

놀이환경 구성의 원리를 살펴보면 다음과 같다.

- **편안하고 일상생활이 가능한 환경을 구성한다.** 유아교육기관에서 오랜 시간 머무는 영유아를 배려하여 편안하고 일상생활이 가능한 환경을 구성한다. 영유아들이 혼자 있고 싶거나 놀이하지 않고 쉬고 싶을 때 언제든지 이용할 수 있는 휴식영역을 구성하고, 수유, 낮잠, 급·간식 등의 일상생활을 위한 공간을 구성한다.
- **건강하고 안전한 환경을 구성한다.** 영유아들이 사용하는 놀이공간과 놀이자료는 청결하고 안전하게 관리되어야 한다. 놀이환경은 놀이가 안정적으로 이루어지고 놀이하는 영유아들 간의 다툼이 일어나지 않을 정도의 크기로 구성한다. 교실 밖의 복도나 계단, 구석진 공간 등 영유아가 놀이할 수 있는 실내 공간은 안전에 문제가 없는지 파악한 후 놀이공간으로 구성한다.

- **연령과 개인적 특성을 고려한 환경을 구성한다.** 책상, 교구장, 의자 등 실내 설비와 교구 및 놀이자료는 영유아의 신체 발달에 적합하고 연령과 개인적 특성을 고려하여 제공한다. 영유아가 자유롭게 놀이자료와 물건을 꺼내서 사용하고 정리할 수 있는 환경을 제공한다.
- **흥미와 요구를 반영한 놀이영역을 구성한다.** 영유아의 흥미와 사전경험을 고려하여 놀이자료를 준비하고, 놀이가 충분히 이루어지도록 다양한 놀이영역을 구성한다. 영유아의 흥미와 요구에 따라서 교구장, 책상, 의자 등을 재배치하면서 놀이영역을 융통성 있게 운영한다.
- **심미적인 환경을 구성한다.** 유아교실은 사진, 그림 등 다양한 시각 자료를 자주 활용하는 특징이 있는데, 이때 사진이나 교수 매체를 선정하는 교사의 심미안이 매우 중요한 역할을 한다. 예를 들면, 봄꽃에 대한 시각 자료를 선택하면서 교사는 꽃의 종류와 생김새와 같은 과학적이고 개념적 지식을 전달하기 위한 자료를 선택할 수 있지만, 벚꽃이 바람에 날리는 풍경, 벚꽃 아래에서 산책하는 사람들, 벚꽃의 예술 작품 등 영유아의 상상을 다양하게 확장하고 심미적 느낌이 감도는 자료를 선택하여 활용할 수 있다. 또한 유아들이 만들어 내는 다양한 미술 활동 결과물을 아름답게 전시하면서 놀이환경을 예술적으로 구성할 수 있다.

사진 11-2 유아교육기관의 놀이환경

출처: 교육부, 세종특별자치교육청, 육아정책연구소(2020; 42, 45, 46).

2 놀이공간

유아교육기관에서 놀이공간이란 실내와 실외 공간 또는 유아가 이용하는 기관 밖의 지역사회공간까지 포함한다. 공간은 단순한 물리적 영역 이상의 의미를 갖고, 유아들이 놀이하며 세상을 경험하고 배우는 과정에 공간과 긴밀한 관계 맺음을 형성하게 된다(구가령, 임부연, 2020; 이연선, 김민우, 2020). 유아의 자유로운 놀이를 지원하기 위해 놀이공간을 어떻게 구성하고 운영해 나갈지 살펴보고자 한다.

1) 실내 놀이공간

교실을 포함한 유아교육기관의 실내 놀이공간은 유아들이 가장 오랫동안 생활하는 공간이자 친숙한 놀이환경이다. 유아는 놀이할 공간을 스스로 찾거나 만들기도 하고, 공간과 공간을 연결하여 새로운 놀이로 확장하기도 한다. 그리고 놀이를 통해 하나의 공간을 자신의 놀이에 적합한 공간으로 새로운 목적을 부여하여 사용하기도 한다(교육부, 보건복지부, 2019c). 이처럼 놀이공간은 물리적 공간의 의미를 넘어 또래 친구, 교사와의 상호작용을 통해 늘 새롭게 생성되고 변형된다.

교사는 유아의 놀이 전개 과정을 지켜보면서 유아의 놀이를 방해하는 요소가 무엇인지 관찰하고, 이를 반영하여 놀이공간을 구성하고 운영해야 한다. 이때 교실의 실내 놀이공간은 유아들이 가장 좋아하는 놀이를 중심으로 구성하는 것이 좋으며, 유아가 주도하는 놀이가 활성화될 수 있도록 놀이공간을 구성한다. 그리고 유아들이 흥미를 보이지 않는 공간은 다른 공간과 통합하여 재구성하거나 다른 영역으로 대체하는 것도 가능하다(교육부, 보건복지부, 2019a). 유아의 관심과 흥미, 요구에 따라 새로운 놀이공간을 구성할 수 있으며, 유아가 주도적으로 놀이공간을 창조할 수 있도록 지원해야 한다. 교실 밖의 복도나 계단, 구석진 공간 등 유아가 놀이할 수 있는 실내 공간은 안전에 문제가 없는지 파악한 후 놀이공간으로 구성할 수 있다.

(1) 유아가 좋아하는 놀이를 중심으로 놀이공간 구성하기

실내 놀이공간은 기관의 교육철학이나 교실의 물리적 구조, 유아의 연령, 흥미에 따라 자율성을 가지고 구성할 수 있다. 교실 내에 반드시 배치되어야 하는 놀이영역이 정해져 있는 것이 아니므로 교사는 유아가 좋아하는 놀이를 중심으로 놀이공간을 구성할 수 있다. 예를 들어, 만4세 해바라기반 유아들은 새 학기가 되자 교실 한 공간에서는 여러 가지 가게를 열고, 다른 한 공간에서는 재활용품으로 만들기가 한창이다. 재활용품으로 만들기는 만3세부터 계속하였던 놀이로 만4세가 되어서는 설계도를 미리 그려보고 나서 재활용품을 만들기 시작했다. 또 다른 공간에서는 자신이 좋아하는 로봇 그림을 투명한 비닐이나 트레이싱지에 따라 그리기가 한창이다. 교실 한 공간에서는 매일 팽이 놀이가 이루어지고 있다. 교사는 그림 11-1과 같이 유아가 좋아하는 놀이를 중심으로 실내 놀이공간을 구성하였다.

그림 11-1 유아의 놀이를 중심으로 놀이공간 구성하기

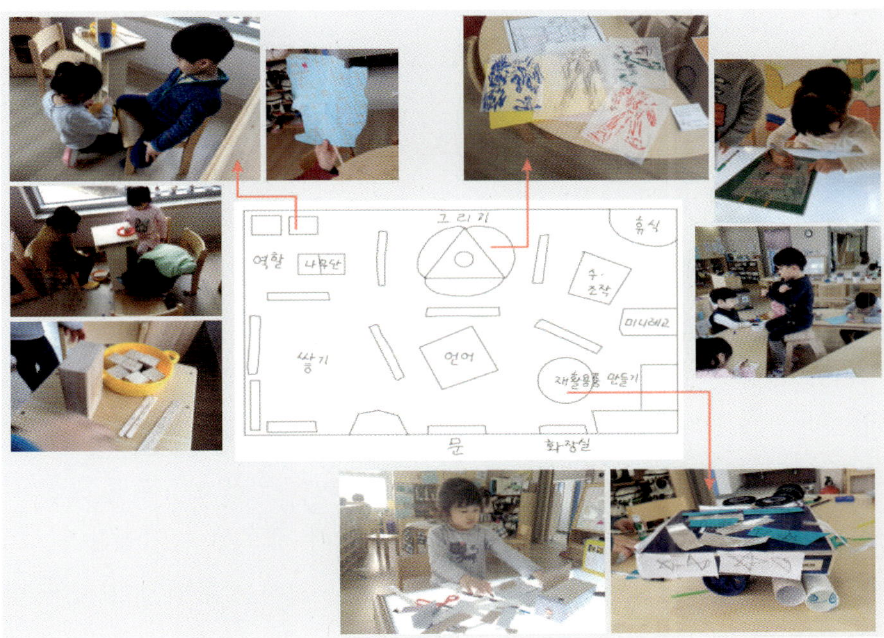

출처: 교육부, 보건복지부(2019b; 195).

그리고 놀이공간은 유아의 놀이에 따라 넓은 공간이 필요하기도 하고 분리된 작은 공간이 필요하기도 하므로 놀이영역의 크기를 무조건 넓게 하는 것이 아니라 유아의 흥미와 놀이 흐름에 따라 조정하도록 한다(교육부, 보건복지부, 2019c). 교사는 유아의 흥미와 놀이 흐름에 따라 놀이공간을 확장하거나 축소하기도 하고, 구석진 곳이나 조용한 곳에 옮겨 주기도 하고, 놀이가 서로 연결될 수 있도록 가까이에 배치해 주기도 하는 등 자율성을 발휘하여야 한다.

이전에는 음률영역에서 유아의 놀이가 이루어지지 않아도 늘 있어야 하는 영역이라고 생각했어요. 그래서 음률영역이 활용되도록 주제에 맞게 악보나 악기를 넣어주고 그랬었는데요. 이 고정관념을 깨뜨리는 게 어렵더라고요. 고민하다가 음률과 역할영역을 합쳤는데 악기 가게 놀이하면서 유아들이 흥미로워하는 모습을 관찰할 수 있었어요(2020.10.15, 교사).

출처: 이은형, 김정숙(2021; 371).

(2) 유아가 주도하는 놀이공간 구성하기

놀이공간은 모든 구성원의 삶이 반영되는 곳이다. 대부분의 유아들은 교실의 소유권이 교사에게 있다고 생각한다. 그러나 교사가 유아의 놀이를 따라가면서 자연스럽게 유아 스스로 놀이공간을 배치하거나 변경하도록 지원하다 보면 유아도 교실이 자신의 공간이라고 생각하게 된다(교육부, 보건복지부, 2019c). 예를 들어, 놀이하는 유아들 간의 놀이공간에 대한 다툼이 생겼을 때, 교사는 유아가 놀이를 더 즐겁게 할 수 있는 공간을 만들 수 있도록 친구들과 의논하고, 놀이공간을 바꿔볼 수 있는 기회를 제공할 수 있다. 유아는 놀이영역을 어떻게 배치할 것인지 이야기 나누면서 놀이영역을 재구성하였다. 교구장을 옮기고 매트를 걷어내며 새롭게 놀이공간을 만들면서 공간의 변화를 이끌었다. 유아들은 다양한 생각과 의견을 나누었고 그런 과정을 즐거운 놀이로 받아들였다. 이런 과정을 통해 교실은 유아의 관심과 흥미, 요구에 따라 새로운 놀이공간이 생성되었고 유아가 주도하는 놀이공간으로 구성되었다. 그러므로 교사는 유아가 교사가 제공한 놀이공간에서 놀이하기도 하지만 또래와 함께 놀이하면서 새로운 놀이공간을 만들기도 하고, 찾아내기도 하고, 변형할 수도 있음을 이해하고 지원하는 것이 필요하다.

사진 11-3 유아들이 놀이공간 새롭게 구성하기

출처: 교육부, 보건복지부(2020a; 214).

(3) 교실 밖 복도, 계단으로 확장되는 놀이공간 구성하기

유아들은 스스로 찾아낸 공간, 놀이하다가 우연히 발견한 공간에 더 매력을 느끼고 애착을 갖는다. 교사는 복도나 현관 입구, 교실과 교실 사이의 공간, 계단 밑 등을 교실 외 다양한 공간을 유아의 놀이공간으로 허용할 수 있다(교육부, 보건복지부, 2019c). 그리고 유아의 신체 움직임, 놀이의 흥미와 놀이 특성에 따라서 실내놀이가 자연스럽게 바깥 놀이로 연계 확장될 수 있도록 놀이공간을 허용할 수 있다. 예를 들어 교실 안에서 시작된 도로 만들기 놀이가 복도, 계단, 강당으로 놀이공간이 확장되면서 유아의 길 만들기 놀이를 자연스럽게 지원할 수 있다. 즉, 교사는 유아의 놀이 흐름에 따라서 놀이공간이 교실 밖으로 연결되고 확장되도록 지원한다. 단, 교사는 각 공간의 위험 요소를 사전에 점검하고 정리하여 유아의 안전을 확보해야 한다. 비상구나 비상계단 등 비상시 대피경로에 놀잇감이나 자료장을 배치하지 않도록 주의한다(교육부, 보건복지부, 2019c). 또한, 놀이공간을 활용하기에 앞서 유아와 함께 안전에 유의해야 할 점을 논의한다.

사진 11-4 교실 밖으로 확장되는 놀이공간

출처: 교육부, 보건복지부(2020a: 150, 153, 168).

(4) 실내 벽면을 놀이공간으로 구성하기

유아교육기관의 벽면은 유아에게 좋은 놀이공간이 된다. 교실의 벽면은 유아들의 놀이공간으로 활용될 수 있고, 놀이 결과물을 전시하는 공간으로 활용될 수 있다. 실내 벽면에 유아가 좋아하는 놀이와 관련된 사진이나 소품을 활용하여 벽면을 놀이공간으로 구성할 수 있다. 예를 들어 곤충에 관심이 있는 유아의 놀이를 지원하기 위해 곤충에 관한 그림 자료를 벽면에 게시하거나, OHP 기기를 활용하여 실내 벽면에 개미집을 그리는 놀이를 지원할 수 있다. 또한 유아가 직접 놀이 결과물을 실내 벽면에 전시할 수 있다. 그리고 유아의 놀이 모습이나 놀이 과정을 벽면에 게시하여 또래 유아와 교사, 학부모와 서로 소통하고 공유하는 공간으로 활용할 수 있다.

사진 11-5 실내 벽면을 놀이공간으로 구성하기

출처: 교육부, 보건복지부(2019c: 105, 2020a: 149, 150).

2) 실외 놀이공간

유아들의 놀이는 실내 놀이공간뿐만 아니라, 실외 놀이공간에서도 이루어진다. 실외 공간은 마음껏 뛰어놀며, 자연과 계절의 변화를 느끼고 탐색할 수 있는 놀이환경으로, 실내에 비하여 넓고 비구조화되어 있으며 자연의 변화를 직접 경험할 수 있는 특성이 있다. 실외 놀이공간에서 유아들은 자신이 원하는 놀이를 선택하고, 자유롭게 움직이면서 자신을 표현하며 활발한 신체 움직임을 바탕으로 모험과 도전적인 에너지를 발산한다. 그리고 또래와 함께 놀이하면서 친사회적 관계를 형성할 수 있으며 계절의 변화와 자연을 직접 체험하면서 생태적 소양도 기를 수 있다. 교사는 유아가 몸을 충분히 움직여 즐겁게 놀이하고 자유롭게 에너지를 발산할 수 있도록 돕고, 유아들이 위험으로부터 자신을 안전하게 보호하는 능력을 기를 수 있도록 지원해야 한다.

실외 놀이공간은 바깥에서 할 수 있는 다양한 놀이 경험을 지원할 수 있는 공간으로 구성할 수 있다. 물과 모래를 이용하여 놀이하는 공간, 놀이기구를 이용하는 공간, 휴식과 조용한 놀이를 할 수 있는 공간, 자연을 탐색하고 관찰할 수 있는 공간 등으로 구성할 수 있다. 실외 놀이공간 또한 유아의 흥미와 놀이 경험에 따라 유통성 있게 공간을 구성할 수 있고, 유아교육기관의 상황에 따라 인근 공원과 놀이터도 실외 놀이공간을 활용할 수 있다 실외 놀이공간은 크고 작은 안전사고를 예방하기 위하여 유아의 키와 연령 및 신체 발달을 고려하여 견고하고 안전한 것으로 배치하며 교사는 정기적으로 놀이환경을 점검해야 한다. 유아들에게도 놀이 안전 규칙을 안내하여 안전사고를 예방하도록 돕는다.

사진 11-6 유아교육기관의 실외 놀이공간

출처: 교육부 외(2020: 35, 73).

(1) 물 · 모래놀이 공간

물·모래놀이 공간은 유아들이 가장 좋아하는 실외 놀이공간으로, 유아들은 모래와 흙, 물을 직접 만지고 뒹굴면서 온 감각을 사용하며 다양한 도구를 활용하여 풍부한 상상 놀이를 즐긴다. 특히 물과 모래는 사용 방법이 정해져 있지 않아 유아들이 자유롭게 모래와 물을 섞으며 깊이 몰입하여 놀이에 참여하게 되고, 다양한 놀이를 실험적으로 시도하면서 물질의 변화에 대해 호기심과 탐구심을 가질 수도 있다. 모래놀이 공간과 물놀이 공간은 인접하여 배치하면 놀이를 확장할 수 있다. 물·모래놀이 공간은 계절에 상관없이 이용할 수 있도록 햇빛이 잘 비치고 그늘도 적절히 생기며 배수가 잘되는 장소가 적절하다. 모래 속에 쓰레기나 위험한 물건이 섞이지 않도록 하고 모래의 위·아래를 햇볕에 소독되도록 해준다. 물·모래놀이 공간에 삽, 숟가락, 다양한 모양의 그릇, 프라이팬, 물 조리개 등 다양한 놀이 도구와 자료를 제공하여 유아의 놀이를 활성화할 수 있다.

사진 11-7 물 · 모래 놀이공간

출처: 교육부 외(2019; 15, 90, 91), 교육부 외(2020; 14).

(2) 놀이기구로 놀이하는 공간

유아들은 실외 놀이공간에서 교실에서 할 수 없는 큰 신체 움직임을 즐긴다. 실외 넓은 공간에서 뛰어놀거나 달리기, 공놀이, 술래잡기 등을 활동적인 놀이를 하게 된다. 그리고 바깥 놀이터에서 볼 수 있는 미끄럼틀과 매달리기, 오르기, 그네 등은 유아가 신체 역량을 최대한 발휘하며 높은 곳을 오르고 내려오는 도전을 할 수 있는 흥미와 모험심을 자극할 수 있는 공간이다. 세발자전거, 줄넘기, 훌라후프 등의 놀이 도구를 제공해 주면 유아의 놀이는 더욱더 활성화될 수 있다. 바깥 놀이터의 놀이기구는 유아의 신체에 적합해야 하며, 모서리, 마무리 처리, 칠 등이 안전하게 처리되어야 한다.

사진 11-8 놀이기구로 놀이하는 공간

출처: 교육부 외(2019; 10, 12, 13).

(3) 자연을 관찰하고 탐색할 수 있는 공간

유아는 자연과 날씨 변화에 민감하고 곤충을 비롯한 주변 생물에 관심이 많다. 이러한 유아의 특성을 반영하여 실외 자투리 공간, 통로, 작은 마당 등에 곤충, 풀, 꽃, 열매, 나무 등의 다양한 자연물을 감상하고 탐구해 볼 수 있는 공간을 제공할 수 있다. 그리고 텃밭을 활용하여 식물의 생장, 수확에 대한 기쁨, 자연과 함께하는 삶을 이해하고 느낄 수 있도록 실외 놀이공간을 구성해 볼 수 있다.

사진 11-9 자연을 탐색할 수 있는 공간

출처: 교육부 외(2019; 17, 18, 19).

(4) 휴식과 조용한 놀이가 가능한 공간

유아들의 실외 놀이공간은 놀이시설과 도구를 이용한 활발한 신체 놀이가 이루어지기도 하지만, 책을 읽거나 그림을 그리고, 휴식을 취하는 등의 정적인 공간도 마련되어야 한다. 유아들은 휴식과 조용한 놀이가 가능한 공간에서 편안하게 휴식을 취하고, 흥미에 따라 주변 환경을 관찰하기도 한다. 이를 위해 휴식과 조용한 놀이가 가능한 공간은 활동적인 놀이공간과 떨어진 위치에 배치하며 그늘진 공간에 돗자리나 벤치, 의자를 준비하여 제공하도록 한다.

사진 11-10 휴식과 조용한 놀이가 가능한 공간

출처: 교육부 외(2020; 16, 62).

(5) 지역사회로 확장되는 놀이공간

유아교육기관의 인근 공원과 놀이터, 숲, 지역사회의 공공기관이나 체험관 등 보다 다양한 실외공간을 유아의 놀이공간으로 활용할 수 있다. 지역사회로 확장되는 놀이공간은 유아의 놀이를 더욱 풍요롭게 지원하고 구체적인 경험과 체험을 안내하기에 다양한 공공기관이나 체험관을 찾아 적극적으로 활용하는 노력도 필요하다.

사진 11-11 지역사회로 확장되는 놀이공간

출처: 교육부, 보건복지부(2020b; 214, 255, 272).

3 놀이자료

1) 놀이자료의 중요성

놀이자료는 유아가 놀이에서 사용할 수 있는 놀잇감, 매체, 재료와 도구 등을 포함한다. 유아에게 놀이자료는 자신의 감정과 생각, 상상 등을 자유롭게 표현하는 수단이자 세상에 대한 이해를 넓혀가는 데 중요한 역할을 하는 매개물이다(교육부, 보건복지부, 2019a). 이에 다양한 놀이자료를 통해 유아의 놀이는 새롭게 구성되고 확장된다. 교사는 일상의 사물, 자연물, 악기, 미술 재료, 그림책, 재활용품 등을 놀이자료로 다양하게 제공할 수 있다. 특히 비구조적인 열린 자료를 풍부하게 제공하여 유아가 자신만의 방식으로 활용할 수 있도록 지원하며 유아가 찾아낸 새로운 놀이자료나 창의적인 놀이방식을 인정하고 존중해야 한다.

교사가 놀이자료를 제공할 때는 유아가 자유롭게 탐색할 수 있도록 자료의 사용 방법이나 놀이방식을 지나치게 제한하지 않도록 유의해야 한다. 그리고 놀이 방법이 정해진

구조화된 놀이자료를 제공하더라도 유아들은 다른 방법으로 놀이할 수 있음을 알고 있어야 한다. 유아는 자신만의 놀이 방법이 허용되었을 때 가장 활발한 배움이 일어난다. 교사는 유아가 어떤 자료에 흥미를 갖고 탐색하고자 하며 놀이를 통해 새롭게 의미를 부여할 때 이를 수용해 주어야 한다(교육부, 보건복지부, 2019c). 유아에게 위험하거나 유해하지 않는 한 모든 자료가 놀이자료가 될 수 있다는 새로운 가치를 함께 실현하려는 열린 마음과 유아의 주도성을 인정해 주는 태도를 가지는 것이 중요하다.

2) 놀이자료의 종류

(1) 다양한 놀이자료

가. 쌓기 놀이자료

쌓기 놀이자료는 여러 가지 종류의 블록을 이용하여 다양한 구성물을 만들 수 있는 자료이다. 블록으로 쌓고 무너뜨리고 다시 쌓아서 만들기 등의 구성하고 변형하기가 자유롭기에 유아들이 가장 좋아하는 놀이자료다. 쌓기 놀이자료는 종이 벽돌 블록, 유니트 블록, 스펀지 블록, 와플 블록, 눈송이 블록, 자석 블록 등이 있으며, 자동차, 도로, 기찻길, 동물, 사람 모형 등의 교구와 소품을 함께 제공하여 놀이를 확장할 수 있다. 연령이 어린 유아일수록 종이 벽돌 블록이나 우레탄 블록 같은 가볍고, 큰 블록을 제공하며 연령이 높은 유아일수록 작고 정교한 작업이 가능한 블록을 제공한다. 쌓기 놀이자료를 제공할 때는 다른 영역보다 넓은 공간을 확보하고 소음이 발생하므로 활동적인 놀이 공간과 함께 배치하여 정적인 놀이를 하는 유아들의 놀이가 방해하지 않도록 한다.

사진 11-12 쌓기놀이 자료

출처: 교육부 외(2019; 62, 63, 69), 교육부, 보건복지부(2020b; 93).

나. 역할 놀이자료

역할 놀이자료는 유아들이 경험하고 새롭게 상상하는 상황과 다양한 역할을 모방하고 표현하면서 놀이할 때 사용하는 놀이자료이다. 유아는 역할 놀이자료를 활용하여 엄마, 아빠, 아기, 요리사가 되기도 하고, 불을 끄고 사람을 구해야 하는 소방관이 되기도 한다. 교사는 역할 놀이자료로 다양한 역할 의상(소방관, 경찰관, 의사, 요리사)과 소품, 가정에서 사용하는 주방놀이용품(그릇, 음식물 모형, 조리기구 모형, 가스레인지, 냉장고), 생활소품(신발, 인형, 옷, 화장품 등)을 제공할 수 있고, 다양한 크기의 천이나 보자기와 같은 비구조적인 열린 자료도 제공할 수 있다. 이때 교사는 유아의 놀이 주제에 따라 놀이자료를 다양하게 제공한다. 예를 들어 소방관 놀이를 하는 경우 직업과 관련된 복장이나 물품을 마련하여 제공할 수 있고, 소방서, 소화기 등의 그림이나 사진을 벽면에 게시하여 유아의 놀이를 지원할 수 있다.

쌓기와 역할 놀이자료는 근접한 곳에 배치하거나 통합하여 제공하면 서로 연계되고 확장된 놀이가 이루어질 수 있다. 그리고 유아가 만든 구성물을 전시할 수 있는 공간을 마련해 주어 다음번 놀이로 연계되도록 지원할 수 있다.

사진 11-13 역할놀이 자료

출처: 교육부 외(2019; 66, 67). 교육부, 보건복지부(2020a; 296).

다. 음률 놀이자료

음률 놀이자료는 유아들이 노래를 부르고, 악기를 다루거나 창의적인 신체 표현놀이를 할 수 있는 놀이자료이다. 음률 놀이자료는 조용한 놀이를 방해하지 않는 공간에 배치한다. 음률 놀이자료는 리듬악기, 타악기, 건반악기, 국악기 등의 다양한 악기와 음악을 들을 수 있는 음원, 이어폰, 신체로 표현할 수 있는 리듬 막대, 리본 막대, 스카프, 한삼 등을 제공할 수 있다.

라. 언어 놀이자료

언어 놀이자료가 있는 공간은 유아가 휴식을 취하기도 하고 정적인 활동을 할 수 있도록 편안하고 안정되게 구성한다. 조용하고 자연조명이 밝은 곳에 배치하는 것이 좋다. 언어 놀이자료는 다양한 종류의 책, 인형극 틀, 막대 인형, 그림 카드, 단어 카드, 잡지, 환경 인쇄물, 종이, 연필, 칠판, 화이트보드와 마커 팬, 가위, 펀치 등을 제공한다. 교사는 유아의 놀이와 연계된 다양한 도서를 제공할 수 있다.

사진 11-14 언어놀이 자료

출처: 교육부 외(2019: 87), 교육부, 보건복지부(2020a: 47).

마. 미술 놀이자료

미술 놀이자료는 다양한 색, 모양, 재질, 두께가 다양한 종이류, 점토, 한지, 연필, 색연필, 사인펜, 매직, 크레파스, 물감 등의 그리기 도구와 함께 테이프, 가위, 풀, 각종 재활용품 등 놀이자료가 있다. 교사는 유아들이 미술 자료를 쉽게 꺼내고 정리할 수 있게 수납장과 미술작품을 전시할 수 있는 공간이나, 미완성된 작품을 보관할 수 있는 공간을 마련해 두어 놀이를 지원할 수 있다. 그리고 물감 등과 같은 물이 필요한 활동이나 정리를 위해 물 가까이 있는 곳에 미술 놀이자료를 배치한다.

바. 탐구 놀이자료

유아들이 곤충이나 작은 식물을 기를 수 있는 탐구 놀이자료를 제공할 수 있다. 탐구 놀이자료로 식물이나 곤충 기르기, 돋보기, 측정 도구, 자연물, 종이, 필기도구, 과학 도서 등을 제공한다. 탐구 놀이자료는 조용하고 햇볕이 잘 드는 장소나 물의 공급이 원활한 공간에 배치한다.

사진 11-15 탐구놀이 자료

출처: 교육부 외(2019: 58, 59).

(2) 비구조적인 열린 놀이자료

비구조적인 열린 놀이자료란 사용 방법이 정해진 놀잇감이나 정형화된 놀잇감이 아닌 유아들의 다양한 상상 놀이가 가능한 일상생활 도구, 생활용품, 자연물 등을 의미한다. 비구조적인 열린 놀이자료는 놀이 방법이 정형화되어 있는 상업적인 놀잇감보다 다양한 가능성으로 변화할 수 있어 유아의 놀이를 더 풍부하게 해준다. 교사는 다양한 열린 놀이자료의 가능성에 주목하고, 유아의 놀이를 지원한다.

사진 11-16 비구조적인 열린 놀이자료

종이, 종이 박스, 종이컵, 상자

비닐

철사

휴지 심, 휴지 갑

단추

페트병, 병뚜껑, 플라스틱통

실

물감

종이테이프

물

점토

자연물 나뭇잎과 열매

나뭇가지

돌멩이

흙

천

출처: 교육부 외(2019; 70–99). 교육부, 보건복지부(2020b; 73, 120).

3) 놀이자료의 활용

주변에서 발견한 어떤 물질도 놀이에 활용되는 의미 있는 놀이자료가 된다. 하지만 놀이자료는 자료의 특성과 제공방식에 따라 단순한 놀이가 복합적이고 다양한 놀이로 변화하고 확장될 수도 있고, 일회적인 놀이로 금방 사라질 수도 있다. 교사가 유아의 놀이자료 활용을 어떻게 지원하느냐에 따라서 유아의 놀이 흐름은 확장되기도 하고 축소될 수 있다. 따라서 풍부하게 제공한 놀이자료의 활용방법을 살펴보도록 하자.

(1) 놀이자료를 자유롭게 사용하도록 지지하기

유아는 자신만의 방식으로 놀이자료를 해석하고 교사가 의도한 것과 다르게 활용하기도 한다. 어떤 자료는 단순한 탐색의 대상이 되기도 하고, 어떤 자료는 다양한 방법으로 오랫동안 놀이 속에서 활용되기도 한다. 유아의 배움은 이미 만들어진 놀잇감과 놀이방법을 통해 일어나는 것이 아니라, 놀이자료를 자신만의 탐색방법이 허용되었을 때 배움이 일어난다(교육부, 보건복지부, 2019c). 그러므로 교사는 놀이자료를 제공할 때 유아가 자유롭게 탐색할 수 있도록 자료의 사용 방법이나 놀이방식을 지나치게 제한하지 않도록 유의하며 유아가 스스로 선택한 창의적인 놀이방식을 인정하고 존중한다.

그림 11-2 교사의 의도와 다르게 놀이자료를 활용하는 유아

음률 공간에서 악기 소리를 탐색하던 은지와 수연이가 코끼리 코 악기 두 개를 연결한다.

코끼리 코 악기는 수영장과 미끄럼틀이 되고, 실로폰 채는 수영하는 사람이 된다. 은지와 수연이는 실로폰 채를 들고 수영하는 흉내를 낸다.

출처: 교육부, 보건복지부(2019b; 39).

(2) 다양한 놀이자료를 함께 활용하기

유아들은 놀이 흐름에 따라 쌓기 놀이자료와 그리기 자료를 섞기도 하고, 도서 공간에서 책을 가져와 놀이자료로 활용하기도 한다. 특히 유아의 놀이는 단일한 놀이자료를 활용할 때보다 여러 가지 놀이자료가 함께 제시될 때 다양하고 창의적으로 변형된다. 유아들은 다양한 놀이자료를 활용하면서 새로운 방식으로 창안하여 놀이하기를 즐긴다. 그러므로 교사는 유아가 자율적으로 주도해 가는 놀이를 지지하는 태도를 가지는 것이 필요하다. 그리고 유아의 놀이에서 다채롭고 융통성 있게 활용되는 놀이자료의 새로운 가능성을 개방된 안목으로 이해하고 지원하는 것이 필요하다.

사진 11-17 다양한 놀이자료가 함께 활용되는 꽃가게 놀이

산책을 마치고 교실로 돌아온 유아는 꽃가게를 열었다. 블록으로 가게를 구성하고, 역할놀이 영역에 있는 모형 꽃과 미술 영역에서 직접 만든 꽃을 사용하여 가게를 완성했다. 유아가 "꽃 사러 오세요."라고 말하자 곤충 모형으로 놀이를 하던 유아가 "꿀을 빨아 먹자."라고 말하며 놀이에 합류했다. 이후 꽃가게 놀이를 하던 유아도 곤충 모형을 가지고 와서 꽃가게를 꽃밭으로 재구성한 뒤, "여기 꽃에 있는 꿀을 모으자."라고 말하며 함께 곤충 놀이를 이어갔다.

출처: 교육부, 보건복지부(2020a; 145).

(3) 유아가 선택하고 활용할 수 있도록 놀이자료 개방하기

놀잇감 및 놀이자료를 스스로 선택하고 활용할 수 있도록 놀이 자료실을 개방하여 유아의 놀이를 지원할 수 있다. 놀이하다가 필요한 경우 놀이자료를 스스로 찾아 활용할 수 있고, 새로운 놀이에 대한 아이디어를 떠올릴 수도 있다. 예를 들어 종이에 길을 그리던 유아들이 종이가 작아져 바닥에 그리고 지우기 적합한 자료를 찾으러 자료실에 갔을 때, 그리기 도구 대신 테이프를 놀이자료로 선택하면서 길 그리기 놀이는 종이에서 교실 바닥, 벽, 복도로 확장하게 되었다. 개방된 자료실은 새로운 놀이 아이디어 창구가 되어 유아의 놀이를 더 풍부하게 지원한다. 교사는 유아가 놀이자료를 쉽게 꺼내고 정리할 수 있도록 환경을 구성한다. 그리고 주제와 연령별로 자료를 분류했던 기존의 보관방법에서 놀이자료별로 분류하는 등 융통성 있고 다양하게 활용될 수 있도록 정리한다.

사진 11-18 실내외 자료실 개방으로 자료를 자유롭게 활용하는 유아

출처: 교육부, 보건복지부, 육아정책연구소(2020: 184).

(4) 놀이자료 없이 놀이하기

유아는 몸으로 주변 세계를 알아가고, 자신의 감정과 생각을 표출하고, 여러 가지 놀이를 한다. 실외로 나가면 유아는 놀이자료가 없어도 자신의 몸으로 놀이할 수 있고 또 다른 유아와 만나 몸을 이용해서 함께하는 놀이를 하기도 한다. 실내에서도 유아의 신체 움직임을 지나치게 통제하거나 율동 및 대근육 시간에만 허용하지 말고 유아의 몸 움직임에서 놀이성을 찾아 지원한다(교육부, 보건복지부, 2019c).

생각해 보기

우리 주변의 많은 사물이 유아의 놀이자료가 될 수 있습니다. 다음의 사례를 살펴보고 유아의 놀이를 지원하기 위해 일상에서 흔히 접할 수 있는 놀이자료를 찾아보고, 다양한 놀이를 구상해 보세요.

놀이자료	돌멩이 
돌멩이를 활용하여 시행해 본 놀이목록	① 돌멩이 질감 탐색하기 ② 돌멩이 위에 그림 그리기 ③ 돌멩이를 활용하여 그림 완성하기 ④ 돌탑 쌓기 ⑤ 돌멩이를 그릇에 옮겨보기

출처: 권혜진(2021; 66)

1. 일상에서 흔히 접할 수 있는 놀이자료를 찾아본다.
2. 수집된 자료의 속성을 탐색하고 어떤 놀이를 할 수 있는지 다양한 놀이를 구상해 본다.

참고문헌

고정곤, 이영희, 남은영, 장지현, 홍성희, 한현지(2020). 영유아교수방법론. 경기: 양성원.

교육과학기술부(2012). 5세 누리과정 교사용 지도서-제10권 환경과 생활. 서울: 교육과학기술부.

____________(2013). 4세 누리과정 교사용 지도서-제4권 동식물과 자연. 서울: 교육과학기술부.

교육부(2020a). 교사를 위한 놀이지원 연수자료. 세종: 교육부, 대전광역시교육청.

_____(2020b). 유아관찰기록 안내서: 관찰을 관찰하다. 세종: 교육부.

_____(2020c). 유아를 위한 원격교육 프로그램. 세종: 교육부.

_____(2020d). 유아 원격교육을 위한 교사 지원자료. 세종: 교육부.

_____(2020e). 부모교육: 놀이와 배움. (온라인 주소: https://i-nuri.go.kr.). 세종: 교육부.

_____(2020f). 관찰에 기반한 유아 놀이 지원(교사용). 세종: 교육부.

교육부, 보건복지부(2019a). 2019 개정 누리과정 해설서. 세종: 교육부, 보건복지부.

_______________(2019b). 2019 개정 누리과정 놀이이해자료. 세종: 교육부, 보건복지부.

_______________(2019c). 2019 개정 누리과정 놀이실행자료. 세종: 교육부, 보건복지부.

_______________(2020). 「2019 개정 누리과정」 놀이운영사례집: 놀이를 지원하는 교사의 역할. 세종: 교육부, 보건복지부.

_______________(2020a). 놀이를 지원하는 교사의 역할. 세종: 교육부, 보건복지부.

_______________(2020b). 만들어 가는 놀이 중심 유아교육. 세종: 교육부, 보건복지부.

_______________(2020c). 자연과 아이다움을 살리는 생태놀이. 세종: 교육부, 보건복지부.

교육부, 보건복지부, 육아정책연구소(2020). 개정 누리과정 시범 유치원 운영 결과보고서. 서울: 육아정책연구소.

교육부, 세종특별자치교육청, 육아정책연구소(2020). 개정 누리과정 실내외 놀이환경 개선을 위한 안내 자료. 서울: 교육부.

교육부, 충청남도교육청, 육아정책연구소(2019). 사진으로 보는 놀이공간, 시간, 놀잇감. 세종: 교육부.

구가령, 임부연(2020). 놀이 공간으로서 유아교실에 대한 교사의 인식과 실천 연구. 한국보육지원학회, 16(4), 111-133.

권혜진(2021). 모의수업시연 경험을 통한 예비유아교사의 2019 개정 누리과정 교수-학습의 이해와 의미 구성. 미래유아교육학회지, 28(1), 53-73.

김무성, 박종대, 김재빈, 이우범(2011). 증강현실을 이용한 유아교육 프로그램. 상지대학교 정보통신연구, 7(1), 45-49.

김민정, 김희영, 김남연, 문가영(2020). 유아대상 원격교육에 대한 유치원 교사의 인식 탐색. 유아교육연구, 22(3), 201-229.

김성희(2021). 디지털 빅데이터 교실에서 스마트교육의 실제와 활용 : 에듀테크를 활용한 학습자 중심 교육. 한국엔터테인먼트산업학회논문지, 15(4), 279-286.

김영옥, 엄정애, 최윤정, 박경희(2000). 유아사회교육의 통합적 운영. 서울: 창지사.

김영진, 허지훈, 최승훈, 백성혜(2022). 교육공간으로서 메타버스에 관한 고찰. 융합교육연구, 8(1), 1-14.

김은주, 김정미, 임홍남(2020). 놀이중심 교육과정에서 놀이와 일과: 삶이 곧 놀이다. 경기: 교육과학사.

김재춘, 배지현(2016). Deleuze와 교육 차이생성의 배움론. 서울: 학이시습.

김정권(2002). 탈현대 패러다임과 21세기 특수교육의 전망. 특수교육재활과학연구, 41(1), 1-16.

김정원, 김유정, 이효정(2020). (영유아를 위한) 교수-학습방법. 경기: 공동체.

김지영, 우민정, 이선영(2021). 2019 개정 누리과정에 기초한 놀이지도. 서울: 창지사.
김진영, 백혜리, 최윤정(2006). 유아를 위한 교수-학습방법론. 경기: 양서원.
김진영, 엄정애, 이승연(2008). 유아교사를 위한 유아음악교육. 경기: 양서원.
김창환(2014). 현대사회의 육아지원을 위한 다각적 접근: 영·유아의 역량강화. 한국육아지원학회 춘계학술대회 논문자료집(pp.11-47).
문미옥, 이혜상(2003). 동서양이 만난 유아교육개론. 서울: 교육아카데미.
박숙희, 염명숙(2013). 교수-학습과 교육공학. 서울: 학지사.
박찬옥, 최현정, 노희연, 김성숙(2020). (2019 개정 누리과정을 반영한) 영유아교수방법론(2판). 경기: 양서원.
배경호(2020). 관심중심수용모형에 기초한 유아교사의 원격수업에 관한 연구. 고려대학교 대학원 석사학위논문.
보건복지부(2020a). 제4차 어린이집 표준보육과정 고시문. 세종: 보건복지부.
__________(2020b). 제4차 어린이집 표준보육과정 해설서. 세종: 보건복지부.
보건복지부, 한국보육진흥원(2022). 어린이집 평가 매뉴얼 어린이집용. 세종: 보건복지부, 한국보육진흥원.
부산광역시교육청(2021). 2021유치원교육과정편성·운영 디딤돌.
서근원(2007). 수업을 왜 하지? 수업비평으로 여는 수업 이야기. 서울: 우리교육.
송재홍, 김민호, 고전, 서명석(2019). 교육학의 이해(2판). 서울: 아카데미프레스.
신승철(2017). 구성주의와 자율성. 서울: 알렙.
신지혜(2020). 2019 개정 누리과정에 기초한 창의적 논리·논술교육. 경기: 어가.
신차균, 안경식, 유재봉(2006). 교육철학 및 교육사의 이해. 서울: 학지사.
양미경(2020). 플랫폼 생태계의 특성과 교육학적 시사점 탐색. 교육원리연구, 25(2), 73-91.
양수영(2021). 유아대상 원격교육 콘텐츠 평가도구 개발 및 타당화. 학습자중심교과교육연구, 21(14), 637-652.
양옥승, 이은정, 양유진(2022). 영유아 교수·학습방법. 경기: 공동체.
여명숙(1998). 사이버스페이스의 존재론과 그 심리철학적 함축. 이화여자대학교 대학원 박사학위논문.
여은정, 김진백, 한승희(2015). 대학경영교육에서 혁신적 교수법 적용에 따른 학습성과 및 수강생 만족도 분석과 시사점. Korea Business Review, 19(4), 181-202.
연합뉴스(2021.1.15.). 서울시교육청, 유치원 원격교육 지원교육 프로그램 개발. https://www.yna.co.kr/view/AKR20210115149200530에서 2022년 9월 1일 인출.
오정희, 임부연, 송진영(2013). 유아교사의 수업 능력 향상을 위한 입체형 교사연수 프로그램의 개발 및 적용. 유아교육학논집, 17(6), 429-448.
위영희, 문혁준, 이희정, 박찬화, 석은선(2021). 영유아교수방법론. 서울: 창지사.
유구종, 강병재, 박선희(2020). 유아교육에서의 교수학습 및 교육공학. 서울: 창지사.
유혜령(2017). 유아를 위한 상상력 교육의 접근: 후기구조주의적 관점. 유아교육학논집, 21(1), 5-34.
윤정훈(2016). 하브루타를 바탕으로 한 수학과 토론수업의 효과. 부산대학교교육대학원 석사학위논문.
이기숙(2016). 유아교육과정. 경기: 교문사.
이기숙, 김정원, 이현숙, 전선옥(2020). 영유아교육과정. 경기: 공동체.
이기숙, 장영희, 정미라, 엄정애(2003). 유아교육개론. 서울: 양서원.
이대균, 백경순, 송정원, 이현정(2021). 유아문학교육. 경기: 공동체.
이미란(2018). 하브루타를 기초한 유아 효교육 적용: 누리과정을 중심으로. 효학연구, 12, 47-70.

참고문헌

이연선, 김민우(2020). 놀이중심교육과정에서 놀이와 환경: 아이와 함께 만들어가는 무궁무진한 놀이 환경. 경기: 교육과학사.

이영자, 이기숙, 이정욱(2017). 유아 교수-학습방법. 서울: 창지사.

이은형, 김정숙(2021). 고경력 보육교사가 인식하는 개정 누리과정 적용의 의미와 어려움. 학습자중심교과교육연구, 21(12), 365-378.

이은화, 김영옥(2000). 유아사회교육. 서울: 양서원.

이조은, 소애제, 김상희(2000). 놀이중심교육과정에서 놀이와 이야기나누기. 경기: 교육과학사.

이철승, 백혜진(2022). 디지털 리터러시 함양을 위한 교수·학습 방법 연구. 디지털융복합연구, 20(5), 351-356.

이현주, 정미조, 민은이, 정다운, 손미이(2020). 놀이중심 교육과정: 개정 누리과정 따라잡기. 서울: 사단법인 아이코리아.

임규연, 진명화, 김시원, 조일현(2016). 플립러닝에서 자기결정성 요인, 협력지향성, 인지적 실재감, 인지된 성취도의 관계. 교육정보미디어연구, 22(3), 439-462.

임부연(2005). 유아기 심미감 발달과 연계한 물감수업의 탐구. 미술교육논총, 19(3), 197-326.

_____(2017). 포스트휴먼 어린이 : 인간중심주의를 넘어서. 한국유아교육학회소식, 69, 1-7.

_____(2018). 학교에서 놀이교육의 현황과 과제. 이슈페이퍼 2018-29. 한국교육개발원·교육정책네트워크.

임부연, 곽승주, 권혜진, 김성숙, 서보순, 손은실, 신은미, 연희정, 염지숙, 오채선, 윤민아, 이경화, 이연선, 이현진, 장혜진, 정선아(2021). 유아·놀이중심 유아교육과정. 경기: 공동체.

임부연, 손연주(2019). 유아교육과정의 맥락 속에서 살펴본 '놀이~배움'의 의미. 학습자중심교과교육연구, 19(3), 265-287.

___________(2020). 「2019 개정 누리과정」 교육내용과 관련한 유아 교사의 역할 탐구: 국가와 유아 '사이 존재자'를 중심으로. 교육혁신연구, 30(3), 127-148.

임부연, 손연주, 안정은(2020) 놀이중심 교육과정에서 놀이와 계획: 놀이를 담은 계획안. 서울: 교육과학사.

임부연, 오정희(2014). 영유아 교수·학습방법. 서울: 동문사.

임부연, 이정금, 송진영(2014). 후기구조주의 관점에서 이루어진 수업설계 및 적용연구. 유아교육학논집, 18(3), 505-524.

임재택(2005). 생태유아교육개론. 서울: 양서원.

임정훈, 임철일, 이재경, 최정임(2015). 교육방법의 교육공학적 이해. 경기: 교육과학사.

전라남도유아교육진흥원(2021). 유아를 들여다보며 성장을 담다. 전남: 유아교육진흥원.

전성수, 양동일(2014). 하브루타. 서울: 라이온북스.

정성희(2020). 대학 전공 영어 블렌디드-플립러닝 혼합수업 인식 및 선호도 변화 연구. 학습자중심교과교육연구, 20(10), 1157-1179.

정옥분(2014). 발달심리학: 전생애 인간발달. 서울: 학지사.

조규락, 김선연(2006). 교육방법 및 교육공학. 서울: 학지사.

조복희(2014). 유아발달. 서울: 교육과학사.

조희정(2015). 예비유아교사의 자아탄력성 향상을 위한 소통과 참여 교수법 활용수업. 열린유아교육연구, 20(5), 205-230.

주현재, 최성경, 정은실(2022). 메타버스 활용 교육에서 학습자 중심 교수설계원칙. 리터러시연구, 13(2), 13-44.

지옥정(2022). 유아교육현장에서의 프로젝트 접근법. 서울: 창지사.

지옥정, 김수영, 정정희, 고미애, 조혜진(2019). 유아교육개론. 서울: 창지사.

창원법원어린이집(2020). 놀며 배우는 아이들의 이야기. 경남: 창원법원어린이집.

채진영, 최윤경, 김소연(2020). 놀이중심교육과정에서 놀이와 상호작용: 유아의 세상을 소통하며 이해하기. 경기: 교육과학사.

탁지현(2021). 하브루타 기반 예술교육의 가치 탐색. 한국무용교육학회지, 32(2), 17-30.

팽영일(2017). 유아교육사상사. 경기: 교육과학사.

한국교육학술정보원(2020). 포스트 COVID-19 대응 미래교육 체제전환을 위한 에듀테크 동향 분석. 보고서 RM 2020-21.

한혜원(2008). 메타버스 내 가상세계의 유형 및 발전방향 연구. 디지털콘텐츠학회논문지, 9(2), 317-323.

홍효정(2016). 블렌디드 러닝을 위한 대학 교수자의 역량도출 및 진단도구 개발. 숙명여자대학교 대학원 박사학위논문.

다케우치 도시오(2003). 미학, 예술학 사전. (안영길, 지미정, 오무석, 민은기, 손현숙, 최범, 이재언 공역). 서울: 미진사. (원전 1974년 출판)

Al-Huneidi, A., & Schreurs, J. (2013). Constructivism based blended learning in higher education, world summit on knowledge society 2011. CCIS, 278, 581-591.

Arce, E. M. (2000). *Curriculum for young children: An introduction*. New York, NY: Delmar.

Auer, W. M., & Pustlauk, T. (2013). 감각을 깨우다. 현장을 위한 책. (윤선영 역). 서울: 창지사. (원전 2008년 출판)

Azuma, R. (1997). A survey of augmented reality. *Presence: Teleoperators and Virtual Environments, 6*, 355-385.

Bergmann, J., & Sams, A. (2012). *Flip your classroom: Reach every student in every class every day.* Washington, DC: ISTE.

Berk, L. E. (2015). 아동발달. (이종숙, 신은수, 안선희, 이경옥 공역). 서울: 시그마프레스. (원전 2013년 출판).

Bernard, R. M., Borokhovski, E., Schmid, R. F., Tamim, R. M., & Abrami, P. C. (2014). A meta-analysis of blended learning and technology use in higher education: From the general to the applied. *Journal of Computing in Higher Education, 26*(1), 87-122.

Bishop, J. L., & Verleger, M. A. (2013). The flipped classroom: A survey of the research. *In ASEE National Conference Proceedings, Atlanta, GA, 89*, 1-18.

Bonk, C. J., & Graham, C. R. (2012). *The handbook of blended learning: Global perspectives, local designs*. New York, NY: John Wiley & Sons.

Bruner, J. (1985). Narrative and paradigmatic modes of thought. In J. Bruner (2006). In search of pedagogy. *The selected works of Jerome Bruner. Vol. 2.* (pp. 116-128). New York, NY: Routledge.

________ (2005). 교육의 문화[The culture of education]. (강현석, 이자현 공역). 서울: 교육과학사. (원전 1996 출판)

Cannella, G. S. (2002). 유아교육 이론 해체하기: 비판적 접근. (유혜령 역). 서울: 창지사. (원전 1997년 출판)

Chard, S. C. (2000). 프로젝트 접근법: 교사를 위한 실행 지침서. (지옥정 역). 서울: 창지사. (원전 1994년 출판)

참고문헌

Davies, B. (2020). 어린이에게 귀 기울이기: '이기'와 '되기'. (변윤희, 유혜령, 윤은주, 이경화, 이연선, 임부연 역). 서울: 창지사. (원전 2010년 출판)

Davis, B., Sumara, D., & Luce-Kapler, R. (2017). 마음과 학습 : 교육학의 복잡계적 접근. (한승희, 양은아 역). 경기: 교육과학사. (원전 2008년 출판)

Fogarty, R. (2009). *How to integrate the curricula*(3rd ed.). Thousand Oaks, CA: Corwin Press.

Freiberg, H. J., & Driscoll, A. (1996). *Universal teaching strategies*. Needham Heights, MA: Allyn and Bacon.

Hendrick, H. W. (1997). Organizational design and macroergonomics. In Salvendy, G. (Ed.), *Handbook of human factors and ergonomics* (pp. 594-636). New York, NY: Wiley.

Henckmann, W., & Lotter, K. (1998). 미학사전. (김진수 역). 서울 : 예경. (원전 1991년 출판)

Inan, H. Z. (2021). Challenges of distance/online and face-to-face education in the new normal: Experiences of reggio emilia-inspired early childhood educators in turkey. *Pedagogical Research, 6*(1), em0086.

i-nuri (2022년 12월 10일 인출). 유아관찰 및 기록; 놀이소식지(https://i-nuri.go.kr/main/릉베쌤, 2020 작성).

______(2022년 12월 20일 인출). 유아관찰 및 기록; 쉽게 하는 관찰-기록-교사놀이지원(https: //i-nuri.go.kr/main/module/dataManage/view.do?data_idx=2134&menu_idx=111).

Jenkins, J. R., Antil, L. R., Wayne, S. K., & Vadasy, P. F. (2003). How cooperative learning works for special education and remedial students. *Exceptional Children, 69*(3), 279-292.

Johnson, D. W., & Johnson, R. T. (1991). *Learning mathematics and cooperative learning lesson plans for teachers*. Edina, MN: Interaction Book Company.

Katz, L. G., Chard, S. C., & Kogan, Y. (2014). *Engaging children's minds: The project approach*(3rd). Santa Babara, CA: Praeger.

Kent, O. (2006). Interactive text study: A case of havruta learning. *Journal of Jewish Education, 76*(3), 205-233.

Kostelnik, M. J., Soderman, A. K., & Whiren, A. P. (2011). *Developmentally appropriate curriculum: Best practices in early childhood education*. Edisi ke-5. Boston, MA: Pearson.

Lang, H., R., & Evans, D. N. (2006). *Models, strategies and methods for effective teaching*. Boston, MA: Pearson Education Inc.

Lenz Taguchi, H. (2018). 들뢰즈와 내부작용 유아교육: 이론과 실제 구분 넘어서기. (신은미, 안효진, 유혜령, 윤은주, 이진희, 임부연, 전가일, 한선아, 변윤희 역). 서울: 창지사. (원전 2010년 출판)

Neil, A. S. (2014). 서머힐 : 어린이가 진정으로 행복한 학교. (손정수 역). 서울: 산수야. (원전 1967년 출판)

OECD (2005). *The definition and selection of key competencies: Executive summary*. Paris, France: OECD

______ (2012). *Starting strong Ⅲ: A quality toolbox for early childhood education and care*. Paris, France: OECD.

______ (2020). *Education responses to COVID-19: Implementing a way forward*. Paris: OECD.

Reggio Children s.r.l. (2013). 신발과 미터자. (오문자 역). 서울: 다음세대. (원전 1997년 출판)

Saracho, N. O. (2012) *An integrated play-based curriculum for young children*. New York. NY: Routledge.

Sellers. M. (2018). 어린이의 교육과정 되기 : 들뢰즈, 테 파리키와 교육과정에 대한 이해. (손유진, 안효진, 유혜령, 윤은주, 이경화, 이연선, 이진희, 임부연, 전가일, 한선아 공역). 서울: 창지사. (원전 2013년 출판)

Shulman, L. S. (2004). *The wisdom of practice: Essays on teaching, learning, and learning to teach*. San Francisco, CA: Jowwey-Bass.

Spencer, L. M., & Spencer, S. M. (1993) *Competence at work: Models for superior performance*. New York, NY: John Wiley & Sons.

Strayer, J. F. (2007). *The effect of the classroom flip on the learning environment: A comparison of learning activity in a traditional classroom and a flip classroom that used an intelligent tutoring system*. Ph.D. Thesis. Columbus, OH: Ohio State University.

Tyler, R. W. (1949). *Basic principles of curriculum and instruction*. Chicago, IL: The University of Chicago Press.

Wood, E. (2004). Developing a pedagogy of play. In Anning, C., Cullen, J., & Fleer, M. (eds.), *Early childhood education: Society and culture*(pp.19-30). London: Sage Publications.

찾아보기

ㄱ

감각교수 29
개념학습법 46
개별화 72
개입하기 153
게임 187
격려하기 115
경청하기 125
경험 78
경험주의 33
계획하기 207
공동의 놀이자 115
교감하기 114
교과중심 교육과정 75
교사 연수 94
교사가 계획한 활동 167
교수 19
교수기술 18
교수법 18
교수원리 27
교수학습 17
교수학습 원리 70
교수행위 18
교육과정 구성요소 66
교육내용 76, 102
구성적 학습 36
구성주의 41
귀 기울이기 150
기다려주기 113

ㄴ

내러티브 128
내러티브적 발문 129
내부작용 111
노래 129
노래 부르기 191
놀이 관찰 및 기록 157
놀이를 통한 배움 97
놀이를 확장해 가는 활동 167
놀이자료 223
놀이중심 교수방법 49
놀이중심 교수학습 74
놀이중심 교육 22
놀이중심 원리 69
놀이지원자 69
놀이환경 223
누리과정 운영 평가 220
능동적 상호작용 101
능동적 학습 36

ㄷ

다양성 92
대화 121
도제식 교수법 37
동화 168
등·하원하기 132

ㅁ

문제해결학습법 52
물질 111
물활론적 사고 110
미술 168

ㅂ

발문 121
배변습관 138

배움 20
비언어적 상호작용 112

ㅅ

상상 127
상호작용 109
성숙주의 39
식사하기 134
신발 신기 143
실용주의 33
심미 225
심미적 발문 126

ㅇ

언어적 상호작용 114
에듀테크 23
역량중심 교육 21
연간계획 208
영유아 평가 217
옷 입기 143
요리 201
월간, 주간, 일일계획 210
은유 127
이야기 나누기 168
인상론적 사고 110
일상생활 131

ㅈ

자기중심적 사고 110
자유놀이 196
적합한 계획 89
조망능력 110
존중·경청하기 150
주제중심 69
지원 95
지지하기 117
직접 교수법 45
진보주의 33
질서 지키기 144

ㅊ

촉진하기 115
충분한 놀이시간 90

ㅌ

탐구학습법 50
통합적 교수학습 65

ㅍ

패러다임적 발문 128
프로젝트접근법 55

ㅎ

하루일과 131
학습공동체 94
학습자 중심 교육 21
함께하기 152
행동주의 40
협동학습법 54
확장하기 155
후기구조주의 42
휴식 및 낮잠 141

저자소개

임부연 부산대학교 유아교육과 교수
김성숙 창원법원 어린이집 원장
성영실 강동대학교 유아교육과 교수
손연주 동명대학교 창의·인성연구소 교수
양혜련 경남정보대학교 유아교육과 교수
이정금 사회복지법인 파랑새어린이집 원장

놀이중심 유아교육과정에 기반한

영유아교수학습

초판 1쇄 발행 / 2023년 3월 2일
초판 2쇄 발행 / 2024년 9월 10일

•

공저자 / 임부연 · 김성숙 · 성영실 ·
손연주 · 양혜련 · 이정금
발행인 / 이 중 수
발행처 / 동 문 사

•

서울특별시 서대문구 홍제원 1길 12
(홍제동 137-8)
Tel: 02)736-3718(대), 736-3710, 3720
Fax: 02)736-3719
등록번호: 1974.04.27. 제9-17호
가격: 23,000원

•

ISBN: 979-11-6328-499-4(93370)
E-mail: dong736@naver.com
www.dongmunsa.com